सफलता एक प्रक्रिया है घटना नहीं!

प्रदीप शर्मा

यूनीकॉर्न बुक्स

प्रकाशक
यूनीकॉर्न बुक्स

F-2/16, अंसारी रोड, दरियागंज, नई दिल्ली-110002
☎ 23275434, 23262683, 23250704 • Fax: 011-23257790
ई-मेल: info@unicornbooks.in • वेबसाइट: www.unicornbooks.in

शाखा : मुम्बई
23-25, जाओबा वाड़ी, ठाकुरद्वार, मुम्बई-400002
☎ 022-22010941, 022-22053387
ई-मेल: rapidex@bom5.vsnl.net.in

ISBN: 978-81-7806-180-1

संस्करण : 2018

मुद्रकः परम ऑफसेटर्स, ओखला, नई दिल्ली-110020

परम पूज्य प्रातः स्मरणीय गुरुदेव के
चरणों में सादर समर्पित

आभार

मैं आभारी हूँ मेरे गुरुदेव परम संत श्री रतनलाल जी महाराज का, जिन्होंने मुझे यह सब ज्ञान दिया। मैं आभारी हूँ अपनी माँ श्रीमती निर्मल शर्मा का जिन्होंने हाथ पकड़ कर मुझे लिखना सिखाया, मेरी जीवन संगिनी श्रीमती मीना शर्मा जिन्होंने मुझे तनावमुक्त वातावरण उपलब्ध कराया, मेरे मित्र, बड़े भाई, पथ प्रदर्शक डा. जी.वी. प्रभु का जिन्होंने यह पुस्तक लिखने की प्रेरणा दी, परीक्षित व मालविका जिन्होंने हठ करके लिखना शुरू करवाया तथा साधन उपलब्ध करवाए, मेरे छोटे भाई व मित्र श्री मंगल स्वरूप त्रिवेदी का जो इस पूरी प्रक्रिया के दौरान मेरी सहायता करते रहे तथा सभी उन मित्रों का जिन्होंने प्रत्यक्ष या अप्रत्यक्ष रूप से मेरी सहायता की।

लगभग 35 साल से मैं जब भी कोई अच्छी बात पढ़ता, तो उसे अपनी डायरी में लिख लेता। उस समय इतनी समझ नहीं थी कि साथ में यह भी नोट किया जाए कि किसने कहा है? या किसने लिखा है? मैंने जो भी 'वन लाइनर' लिखे हैं, वे जिन लोगों से लिये या उदाहरण किन लोगों से सुने और उनके नाम का जिक्र मैं नहीं कर पाया, उन सबके प्रति आभारी हूँ तथा आभारी हूँ अपने सभी शुभचिन्तकों का जिनकी शुभकामनाओं से मैं यह कार्य पूर्ण कर पाया।

प्रदीप शर्मा

अनुक्रम

खण्ड-अ : सफलता के बाधक तत्त्व

भूमिका 7

1. नकारात्मकता 17
2. आलस्य 27
3. आत्महीनता 33
4. अनुशासनहीनता 37
5. इच्छाशक्ति की कमी 39
6. अहंकार 44
7. सबको प्रसन्न करने का प्रयास 49
8. अदूरदर्शिता 53
9. ज्ञान या साधनों का सही प्रयोग न करना 57
10. दिशाहीनता 61
11. अपनी क्षमताओं का ज्ञान न होना 66
12. अज्ञानता 74
13. योजना का अभाव 79
14. असफलता का भय 86
15. लक्ष्यहीनता 94
16. परिवर्तन के लिए तैयार न होना 103
17. यात्री बनना 113

18. असफल लोगों की संगति 117
19. निरंतरता की कमी 125
20. भौतिकवाद को नकारना 133

खण्ड-ब : सफलता के साधक तत्त्व

1. स्वप्न देखना 143
2. लक्ष्य से भावात्मक रूप से जुड़ना 150
3. निर्णय लेना 155
4. कर्म करना 159
5. विशेषज्ञों व अन्य साधनों से जानकारी प्राप्त करना 165
6. पहले किये गये का लाभ उठाना 170
7. हिम्मत न हारना 175
8. प्रयास में नैतिकता व ईमानदारी 179
9. परिश्रम 184
10. गुरु व ईश्वर में आस्था 189
11. स्वयं पर विश्वास 195
12. सकारात्मक दृष्टिकोण 199
13. जोखिम उठाना 204
14. सीखने की इच्छा 209
15. विनम्रता और देने की इच्छा 213
16. परोपकार 219

OOO

भूमिका

सफलता एक प्रक्रिया है, घटना नहीं। आमतौर पर लोग क्रियात्मकता को ही सफलता समझने लगते हैं। सफलता की परिभाषा हर व्यक्ति के लिए अलग-अलग होती है। किसी के लिए नौकरी पाना सफलता है, किसी के लिए परीक्षा में पास होना सफलता है, किसी के लिए पैसा जमा करना सफलता है। कुल मिलाकर बात यह है कि हर व्यक्ति के सफल होने का दृष्टिकोण भिन्न-भिन्न है। परंतु इन सभी लोगों में एक बात ऐसी है जो आम है, और वह यह कि सब के सब सफल होने के लिए किसी न किसी ऐसी इच्छा की पूर्ति चाहते हैं, जो उन्होंने काफी समय से अपने मन में रखी थी। यदि इसे यूं कहें कि एक ऐसा स्वप्न पूरा करना जो वाकई प्राप्त करने लायक हो 'सफलता' कहलाता है।

प्रत्येक व्यक्ति सफल होना चाहता है लेकिन क्या वह सफलता के लिए तैयार है? क्या सफलता के लिए किसी तैयारी की आवश्यकता होती है? जी हां, घटनाएं स्वयं नहीं घटतीं, उन्हें आपको घटाना पड़ता है। उसके लिए आपको अपनी बुद्धि, श्रम, कौशल, धन आदि व्यय करना होता है। सफलता के शिखर तक पहुंचने के लिए आपको सफलता की सीढ़ियां चढ़नी होंगी और वह भी आप एक समय में एक ही सीढ़ी चढ़ें, तो आपका कुशलतापूर्वक शिखर पर पहुंचना तय है। यदि हम चाहें कि छलांग मारते हुए कई-कई सीढ़ियां एक साथ चढ़ें और जल्दी से जल्दी सफलता के शिखर पर पहुंच जाएं, तो न केवल आपके दोबारा जमीन पर आ गिरने की आशंका है अपितु चोट लगने की भी प्रबल आशंका है। अतः सफलता की सीढ़ियां चढ़ना शुरू करने से पहले यह जानना आवश्यक है कि कितनी सीढ़ियां हैं और आप कहां पहुंचेंगे। जैसा मैंने पहले कहा कि सफलता के लिए तैयारी करना आवश्यक है। बहुत बार हम केवल कुछ चीजों की इच्छा करते हैं, उनके लिए कुछ तैयारी नहीं करते।

एक गांव में एक व्यक्ति रहता था। वह बहुत गरीब था। जब भी वह किसी अमीर आदमी को देखता, तो उसके मन में अमीर बनने की इच्छा

होती। तब उसे कहीं से पता चला कि यदि उसकी लाटरी लग जाए तो वह अमीर बन सकता है। वह रोज मंदिर जाने लगा और भगवान से प्रार्थना करने लगा कि उसकी लाटरी लग जाये। प्रार्थना करते बहुत साल हो गए पर उसकी लाटरी नहीं निकली। एक दिन उसकी मृत्यु हो गई। जब वह भगवान के पास पहुंचा, तो उसने भगवान से शिकायत की और नाराज होते हुए कहा-'भगवन! इतने साल सुबह-शाम मंदिर जाता रहा, आपसे प्रार्थना करता रहा परंतु आपने मेरी केवल एक इच्छा पूरी नहीं की। कभी मेरी लाटरी नहीं निकली।' भगवान ने कहा-'मेरे भोले भक्त! मैं तो तुम्हारी इच्छा पूर्ण करने के लिए तैयार बैठा था किंतु तुम कम से कम एक बार लाटरी का टिकट तो खरीदते' अर्थात् हम इच्छा तो करते हैं लेकिन कार्य नहीं।

हमारे शास्त्रों में कहा गया है कि:

उद्यमेन हि सिध्यन्ति कार्याणि न तु मनोरथैः।
न ही सुप्तस्य सिंहस्य प्रविशन्ति मुखे मृगाः॥

अर्थात् 'परिश्रम से कार्य सिद्ध होते हैं, मनोरथ से नहीं। सोये हुए शेर के मुंह में कभी मृग (हिरण) नहीं प्रवेश करते।'

पिछले कुछ समय में मैंने सफलता के विषय में कई लोगों से बात की तो बहुत से लोगों ने कहा कि भगवान जिसे चाहता है उसे सफलता बिना कुछ किए ही मिल जाती है। असल में सफल लोगों के बारे में कई बार दूसरे लोग सोचते हैं कि उन्हें अनायास ही सफलता मिल गई, परंतु ऐसा नहीं होता। कई बार ऐसा भी होता है कि जिस क्षेत्र में कोई सफलता प्राप्त करता है, उससे पहले भी उस क्षेत्र में कुछ कार्य किया जा चुका होता है।

एक आदमी के पास बहुत बड़ा पत्थर था और वह उसके दो टुकड़े करना चाहता था। वह एक बार हथौड़ा लेकर उसे तोड़ने का प्रयास करने लगा। जब वह पंद्रह बार उस पर चोट कर चुका तो वह थक गया और थककर बैठ गया। एक युवक उसको देख रहा था, उसने आकर कहा कि क्या मैं आपकी मदद कर सकता हूँ। उस व्यक्ति ने कहा कि यह पत्थर तोड़ना कोई आसान काम नहीं है। युवक ने कहा कि यदि आप हथौड़ा मुझे दे दें तो मैं प्रयास करके देखना चाहूंगा। उस व्यक्ति ने हथौड़ा युवक को दे दिया। युवक ने पूरा जोर लगाकर हथौड़े का भरपूर वार उस पत्थर पर किया और उस पत्थर के दो टुकड़े हो गए। उस व्यक्ति ने युवक का धन्यवाद करते हुए कहा कि तुम नौजवान हो और तुम्हारे हाथों में बहुत

ताकत है। युवक ने उत्तर दिया कि श्रीमानजी! ऐसा नहीं है। ठीक है, मैं नौजवान हूं परंतु यह केवल मेरे प्रयास का ही परिणाम नहीं है, इसके पीछे वह पंद्रह चोटें भी हैं जो आपने इस पत्थर पर लगाई थीं और जिन्होंने पत्थर को अंदर से कमजोर कर दिया था और इसी कारण मैं इसे तोड़ पाया।

अधिकतर लोग जो सफल होना चाहते हैं, उनके साथ समस्या यह नहीं है कि वे सफलता प्राप्त नहीं कर सकते, उनकी सबसे बड़ी समस्या यह है कि वे सफलता का अर्थ गलत समझते हैं। माल्टबी बैबकॉक ने एक बार कहा था, ''सफलता के बारे में सबसे आम और सबसे महंगी गलती यह है कि हम सोचते हैं कि सफतला किसी तीक्ष्ण बुद्धि या किसी जादू या किसी अन्य ऐसी चीज के कारण मिलती है, जो हमारे पास नहीं है।'' "One of the most common mistakes and one of the costliest is thinking that success is due to some genius, some magic, something or other which we do not possess."

अक्सर हमारे मन में सफलता के मापदंड दूसरे व्यक्ति होते हैं अर्थात् हम सोचते हैं कि हमारे पास बिल गेट्स या अंबानी बंधुओं की तरह पैसा हो। या डॉ. अब्दुल कलाम जैसी बुद्धिमता हो या लक्ष्मीनिवास मित्तल जैसा व्यापार कौशल हो, सचिन तेंदुलकर जैसी खेलने की क्षमता हो, माइक टायसन जैसा गठीला शरीर हो, वाल्ट डिजनी जैसी कल्पनाशक्ति हो, मदर टेरेसा जैसा दयालु दिल हो, चाणक्य जैसी दूरदर्शिता हो, विदुर जैसी नीति कुशलता हो या महात्मा गांधी जैसा आत्मबल हो, तभी हम लोग सफल हो सकते हैं। हममें से अधिकतर लोग ऐसे होंगे जिनकी सफलता की तस्वीर किसी और का चेहरा दिखाती है। लेकिन यह भी एक शाश्वत सत्य है कि हम जो हैं, उसके अलावा कोई अन्य हो ही नहीं सकते। हम अलग-अलग 10 व्यक्ति कैसे हो सकते हैं। तब भी हम यही सोचते हैं कि काश! ऐसा होता।

एक व्यक्ति ने एक महात्मा से कहा कि काश मेरे विचार भी आप जैसे होते तो मैं एक अच्छा व्यक्ति बन जाता। महात्मा ने तुरंत उत्तर दिया-तुम अच्छे आदमी बन जाओ, तुम्हारे विचार अपने आप मेरे जैसे हो जायेंगे। यदि हम कभी भी दूसरे जैसा बनने का प्रयास करते हैं तो कभी भी वैसे नहीं बन पाते और हमारी असफलता निश्चित हो जाती है।

यदि सफलता धन के कारण होती तो डॉ. ए.पी.जे. अब्दुल कलाम कभी भी इतने सफल वैज्ञानिक नहीं बनते और न ही भारत के राष्ट्रपति बनते। दूसरा उदाहरण हम लोगों के समक्ष लाल बहादुर शास्त्री जी का है। शास्त्री जी एक

गरीब परिवार में पैदा हुए और भारत के प्रधानमंत्री बने। प्रेमचंद पूरी जिंदगी गरीबी में रहकर एक सफल उपन्यासकार बने, यहां तक कि उन्हें उपन्यास सम्राट कहा जाता है। हममें से बहुत से व्यक्ति धन प्राप्त करने को ही सफलता समझते हैं जबकि धन कमाना सफलता नहीं है। उद्योगपति रॉकफेलर जिन्होंने अपनी जिंदगी में 250 मिलियन डालर दान किए, उनसे एक बार पूछा गया कि आपको संतुष्ट होने के लिए कितने धन की आवश्यकता है, तो उन्होंने कहा कि, 'बस थोड़ा सा और'। बहुत पुराने समय की बात है, इजराइल में सोलोमन नाम का एक राजा था। उसे अपने समय का सबसे अमीर और सर्वाधिक बुद्धिमान समझा जाता था। वह कहता था कि जो पैसे से प्यार करता है, उसके पास कभी भी बहुत पैसा नहीं होता, जो धन से प्यार करता है, वह कभी भी अपनी आय से संतुष्ट नहीं होता।

1923 में शिकागो के 'एजवाटर बीच होटल' में दुनिया के सबसे रईस लोग एकत्रित हुए। वे अपने समय के जाने-माने रईस थे। उस समय उनके पास अमेरिका के खजाने में जमा पैसे से अधिक पैसा था। लेकिन क्या आप जानना चाहेंगे कि उनका अंत कैसे हुआ....? इनमें से चार लोगों ने आत्महत्या कर ली, दो लोग दिवालिया होकर मरे, तीन लोग जेल में या जेल के बाहर आकर मरे और एक व्यक्ति विदेश में अकेलेपन में मरा।

कभी-कभी हम किसी विशेष समय पर विशेष प्रकार की उपलब्धि को सफलता समझते हैं। मुझे अच्छी तरह से याद है कि जब हम बचपन में स्कूल जाते थे, तो कुछ बच्चे साइकिल पर स्कूल आते थे और हमें लगता था कि वे हमसे ज्यादा खुश हैं और अंततः एक दिन हमारे घर में भी साइकिल आ गई और फिर स्कूटर, फिर कार और जीवन को सुख-सुविधा प्रदान करने वाली अन्य वस्तुएं भी। धीरे-धीरे यह महसूस हुआ कि जिसे हम प्रसन्नता समझते हैं, वह अल्पकालीन है और 'प्रसन्नता' सफलता बिल्कुल नहीं है। "यदि आप प्रसन्नता को अपना लक्ष्य बनाते हैं तो आपका असफल होना अवश्यम्भावी है।"

यदि तीक्ष्ण बुद्धि सफलता की गारंटी होती तो थामस एल्वा एडीसन कभी भी इतने बड़े आविष्कारक नहीं बने होते। अपने स्कूल के शुरुआती दिनों में ही जब एडीसन एक दिन स्कूल से आया तो उसने अपनी मां को बताया कि उसके टीचर ने उसे एक नोट लिखकर दिया है। जब मां ने नोट देखा तो उसमें लिखा था कि आपका बेटा जिंदगी में कुछ नहीं सीख सकता। उसकी मां ने उसे खुद पढ़ाने का निर्णय किया और इतिहास साक्षी है कि इन्हीं एडीसन ने आगे चलकर 2500 आविष्कार किए, जो आज तक कोई नहीं कर पाया।

कुछ लोग जीवन में सत्ता प्राप्ति को सफलता समझते हैं। उन्हें लगता है कि यदि सत्ता हाथ में आ जाए तो बाकी हर चीज स्वयं उनके नियंत्रण में आ जाएगी। परंतु यह भी शाश्वत सत्य नहीं है। अंग्रेज इतिहासकार लार्ड एक्टन ने कहा था, ''सत्ता व्यक्ति को भ्रष्ट बना देती है और पूर्ण सत्ता पूर्णतया भ्रष्ट कर देती है।'' इतिहास ऐसे राजाओं और शासकों से भरा पड़ा है जिन्होंने सत्ता का दुरुपयोग किया और जनता को कष्ट दिए या मानवता पर अत्याचार किए और अंततः सभी को सत्ता छोड़नी पड़ी। अब्राहम लिंकन ने भी एक बार कहा था कि ''लगभग हर व्यक्ति विपरीत परिस्थितियों का सामना कर सकता है, परंतु यदि किसी व्यक्ति का असली चरित्र देखना है तो उसे सत्ता दे दीजिए।'' सत्ता अपने आप में अच्छी या बुरी, सकारात्मक या नकारात्मक नहीं है बल्कि यह बात महत्वपूर्ण है कि वह किस प्रकार के व्यक्ति के हाथ में है। अतः सत्ता प्राप्त करना भी किसी की सफलता का प्रमाण नहीं है।

इसलिए आवश्यक है कि सफलता क्या है, हम यह जान लें और यह भी जान लें कि सफलता के लिए हमें क्या तैयारी करनी होगी। हमारे देश में ही इस बात के पुष्ट प्रमाण हैं। रामचरित मानस में हम देखते हैं कि जब लंका के राजा रावण ने सीता का अपहरण कर लिया और भगवान राम को इस बात का पता भी चल गया कि सीता का अपहरण रावण ने किया है, तो सामर्थ्यवान होने के बावजूद भी राम ने लंका पर तत्काल आक्रमण नहीं किया। जब युद्ध अपरिहार्य हो गया तो उसके लिए भगवान राम ने पूरी तैयारी की और यह सुनिश्चित कर लिया कि अब इस युद्ध में विजयश्री अवश्यसंभावी है, तभी लंका पर आक्रमण किया।

इसी प्रकार यदि हम महात्मा गांधी का उदाहरण लें तो पता चलता है कि गांधीजी ने अंग्रेजों को भारत से निकालने के लिए लगभग 25 वर्षों तक स्वयं को और देश को तैयार किया। कुछ इतिहासकार कहते हैं कि 1920 के असहयोग आंदोलन के दौरान जब चौरा-चौरी की घटना हुई, जिसमें कुछ पुलिसवालों को जिंदा जला दिया गया, यदि गांधीजी इस बात पर ध्यान न देकर आंदोलन जारी रखते तो शायद भारत को 1920 में ही स्वतंत्रता प्राप्त हो गई होती। परंतु गांधीजी का लक्ष्य अहिंसा के माध्यम से स्वतंत्रता प्राप्त करना था। उन्हें लगा कि अभी अहिंसा का अस्त्र प्रयोग करने के लिए देशवासी पूरी तरह तैयार नहीं हैं, इसलिए बहुत सारे लोगों के द्वारा आलोचना करने के बावजूद भी उन्होंने असहयोग आंदोलन स्थगित कर दिया। इसके परिणाम जो भी हुए हों, जो वाद-विवाद का

विषय हो सकता है परंतु 1942 में जब भारत छोड़ो आंदोलन चला तो गांधी जी ने देशवासियों को "करो या मरो" का नारा दिया। वे जानते थे कि अब देशवासी पूरी तरह तैयार हैं। उनके इस विश्वास ने उन्हें जीत दिलाई और भारत स्वतंत्र हो गया।

हम लोग जानते हैं कि किसी परीक्षा को पास करने के लिए एक विद्यार्थी साल भर तैयारी करता है, किसी जीवन को पृथ्वी पर लाने से पूर्व प्रकृति एक निश्चित समय तक तैयारी करती है। मीठा फल खाने से या खिलाने से पूर्व किसान या माली एक निश्चित कालावधि तक तैयारी करता है। आज के युग में हम अनेक ऐसी विश्वस्तरीय खेल प्रतियोगिताएं देखते हैं जो चार साल में एक बार होती हैं। जिस दिन यह प्रतियोगिता समाप्त होती है, उसी दिन से खिलाड़ी अगली प्रतियोगिता की तैयारी प्रारंभ कर देते हैं।

एक अत्यंत प्रसिद्ध कहावत है कि "ईश्वर कभी किसी को चेक (cheque) नहीं भेजता, केवल अवसर भेजता है।" कुछ लोग जो तैयार होते हैं, वे उन अवसरों का लाभ उठा लेते हैं और जो तैयार नहीं होते हैं, वे किस्मत का रोना रोते रहते हैं। ये सब आलसी लोगों की बातें हैं-**"दैव-दैव आलसी पुकारा"**। भाग्य की एक परिभाषा यह भी है कि "यदि तैयारी को अवसर प्राप्त हो जाए तो वह भाग्य कहलाता है।" बहुत बार ऐसा होता है कि अवसर हमारा दरवाजा खटखटा रहा होता है और हम न केवल दरवाजा बंद कर लेते हैं अपितु दरवाजे से पीठ भी सटा लेते हैं, क्योंकि उस अवसर का लाभ उठाने के लिए हम तैयार ही नहीं होते। बहुत से लोगों को आपने यह कहते हुए सुना होगा कि यदि उस समय मेरे पास अमुक साधन होते, तो आज मैं अमुक परिस्थिति में होता। अक्सर ऐसा हो जाता है कि जब दांत होते हैं तो चने नहीं होते और जब चने होते हैं तो दांत नहीं होते। जो लोग मानसिक रूप से तैयार नहीं होते या भौतिक रूप से तैयार नहीं होते अवसर उनके हाथ से निकल जाता है।

एक बार एक गांव में एक बहुत ही धार्मिक व्यक्ति रहता था। वह ईश्वर का बड़ा भक्त था और उसे ईश्वर पर गूढ़ विश्वास था। एक बार उस गांव में बाढ़ आ गई। पूरा गांव पानी से भर गया। सभी लोग अपने-अपने बचाव का प्रयत्न करने लगे परंतु इस व्यक्ति ने अपने बचाव का कोई प्रयत्न नहीं किया। गांव के लोगों ने उसकी मदद करनी चाही परंतु उसने मदद लेने से इनकार कर दिया और कहा कि मुझे ईश्वर पर भरोसा है, वही मुझे बचाने आएगा। सब लोग चले गए। कुछ देर बाद पानी उसके घर के अंदर

तक घुस गया और उसे अपने घर की पहली मंजिल पर चढ़ना पड़ा। कुछ देर बाद उसने देखा कि कुछ लोग एक नाव में आ रहे हैं। पास आने पर उन्होंने बताया कि वे नगरपालिका के कर्मचारी हैं और उसे बचाने आए हैं, परंतु उस व्यक्ति ने उनके साथ जाने से इनकार कर दिया और कहा कि मुझे बचाने तो ईश्वर खुद आएंगे। कुछ देर बाद पानी पहली मंजिल तक पहुंच गया और वह व्यक्ति अपनी घर की छत पर चढ़ गया। थोड़ी देर बाद जब वह आकाश की ओर मदद के लिए देख रहा था, तो उसे एक हेलिकॉप्टर आता हुआ दिखाई दिया। उसमें कुछ लोग थे। उसने देखा कि हेलीकॉप्टर में बैठे लोगों ने हाथों से ऊपर आने का संकेत करते हुए एक रस्सी नीचे लटका दी। उन्होंने बार-बार उसे रस्सी की सीढ़ी पर चढ़ने का संकेत किया, परंतु उस व्यक्ति ने रस्सी नहीं पकड़ी और हेलीकॉप्टर वापस चला गया। कुछ देर बाद पानी ऊपर तक आ गया और वह व्यक्ति पानी में डूबकर मर गया।

जब वह मरने के बाद भगवान के पास पहुंचा तो वह भगवान से बहुत नाराज था। भगवान ने उससे पूछा कि तुम इतने नाराज क्यों हो? तो उसने कहा,- ''प्रभु! मैंने जीवनभर आपकी पूजा की, आप पर विश्वास रखा, परंतु जब विपत्ति आई तो आप मुझे बचाने के लिए नहीं आए।'' भगवान ने कहा,- ''मेरे भोले भक्त! मैंने गांववालों के रूप में तुम्हें बचाने की कोशिश की, किंतु तुमने वह मदद लेने से इनकार कर दिया। उसके बाद मैंने नगरपालिका के कर्मचारियों के रूप में तुम्हारी मदद करने की कोशिश की, किंतु तुमने वह मदद लेने से भी इनकार कर दिया। फिर मैंने एयरफोर्स के कर्मचारियों के रूप में तुम्हारी मदद करने की कोशिश की, परंतु तुमने मदद लेने से इनकार कर दिया। मैंने तुम्हें तीन अवसर दिए, परंतु तुमने एक का भी लाभ नहीं उठाया और तुम अपना जीवन बचाने में सफल नहीं हो पाए''।

इस कहानी से हम इस निष्कर्ष पर पहुंचते हैं कि केवल हाथ पर हाथ धरे बैठे रहने से कभी सफलता नहीं मिलती। आवश्यक है कि अवसरों का लाभ उठाया जाए। जैसा मैंने पहले कहा कि यह जानना अत्यंत आवश्यक है कि सफलता क्या है? इस संदर्भ में सबसे सटीक परिभाषा अर्ल नाइटिंगेल की है। उन्होंने कहा है कि ''मूल्यवान सपनों को साकार करना ही सफलता है''। मूल्यवान का अर्थ है-जिसका जीवन में आपके लिए कोई मूल्य हो अर्थात् जिस चीज की भी प्राप्ति करनी है, वह नैतिक हो और उसको प्राप्त करने के ढंग भी नैतिक हों।

इस मार्ग पर अपनी यात्रा प्रारंभ करने से पूर्व हम लोगों को कुछ निषेधों और कर्त्तव्यों पर भी ध्यान देना होगा। विश्व में 80% और 20% का नियम चलता है। 20% लोग सफल होते हैं और 80% असफल। दुनिया की 80% दौलत का मजा केवल 20% लोग उठाते हैं और 20% दौलत में 80% लोग गुजारा करते हैं। 20% लोग 80% लोगों पर राज करते हैं, 20% लोग 80% लोगों के जीवन की दशा और दिशा का निर्धारण करते हैं। केवल 20% लोग सफलता से जुड़े कार्यों को करते हैं और 80% उन्हें होते हुए देखते हैं। जब बहुमत असफल लोगों का है तो यह ध्यान देने की बात है कि 20% सफल लोग क्या करते हैं, जो वे सफल हो जाते हैं और 80% लोग क्या नहीं करते जिसके कारण वे असफल हो जाते हैं। इस संदर्भ में इस बात पर विचार करना आवश्यक है कि इतने लोगों की सफलता में कौन से तत्त्व बाधक हैं जो उन्हें सफल नहीं होने देते।

OOO

खण्ड-अ

सफलता के बाधक तत्त्व

1

नकारात्मकता

सफलता की तैयारी न करना - सफलता-प्राप्ति के रास्ते में सबसे बड़ी बाधा है। टाइटेनिक जहाज का डूबना अपने समय की बहुत बड़ी त्रासदियों में से एक है। लेकिन एक बार मैं टाइटेनिक की दुर्घटना के बारे में विस्तार से पढ़ रहा था, तो मुझे मालूम हुआ कि इस विशाल जहाज की सफल यात्रा का इतना अधिक विश्वास था कि यह सोचा ही नहीं गया कि इसके लिए कुछ तैयारी कर ली जाए। जब इस जहाज को बनाया गया तो इसके दो तले बनाए गए और यह सोचा गया कि यदि यह किसी समुद्री चट्टान से टकरा भी गया, तो इसका दूसरा तला इसको डूबने से बचा लेगा। खैर! इसके बाद की कहानी हम सभी जानते हैं कि वह आइसबर्ग से टकराया और उसके दोनों तले फूट गए। यह कोई आश्चर्य की बात नहीं थी। सबसे बड़े आश्चर्य की बात तो यह थी कि लगभग 700 यात्री इसलिए नहीं डूबे कि जहाज के दोनों तले फूट गए अपितु इसलिए डूबे कि जहाज से लोगों को सुरक्षित निकाल ले जाने के लिए लाइफ बोट पर्याप्त मात्रा में नहीं थी। यानी कि उस यात्रा की सफलता की कामना तो की गई थी परंतु उसकी तैयारी नहीं की गई थी।

इस सफलता के रास्ते में एक बहुत बड़ी बाधा है-नकारात्मकता। असल में जिस दिन से हम पैदा होते हैं, उसी दिन से दुनिया और समाज हमें रोते हुए देखना चाहता है। जब हम छोटे होते हैं तो माता-पिता के प्रेम और वात्सल्य के साथ-साथ जो नकारात्मक चीज हमें प्राप्त होती है, वह है असुरक्षा की भावना। या यूं कहें कि जैसे-जैसे हम दुनिया को समझने लगते हैं, वैसे-वैसे चारों ओर से हमारे भीतर नकारात्मक विचार भरे जाने लगते हैं। हमें बताया जाता है कि जो चीजें हम कर रहे हैं, उनके करने से हमें कोई न कोई हानि हो सकती है।

'मत' शब्द हमारे अर्ध चेतन मन में स्थायी रूप से घर बनाकर रहने लगता है। आप सबने भी बचपन से ये बातें सुनी होंगी जो मैंने सुनी हैं। यहां मत बैठो! वहां मत खेलो! कपड़े गंदे मत करो! आग के पास मत जाओ! बिजली के पास मत जाओ! इसे मत छेड़ो! किताब को मत फाड़ो! कागज मत फेंको! ऐसा खाना मत खाओ! आदि-आदि। वैसे सूची इतनी लंबी और विस्तृत है कि यदि केवल इन्हीं बातों को लिखने बैठो तो शायद एक अलग पुस्तक बन जाए।

एक अध्ययन के मुताबिक करीब 17000 निषेधात्मक वाक्य वयस्क होने तक हमारे मन में चले जाते हैं। इसी प्रकार परिणामों के सम्बन्ध में जो सूचनाएं हम तक पहुंचाई जाती हैं, वे अक्सर नकारात्मक होती हैं। उदाहरण के तौर पर-ठंढ में निकलने पर जुकाम हो जाएगा, साइकिल चलाने पर चोट लग जाएगी, अमुक खेल खेलने से अमुक बुरा परिणाम हो सकता है। आइस्क्रीम खाने से गला खराब हो जाएगा। कहने का अर्थ यह है कि बचपन से हम जो करना चाहते हैं, जो खेलना चाहते हैं, जो खाना चाहते हैं, जिनके साथ रहना चाहते हैं, जो पढ़ना चाहते हैं, जो फिल्में देखना चाहते हैं, उन सबसे जुड़ी किसी न किसी बुराई की सूची हमें अपने बचपन में ही थमा दी जाती है, जिसे हममें से अधिकतर लोग जिंदगी भर सहेज कर या फ्रेम में जड़वा कर अपने ड्राइंग रूम में रखते हैं और निष्ठापूर्वक तथा ईमानदारी से आने वाली एक अमानत के रूप में भविष्य को सौंप जाते हैं।

क्या हमने कभी सोचकर देखा कि यदि जेम्स वाट को बार-बार पतीली में गर्म पानी से उठती भाप से हिलते ढक्कन के पास बैठने से मना कर दिया जाता, तो क्या कभी इंजिन का आविष्कार हो पाता। यदि एडीसन को उन खतरनाक चीजों से दूर रखा जाता तो क्या वह 2500 आविष्कार कर पाता। यदि सभी लोगों ने अपने बच्चों को मेंढक काटने या दो खतरनाक रसायनों को मिलाने से रोका होता, तो क्या आज विज्ञान लगभग हर बीमारी का इलाज ढूंढने में कामयाब हो पाता। ये सब बातें जानते हुए भी हम लगातार नकारात्मक विचार सुनते और आगे बढ़ाते रहते हैं। आपने अक्सर माता-पिता को कहते सुना होगा कि साइकिल मत चलाओ, गिर जाओगे। परंतु क्या यह भी सही नहीं है कि साइकिल से गिरना भी साइकिल चलाना सीखने का एक भाग है। हम सब जानते हैं कि समुद्री जहाज बंदरगाह में एवं हवाई जहाज जमीन पर (हैंगर में) सबसे सुरक्षित रहते हैं, परंतु क्या जहाज इसीलिए बनाए जाते हैं? मैंने पहले जिस 80-20 नियम का जिक्र किया, उसका एक कारण यही है कि हम नकारात्मक विचारों से ग्रस्त रहते हैं।

1999 में हम लोग गोवा में रहते थे। वहां मनोविज्ञान के एक प्रोफेसर क्लिफर्ड डिसिल्वा से मेरी मुलाकात हुई। एक दिन इसी बात पर बातचीत के दौरान उन्होंने मुझे एक घटना सुनाई। घटना इस प्रकार थी-

एक महिला जो पूर्णतः स्वस्थ थीं, उनको किसी ने बताया कि आजकल जो पानी नलों में आ रहा है, उसमें कई बार सांप के छोटे-छोटे अंडे भी आ जाते हैं, जो बाद में पेट में पलकर सांप बन जाते हैं। यह सोचते-सोचते एक दिन उस महिला को लगा कि उसके पेट में सांप घूम रहा है। उसकी रातों की नींद और दिन का चैन हराम हो गया। उसने कई डाक्टरों को दिखाया। डाक्टरों ने पहले उसका एक्स-रे किया, फिर अल्ट्रासाउंड किया और उसे बताया कि उसके पेट में कुछ नहीं है। उसे पेट के कीड़े मारने की दवा दी गई और उसे इस बात का विश्वास दिलाने का प्रयास किया कि उसके पेट में कुछ नहीं है लेकिन यह बात उसके अवचेतन मन में इतने गहरी चली गई थी कि उसे इस बात पर यकीन ही नहीं हो रहा था कि उसके पेट में सांप नहीं है।

अलग-अलग डाक्टरों की राय लेते-लेते उसे एक मनोचिकित्सक मिल गए। उन्होंने महिला से कहा कि आपके पेट में एक छोटा-सा सांप है और मैं उसे निकाल दूंगा। डाक्टर ने नियत तिथि को उस महिला को अस्पताल में दाखिल कर लिया और उसके कुछ टैस्ट करवाए गए तथा उसे ऑपरेशन थियेटर में ले जाकर कुछ समय के लिए बेहोश कर दिया गया। उसके बाद उसे अस्पताल के अपने कमरे में भेज दिया गया। जब उसे होश आया तो डाक्टरों ने उस महिला को बताया कि उसके पेट से सांप निकाल दिया गया है। उसके पेट पर प्लास्टर लगाया गया था और उसके बिस्तर के बराबर में मेज पर एक कांच की बोतल रखी थी, जिसमें एक छोटा-सा सांप था। डाक्टरों ने महिला को बताया कि यह वह सांप है, जो तुम्हें परेशान कर रहा था। उस महिला को यह देखकर बड़ी खुशी हुई कि उसके पेट से सांप निकल गया है। बहुत दिनों से वह ठीक से सो नहीं पाई थी, अतः अब तसल्ली होने के बाद वह पूर्णतः आराम से सोने लगी। तीन-चार दिन के बाद डाक्टरों ने कहा कि अब तुम ठीक हो गई हो और अपने घर जा सकती हो।

अपने घर आने के बाद मानव स्वभाव के अनुसार अपने आस-पड़ोस में रहने वालों को पूरी कहानी सुनानी शुरू कर दी और बताया कि अब

वह चैन से सोती है। अचानक एक महिला ने उससे कहा कि बहना! यह तो ठीक है परंतु इस बात की क्या गारंटी कि उस सांप ने तुम्हारे पेट में और अंडे नहीं दिए? क्या आप जानते हैं कि क्या परिणाम हुआ इस एक नकारात्मक वाक्य का। उस महिला को फिर से नींद आनी बंद हो गई।

हमारे जीवन में होने वाली छोटी से छोटी नकारात्मक बात हमारे पूरे जीवन को प्रभावित कर सकती है। मेरे एक मित्र मुझे बताते थे कि उन्होंने इंजीनियरिंग में प्रवेश इसलिए नहीं लिया क्योंकि उन्हें फेल हो जाने का डर था। मैंने जब उनसे कहा कि आप ऐसा क्यों सोचते हैं, तो उन्होंने बताया कि उनके पिता बचपन में अक्सर उनसे कहा करते थे कि तुम कभी अच्छे इंजीनियर नहीं बन सकते। इसलिए मैं हमेशा इस बात से डरता था। हम सब जानते हैं कि यदि एक क्विंटल (सौ किलोग्राम) दूध को फाड़ कर दही बनाना हो, तो उसके लिए अधिक परिश्रम की आवश्यकता नहीं है, नींबू के रस की कुछ बूंदे ही काफी हैं।

नकारात्मकता आपके प्रतिभारूपी बीज और व्यक्तित्वरूपी फसल को नष्ट कर देने वाला खतरनाक कीड़ा है। एक नकारात्मक विचार के प्रभाव को नष्ट करने के लिए हजारों सकारात्मक विचारों की आवश्यकता होती है अन्यथा इस कीड़े द्वारा काटे गए व्यक्ति का विकास असंभव है। जिस प्रकार के विचार हमारे मन में आते हैं, उसी प्रकार के परिणाम भी हमें प्राप्त होते हैं। एक बार हम लोग दिल्ली के बिड़ला मंदिर में आचार्य सुधांशु जी महाराज के प्रवचन सुनने गए। उस दिन के प्रवचन में उन्होंने, ''आपके नजरिये का क्या प्रभाव होता है आप पर'' इस विषय पर काफी अच्छी बातें बताईं। उन्होंने एक कहानी सुनाई जो इस प्रकार है:

एक गांव के चारों ओर एक दीवार थी और गांव के बाहर एक प्रवेशद्वार बनाया गया था। प्रवेशद्वार पर एक चौकीदार बैठा रहता था, जो आने-जाने वालों से उनके विषय में पूछताछ करता था। एक बार उस गांव में एक व्यक्ति आया। प्रवेशद्वार पर बैठे चौकीदार से उसने पूछा कि इस गांव में किस प्रकार के लोग रहते हैं। चौकीदार ने उससे प्रश्न किया कि जिस गांव से तुम आए हो वहां किस प्रकार के लोग रहते हैं? उस व्यक्ति ने उत्तर दिया कि वहां सब लोग कामचोर हैं, ईर्ष्यालु हैं, अभद्र हैं तथा नकारात्मक हैं। चौकीदार ने कहा कि इस गांव के लोग भी आपको ठीक वैसे ही मिलेंगे। अगले दिन उसी व्यक्ति का छोटा भाई भी काम-धंधे की तलाश में उसी गांव में आया। प्रवेशद्वार पर आकर उसने भी वही प्रश्न

पूछा जो उसके बड़े भाई ने पूछा था। इस गांव में किस प्रकार के लोग रहते हैं। चौकीदार ने फिर कहा कि जिस गांव से तुम आए हो वहां किस प्रकार के लोग रहते हैं? उसने कहा कि जिस गांव से मैं आया हूं वहां के लोग बहुत भले हैं। एक दूसरे से प्रेम करने वाले हैं, एक दूसरे की मदद करने वाले हैं, एक दूसरे की उन्नति से प्रसन्न होते हैं, सुख-दुख आपस में बांटते हैं और सब के सब सकारात्मक हैं। चौकीदार ने कहा कि इस गांव में आपको वैसे ही लोग मिलेंगे।

प्रवेशद्वार पर ही एक छोटी-सी दुकान थी, जहां से लोग छोटी-मोटी जरूरत की वस्तुएं खरीदते थे। उस दुकानदार ने चौकीदार की बातें सुनीं। दुकानदार ने चौकीदार से पूछा कि कल जो व्यक्ति आया था, उसे तो तुम बता रहे थे कि यहां के लोग बहुत बुरे हैं लेकिन आज जो व्यक्ति आया उसे कह रहे हो कि यहां के लोग बहुत अच्छे हैं। चौकीदार ने कहा कि लोग तो वैसे ही हैं जैसे थे लेकिन यह आपकी सोच पर निर्भर करता है कि आप दूसरों के बारे में क्या सोचते हैं। जैसी आपकी सोच होती है वैसे ही लोग आपको दिखाई देने लगते हैं।

अक्सर हमारी आँखों पर हमारी पहले से बनाई हुई सोच का चश्मा लगा होता है, जिसके माध्यम से हम दुनिया को देखते हैं। यदि हमारी आंखों पर काला चश्मा लगा हो, तो हमें हरी घास भी काली दिखाई देने लगती है। यह घास का दोष न होकर हमारे चश्मे का है। अधिकतर लोगों का यह स्वभाव होता है कि वह दूसरों की हर चीज को नकारात्मक दृष्टि से देखते हैं। आपने अपने आस-पास देखा होगा कि जब कोई व्यक्ति किसी भी क्षेत्र में उन्नति करता है, तो लोगों की प्रतिक्रिया क्या होती है। निम्नलिखित प्रतिक्रियाएं आमतौर पर आपने सुनी होंगी:

1. अच्छे अंकों से पास होने पर–
इसके पिताजी प्रिंसिपल के दोस्त हैं।

2. नौकरी मिलने पर–
इंटरव्यू बोर्ड में इसके चाचा थे।

3. मकान बनाने या कीमती सामान खरीदने पर–
हम जानते हैं ये पैसा कहां से आया, दो नंबर की कमाई है।

हम लोग तो ये सब काम नहीं करते। हमें बेईमानी की कमाई नहीं चाहिए आदि-आदि। परंतु कितने लोग ऐसे होते हैं, जिन्हें वास्तव में पता होता है कि

किसी व्यक्ति की किसी भी सामाजिक, आर्थिक या शैक्षणिक उपलब्धि के पीछे उसकी कितनी मेहनत लगी है। नकारात्मक शब्द का एक अर्थ मुझे यह भी लगता है कि हम दूसरों के द्वारा किए गए कामों को बहुत जल्दी नकार देते हैं। इसका कारण है- हमारी नकारात्मक सोच। रामचरितमानस में तुलसीदासजी ने स्पष्ट घोषणा की है-

जाकी रही भावना जैसी। प्रभु मूरत देखहिं तिन तैसी॥

भगवान कृष्ण ने भी कहा कि मेरा जो भक्त मुझे जिस रूप में भजता है, मैं उसे उसी रूप में प्राप्त होता हूं। अत: हमारे दृष्टिकोण पर बहुत कुछ निर्भर करता है। आज भारत विश्व की महाशक्ति बनने की राह पर अग्रसर है। आर्थिक विकास इससे पहले इतना कभी नहीं था, विदेशी मुद्रा का भण्डार कभी इतना विशाल नहीं था। हम हर रोज सुन रहे हैं कि आई.आई.एम. और आई.आई.टी. से निकले छात्रों को विदेशी कंपनियां बड़े-बड़े वेतन देकर अपने यहां रखने का प्रयास कर रही हैं। प्रतिदिन आप अखबारों में पढ़ते हैं कि अमुक कंपनी भारत आ रही है और इसके आने से इतनी विदेशी मुद्रा व्यापार में लगेगी और 50000 लोगों को रोजगार मिलेगा आदि-आदि। लेकिन विकास के इस समय में भी कितने लोग ऐसे हैं, जिनसे मैं मिला हूं और जिन्होंने मुझे बताया कि बच्चों को नौकरियां नहीं मिल रही हैं। महंगाई बहुत है। व्यवस्था बिल्कुल खराब है।

जैसा मैंने पहले कहा कि जब तक लोग नकारात्मक दृष्टिकोण रखेंगे, तब तक सफलता उनसे दूर ही रहेगी। 'दृष्टिकोण' शब्द का अभिप्राय आपके अपने आपको उस स्थान पर स्थापित करने से है, जहां से दुनिया की बाकी चीजें आपकी दृष्टि में आती हैं। पर जब हम गलत स्थान पर अपने आपको स्थापित कर लेते हैं, तो आगे आने वाली चीजें अपने आप ही गलत होने लगती हैं। हम लोगों को सदैव एक बात याद रखनी चाहिए कि "नींव की ईंट अगर टेढ़ी रखी जाए तो उस पर आप कितनी भी मंजिल बना लें, इमारत हमेशा टेढ़ी ही रहेगी। इसलिए जिन लोगों की सोच नकारात्मक है वे न केवल स्वयं को हानि पहुंचाते हैं, अपितु परिवार, समाज एवं राष्ट्र को भी हानि पहुंचाते हैं। मनुष्य के मस्तिष्क पर इस प्रकार के विचारों का कितना बुरा परिणाम हो सकता है इसका एक उदाहरण मैंने अपने एक मित्र से सुना जो रेलवे में काम करते हैं।

मेरे ये मित्र कुछ समय पहले मुंबई रेलवे स्टेशन पर कार्यरत थे। एक बार पहली अप्रैल को उनके एक मित्र जो रेलवे में ही गार्ड थे, उनके साथ मजाक करने की सूझी। ये गार्ड साहब मुंबई से सूरत जाने वाली गाड़ी पर

तैनात थे। दोनों सुबह-सुबह अपनी-अपनी ड्यूटी करने स्टेशन पहुंच गए। मेरे इन मित्र ने जब गार्ड साहब को देखा तो उन्होंने कहा, ''क्या बात है वर्मा जी (वर्मा जी गार्ड थे) आप आज कुछ अस्वस्थ दिखाई दे रहे हैं?'' वर्मा जी ने कहा, ''नहीं ऐसी कोई बात नहीं हैं, मैं बिल्कुल ठीक हूं।'' उन्होंने कहा कि नहीं, आपकी शक्ल बीमारों जैसी लग रही है और आज आप थके-थके से भी लग रहे हैं। ऐसा कहकर वे वहां से विदा हो गए लेकिन वर्मा जी के दिमाग में वह विचार घर कर गया और धीरे-धीरे उन्हें थकावट महसूस होने लगी। मेरे इन मित्र ने एक और काम किया कि मुंबई से सूरत तक जितने स्टेशनों पर गाड़ी रुकती थी, सभी स्टेशन मास्टरों को फोन करके बता दिया कि इस गाड़ी में वर्मा जी गार्ड है और जब गाड़ी स्टेशन पर रुके तो वर्मा जी से कहिए कि, ''क्या बात है वर्मा जी, आप बड़े बीमार-से दिख रहे हैं''।

सभी स्टेशन मास्टरों ने मजाक करने के लिए ऐसा कहना शुरू कर दिया। दो-तीन स्टेशनों तक वर्मा जी कहते रहे कि नहीं! ऐसी कोई बात नहीं है लेकिन चौथे स्टेशन पर जब वही बात हुई, तो उन्होंने भी कहना शुरू कर दिया कि हां, इधर कई दिनों से तबीयत कुछ अच्छी नहीं है। एक-दो स्टेशनों के बाद उनका सिर चकराने लगा और आपको जान कर आश्चर्य होगा कि गाड़ी के सूरत पहुंचने पर वर्मा जी इस स्थिति में थे ही नहीं कि वे स्वयं गाड़ी से उतर सकें। उन्हें एक स्ट्रेचर पर लिटाकर गाड़ी से उतारा गया और अस्पताल ले जाना पड़ा। उन्हें यह यकीन करने में हफ्तों लग गए कि यह केवल एक मजाक था आप बिल्कुल स्वस्थ हैं।

इस घटना को बताने का मेरा मंतव्य यह है कि यदि हम लोग सकारात्मक रहने का प्रयास भी करते हैं, तो भी हमारे आस-पास के लोग इतनी नकारात्मकता हमारे दिमाग में डाल देते हैं कि उन्हें तब तक संतुष्टि नहीं होती, जब तक दूसरे लोग भी उनके जैसे नहीं हो जाते। वे अक्सर आपको बताते रहते हैं कि आप सफल नहीं हो सकते, क्योंकि वे खुद सफल नहीं हो पाए। अनेक लोग ऐसा सोचते हैं कि जब मेरे दादा ने कुछ नहीं किया, मेरे पिता ने कुछ नहीं किया, तो फिर मैं ही कौनसे तीर मारने वाला हूं और वास्तव में वे अपना जीवन वहीं गुजार देते हैं जहां से शुरू करते हैं। हमारा समाज एक केकड़ा समाज है। आप केकड़े को यदि एक जार में डाल देते हैं, तो उस केकड़े को जार में रखने के लिए आपको जार का ढक्कन बंद करना पड़ेगा, परंतु आपके पास जार का ढक्कन नहीं है तो आप उसमें एक केकड़ा और डाल दें, फिर उनमें से कोई भी बाहर

नहीं आएगा। कारण यह है कि जैसे ही कोई केकड़ा जार की दीवार पर चढ़ना शुरू करेगा, वैसे ही दूसरा उसकी टांग खींच लेगा और उसे भी अपने साथ जार के तले पर लेकर गिर जाएगा। अतः इन लोगों से बचकर रहना सफलता के लिए अत्यंत आवश्यक है। नकारात्मक लोग हमारे चारों ओर इस कदर फैले हैं कि हमें प्रतिक्षण इनसे सावधान रहना होता है। यहां तक कि जब नकारात्मक लोगों की संख्या सकारात्मक लोगों से अधिक हो जाती है, तो ये लोग सकारात्मक मानसिकता वाले लोगों को पागल तक बताने में भी हिचकिचाहट महसूस नहीं करते।

मेरा कहने का तात्पर्य यह है कि जब बहुमत का दृष्टिकोण नकारात्मक हो तो वे अल्पमत के सकारात्मक दृष्टिकोण के लोगों को इसलिए पागल समझने लगते हैं, क्योंकि वे उनकी भांति व्यवहार नहीं कर रहे होते। कई लोग अपने दिमाग में एक अजीब तरह की नकारात्मकता पाल लेते हैं, जो अंधविश्वासों से जुड़ी होती हैं। हमारे देश में इस प्रकार की बहुत बातें चलती हैं। शायद आप सबने अपने आस-पास इस प्रकार के चरित्र अक्सर देखे होंगे, जो स्वयं तो अंधविश्वासों से जकड़े होते हैं और आपको भी उसी प्रकार की सलाह देने लगते हैं।

एक व्यक्ति ने मुझसे कहा कि मैं कभी कार से यात्रा नहीं करता। मैंने उससे पूछा कि इसका क्या कारण है? उसने कहा कि मेरे पिताजी की मृत्यु कार दुर्घटना में हुई थी। तब मैंने उससे पूछा कि क्या आपकी माताजी जीवित हैं? उसने कहा, ''नहीं''। मैंने पूछा उनका देहान्त किस प्रकार हुआ यानि जब उनका देहांत हुआ तो वे किस स्थिति में थीं। उसने कहा कि जिस दिन उनका देहांत हुआ उस दिन वे घर में ही थीं और चारपाई पर लेटी हुई थीं। मैंने उनसे कहा कि तब तो आप चारपाई पर भी नहीं सोते होंगे? उसने पूछा, ''क्यों''? मैंने कहा-जब आपके पिताजी का देहांत कार-यात्रा के दौरान हुआ था, इसलिए आप कार-यात्रा नहीं करते, तो जब आपकी माताजी का देहांत चारपाई पर हुआ था, तो आप चारपाई पर कैसे सो सकते हैं? तब वह व्यक्ति उत्तर नहीं दे पाया, फिर भी वह आज तक कार में नहीं बैठता।

इस प्रकार की नकारात्मकता हम अपनी सोच द्वारा उत्पन्न करते हैं और समय के साथ-साथ उसे पालते-पोसते रहते हैं। कुछ समय बाद वह इतने गहरे तक हमारे मन में बैठ जाती है कि हम उसे सत्य समझने लगते हैं। हमने गांधीजी के 'तीन बंदरों' के बारे में पढ़ा है, सुना है। अक्सर लोग कहते हैं कि ये गांधीजी की तीन शिक्षाएं थीं। मैं समझता हूं कि जिस समय देश गुलामी के दौर से गुजर रहा था, जिस प्रकार अंग्रेज भारतीयों पर अत्याचार करते थे, ऐसे समय में भारतीयों

के मन में सकारात्मक मनोभावों को जागृत रखने के लिए इन्हें नकारात्मकता के निषेध के रूप में बापू ने लोगों तक पहुंचाया और वस्तुतः लोगों की भावनाओं पर उसका अनुकूल प्रभाव भी हुआ।

अतः कई बार हम मन ही मन इस प्रकार की नकारात्मकताओं का पोषण करते रहते हैं और वह इस हद तक हो जाता है कि हम उसी प्रकार का आचरण करने लगते हैं। डेविड जे. श्वार्ट्ज ने अपनी प्रसिद्ध पुस्तक "मैजिक ऑफ थिंकिंग बिग" में इस बात को बहुत सुंदर तरीके से कहा है कि हमारे दिमाग में दो फोरमैन होते हैं, जो आपका हुक्म मानने के लिए सदैव तत्पर रहते हैं। उनमें से एक नकारात्मक होता है और दूसरा सकारात्मक। आपके मस्तिष्क में विचार आते ही दोनों अपना काम (विचार के अनुसार सकारात्मक या नकारात्मक) आरंभ कर देते हैं और उसी प्रकार के परिणाम भी सामने आने लगते हैं। यह विचार शृंखला जितनी लंबी होती जाती है, हमारे नकारात्मक या सकारात्मक परिणाम प्राप्त करने की संभावनाएं भी उतनी ही प्रबल हो जाती हैं। इस संदर्भ में मुझे एक घटना याद आती है।

किसी गांव में एक व्यक्ति जिसका घर गांव के बाहर की ओर था, प्रतिदिन सुबह सात बजे अपने घर के सामने बैठ कर दातुन किया करता था। उसी गांव का एक अन्य व्यक्ति उसी समय यानि सुबह सात बजे प्रतिदिन अपनी भैंसों को चराने के लिए जाया करता था। उन भैंसों में से एक भैंस ऐसी थी जिसकी एक सींग काफी बड़ी थी और वृत्ताकार हो गयी थी। यह एक बड़े 'जीरो' जैसी लगती थी। यह व्यक्ति दातुन करते समय प्रतिदिन उस भैंस के सींग को देखता और सोचता कि अगर कभी किसी व्यक्ति का सिर इस सींग के बीच में फंस जाए तो क्या हो? सोचते-सोचते छः महीने हो गए और प्रतिदिन वही प्रक्रिया दोहराई जाती।

एक दिन अचानक न जाने उसके मन में क्या आया कि वह उठा और उसने भाग कर अपना सिर उस भैंस के सींग में घुसा दिया। जैसे ही उसने अपना सिर घुसाया, भैंस डर कर भागने लगी। भैंस के भागने से यह व्यक्ति साथ-साथ घिसटने लगा और शोर मचाने लगा। जैसे-जैसे वह शोर मचाता, भैंस और तेजी से भागती। भागते-भागते भैंस थक गई और उस व्यक्ति के घुटने व पैर बुरी तरह जख्मी हो गए। कुछ दूर जाने के बाद भैंस एक तालाब में घुस गई और क्योंकि उसके एक सींग में बेदम होकर ये महाशय लटक रहे थे, इससे भैंस को भी कष्ट का अनुभव हो रहा था, इसलिए भैंस पानी में बैठ गई।

गांव के लोगों ने देखा कि एक व्यक्ति ने अपना सिर भैंस के सींग में घुसा दिया है और भैंस उसे घसीटते हुए भाग रही है, तो उसे बचाने के लिए कुछ लोग पीछे-पीछे दौड़े। जब भैंस पानी में बैठ गई तो कुछ देर बाद ये सब लोग भी पहुंचे और उस व्यक्ति को भैंस के सींग से निकाला। निकाल कर उसे साफ किया और उसके जख्मों पर दवा लगाकर कुछ दूध और हल्दी मिलाकर पिलाई। इसी दौरान एक व्यक्ति जिसने इन महाशय को अपना सिर भैंस के सींग में घुसाते हुए देखा था, अपनी उत्कंठा को नहीं रोक पाया और कहने लगा कि भैया! आप पढ़े-लिखे व्यक्ति हैं, आपने इस प्रकार की हरकत की, कम से कम कुछ तो सोचा होता? वह व्यक्ति बोला- ''छः महीने से वही तो सोच रहा था। यह एक दिन की सोच का परिणाम नहीं है।''

इस प्रकार हम देखते हैं कि यदि नकारात्मक सोच हो, तो उसके परिणाम हमें किसी नुकसान या असफलता में ही दिखाई देते हैं। प्रश्न है केवल सोच को बदलने का-हमारी असफलता, सफलता में परिवर्तित हो सकती है।

OOO

2

आलस्य

"आलस्य एक ऐसा राजरोग है जिसका मरीज जिंदगी भर नहीं संभलता।"
–प्रेमचंद

अजगर करे न चाकरी, पंछी करे न काम।
दास मलूका कह गए, सबका दाता राम।।

भारत में मलूकदासजी की ये पंक्तियां अक्सर सुनाई देती हैं। असल में अध्यात्म की दृष्टि से शायद इन पंक्तियों का अलग महत्व हो, पर आम जीवन में ये पंक्तियां निठल्ले लोगों द्वारा अस्त्र के रूप में प्रयोग की जाती हैं। कहा जाता है कि अजगर किसी की चाकरी नहीं करता, पंछी कोई काम नहीं करता, फिर भी भगवान उनको खाना–पीना देते ही हैं। परंतु मुझे लगता है कि खाना–पीना प्राप्त करना ही जीवन का उद्देश्य है, तो क्या अंतर है पशु–पक्षियों और मनुष्य के जीवन में। मनुष्य को ईश्वर ने विशेष उद्देश्यों की पूर्ति के लिए भेजा है। यदि खाना–पीना ही मानव का ध्येय होता तो मानव जाति ने आज तक जितनी उन्नति की है, उसका एक अंश भी नहीं होती और अभी तक भी हम असभ्य और जंगली होते। तो भी उपर्युक्त पंक्तियां समाज में उन लोगों द्वारा अक्सर प्रयोग की जाती हैं जो अपने आलस्य की आदत पर पर्दा डालना चाहते हैं। अक्सर आपने लोगों को कहते सुना होगा कि सब भगवान देगा। लेकिन आप उठकर कुछ नहीं करेंगे तो खाना भी आपके पेट तक नहीं पहुंच पाए। अतः हमारी सफलता के रास्ते में आलस्य दूसरी सबसे बड़ी बाधा है।

लोग अपने जीवन में इतने आलसी हो गए हैं कि एक व्यक्ति जामुन के पेड़ के नीचे लेटा था। एक जामुन का फल टूटकर उसकी गर्दन के पास गिरा,

तो उसने कहा कि भगवान ने जामुन तो काफी लगाए लेकिन सही डाल पर नहीं लगाए। एक भी मुंह में आकर नहीं गिरा। आलस्य या टालमटोल करना अक्सर लोगों की आदत होती है। असल में आज जो पुस्तक मैं लिख रहा हूं, यह दो या तीन साल पहले लिखी जा सकती थी, यदि मुझमें कहीं आलस्य का अंश नहीं होता। इसी प्रकार की बहुत सारी बातें आपने बहुत से लोगों से सुनी होंगी कि अगर मुझे मौका मिला होता, अगर मैं समय पर पहुंचा होता, अगर मुझे गाना आता, अगर मैं फलां जैसा होता आदि। सब कुछ हो सकता था, यदि नहीं हुआ तो केवल आलस्य के कारण।

ऐसा नहीं है कि लोग चीजों से अनभिज्ञ हैं। कौन नहीं जानता सुबह ब्राह्म मुहूर्त में उठने से बुद्धि का विकास होता है। सुबह घूमने जाने से, सुबह स्नान करने से, व्यायाम करने से आपका स्वास्थ्य अच्छा होता है। ये सब बातें हम सब लोग जानते हैं परंतु कितने लोग स्वस्थ हैं, ये तो आपको अस्पतालों के रजिस्टर बताएंगे। हां, जो लोग अस्वस्थ होकर अस्पताल जाते हैं और डॉक्टर उनको कहते हैं कि आप सुबह सैर कीजिए, थोड़ा व्यायाम कीजिए तो वे दो-चार दिन स्पोर्ट्स शूज और टी-शर्ट, निक्कर खरीद कर घर में रख देते हैं और फिर सोचते हैं कि बरसात के बाद शुरू करेंगे, फिर दीपावली के बाद, फिर सर्दी के बाद, गर्मी और अगली बरसात के बाद और.......। अर्थात् आलस्य।

इन लोगों का सबसे बड़ा बहाना है कि समय नहीं मिलता। मैं अपनी कक्षाओं में जब विद्यार्थियों से बात करता हूं तो पता चलता है कि पिछले कई दशकों से बहुत सारे लोगों ने कोई पुस्तक नहीं पढ़ी है। अपनी जानकारी को अद्यतन (अप-टू-डेट) नहीं किया है। कारण, समय नहीं मिलता। मैं अक्सर अपने विद्यार्थियों से कहता हूं कि आपकी समस्या समय नहीं है, समय-प्रबंधन है। तो कई विद्यार्थी (99%) पूछते हैं कि समय-प्रबंधन क्या होता है आदि। एक दिन कक्षा में एक विद्यार्थी जिसने अपना गृहकार्य नहीं किया था, मैंने उससे पूछा कि क्या बात है, आप गृहकार्य क्यों नहीं कर पाए? तो उसने मुझे बताया कि सर! आप यकीन मानिए, मुझे कार्यालय के बाद बिल्कुल समय नहीं मिलता। मैंने उनसे कहा कि आप कार्यालय आने से पहले थोड़ा समय निकालें। यदि आपको सीखना है तो समय निकालना ही होगा। उन्होंने कहा-सर! मुझे कार्यालय-समय से पहले भी बहुत सारा काम करना पड़ता है, अतः सुबह भी समय नहीं मिल पाता। उस समय अटल बिहारी वाजपेयी जी हमारे प्रधानमंत्री थे। मैंने उस विद्यार्थी से कहा कि वाजपेयी जी प्रधानमंत्री होने के बावजूद कविताएं लिखने का समय

निकाल लेते हैं, क्या आप उनसे भी अधिक व्यस्त हैं? तो वे बोले कि यह तो मैं नहीं जानता परंतु मेरे पास समय बिल्कुल नहीं बचता।

खैर! मैंने उनसे कहा कि मुझे बड़ी प्रसन्नता हुई कि आप जैसा व्यस्त व्यक्ति कम से कम कक्षा में तो हर रोज आ रहा है। अच्छा! आप यह बताइए कि आप क्या-क्या काम करते हैं और उसमें कितना समय लगता है। वे मुझे सुबह उठने के बाद के सारे काम और समय गिनाने लगे और मैं उन्हें बोर्ड पर लिखने लगा। जब वे समाप्त कर चुके थे तो मैंने कहा कि अभी आप और सोच लीजिए कि कहीं कोई काम रह न गया हो। एक-आध काम और लिखवाने के बाद उन्होंने कहा-बस सर! इतने ही काम मैं दिनभर में करता हूं। मैंने उसमें एक घंटा अपनी तरफ से जोड़ दिया कि शायद आप कुछ काम भूल गए हों। उसके बाद जब मैंने पूरे समय को जोड़ा तो केवल 21 घंटे ही बने यानि अभी भी उनके पास तीन घंटे बचे हुए थे, जिसका उनको पता ही नहीं था कि वह समय कहां और कैसे जा रहा है। इस पर सारी कक्षा हंसने लगी। तब मैंने कहा कि यदि हम सब इसी प्रकार जोड़कर देखें तो हम पाएंगे कि कुछ समय का तो पता ही नहीं कहां जा रहा है, जिसे हम केवल आलस्य में ही खो देते हैं। हमारे यहां कहा गया है-

अप्रगलभस्य कुतः विद्या अविद्यस्य कुतः धनम्।
अधनस्य कुतः मित्रम् अमित्रस्य कुतः सुखम्।।

अर्थात् हम अपने जीवन को सुखों के आलस्य की वेदी पर कुर्बान कर देते हैं। आलस्य के कारण बहुत सारे लोग नौकरी मिलने के बाद पढ़ाई करना छोड़ देते हैं और वहीं पर रहकर मध्यमवर्गीय जीवन गुजारने को बाध्य होते हैं।

मुझे अपने जीवन में अलग-अलग विषयों पर ख्यातनाम विचारकों की हजारों पुस्तकें पढ़ने का अवसर मिला और अक्सर मैं अपनी कक्षाओं में समय-समय पर उन पुस्तकों की विशिष्ट बातों के सम्बन्ध में और उन पुस्तकों के बारे में बताता रहता हूं। अक्सर कक्षाओं में कई विद्यार्थी मुझसे पुस्तकों और उनके लेखकों के नाम पूछकर अपनी नोटबुक में लिख भी लेते हैं। लेकिन इन हजारों विद्यार्थियों में से मेरी जानकारी में 5-7 लोग ऐसे हैं, जिन्होंने मेरी बताई पुस्तकों में से कुछ पुस्तकें खरीदी और पढ़ी अन्यथा वह कसरत उन पुस्तकों के नाम नोट करने तक ही सीमित रहती है। मैं अक्सर अपनी कक्षाओं में देखता हूं कि बहुत सारे लोग ऐसे हैं, जो यदि पढ़ाई करना शुरू कर दें तो अपने जीवन में काफी उन्नति कर सकते हैं परंतु राजरोग से ग्रसित हैं। मैं हर रोज शाम को लगभग एक-डेढ़ घंटा बैडमिंटन खेलने जाता हूं। यह मेरे कई साल का नियम है। शाम को जाते हुए या

खेलने के बाद आते हुए कई लोग मिलते हैं, जो मेरी 'फिटनेस' की तारीफ और कल से स्वयं आने का वायदा करके महीनों तक गायब रहते हैं। ये लोग चाहते हैं कि सैर कोई और कर ले और सेहत हमारी बन जाए। पढ़ाई कोई और कर ले और उन्नति हमारी हो जाए। वहीं बैठे-बैठे सारे काम हो जाएं। हमारे यहां एक प्रसिद्ध कहावत है कि-''हाथ पैरों का आलस और मुंह में मूंछ जाए''।

सब लोगों में कितनी भी प्रतिभा हो, आलस्य के कारण सब नष्ट हो जाती है, क्योंकि 10 पैसे का सिक्का और सोने का बिस्किट दोनों की कीमत एक जैसी ही है, यदि दोनों समुद्र की तली में पड़े हैं। उनका मूल्य तभी अलग-अलग हो सकता है, जब वे समुद्र से बाहर आएं। गोवा में मेरे एक पहचान वाले सज्जन थे जिनका नाम मैं यहां नहीं लिख रहा हूं। वे लगभग हर सप्ताह मेरे पास एक नई योजना लेकर आते थे लेकिन शुरू किसी योजना को नहीं करते थे। कारण आलस्य। वे आज भी वही कर रहे हैं जो दस साल पहले कर रहे थे। विचार करना निश्चितरूप से महत्वपूर्ण है, पर उस पर क्रिया उससे भी अधिक महत्वपूर्ण है। परंतु अक्सर हम लोग क्रिया के स्थान पर प्रतिक्रिया करते हैं, जिसका कोई लाभ नहीं होता।

मेरे एक मित्र हैं जो नेशनल इंश्योरेंस कंपनी में हिन्दी अधिकारी हैं। वे लगभग एक साल से किसी विषय विशेष को सिखाने के लिए मेरे पीछे पड़े हैं, लेकिन जब भी मैं उनसे कहता हूं कि आप आना शुरू कर दीजिए, तो वे नहीं आ पाते। हालांकि इसके लिए अलग-अलग कारण बताते हैं, परंतु मैं उसे आलस्य ही मानता हूं। मेरे एक और सज्जन मित्र जो एक कार्यालय में लिपिक के पद पर प्रतिष्ठित हैं, मुझे सैकड़ों बार अपने नए 'बिजनेस' के लांच (Launch) करने के बारे में बता चुके हैं, परंतु उनका वह तथाकथित व्यापार आज तक प्रारंभ नहीं हो पाया है। कारण यह है कि अभी तक सभी चीजें उनकी सुविधानुसार नहीं हो पाई हैं।

एक बार एक साधु पेड़ के नीचे लेटा हुआ था। उसे भूख लगी थी, परंतु फिर भी वह पेड़ की छाया में आराम से लेटा हुआ था। थोड़ी देर में दोपहर के समय एक किसान भी अपना भोजन लेकर पेड़ के नीचे खाने बैठा। साधु ने कहा-''बच्चा! साधु को भी भोजन कराओ''। किसान ने कुछ भोजन साधु को दिया। खा-पीकर जब दोनों पेड़ के नीचे लेटे आराम कर रहे थे, तो किसान ने साधु से कहा, ''महाराज! आप कुछ काम क्यों नहीं करते''?

साधु ने कहा, 'मैं क्या काम कर सकता हूं ?'

किसान- 'आप खेत में मेरे साथ काम करें।'

साधु- 'उससे क्या होगा ?'

किसान- 'उससे आपके पास पैसे आने लगेंगे ?'

साधु- 'उससे क्या होगा ?'

किसान- 'पैसे जोड़कर आप भी मेरी तरह जमीन खरीद लीजिए और खेती कीजिए।'

साधु- 'उससे क्या होगा?'

किसान- 'फिर आपके पास और पैसे आ जाएंगे तब आप शादी कर लेना।'

साधु- 'फिर ?'

किसान- 'फिर आपके बाल-बच्चे और परिवार हो जाएगा।'

साधु- 'फिर क्या होगा ?'

किसान- 'फिर बच्चों को पढ़ाना-लिखाना उनकी शादी करना।'

साधु- 'फिर क्या होगा ?'

किसान- 'फिर बच्चे कमाएंगे, आप आराम करना।'

साधु- 'वह तो मैं अभी भी कर रहा हूं। इतना चक्कर लगाने की क्या आवश्यकता है।'

इस प्रकार के लोग अपना पूरा जीवन यूं ही आलस्य में गुजार देते हैं, उनसे समाज या देश का कोई भला या लाभ नहीं होता।

हम लोगों को समझना चाहिए कि आज का युग बाजार का युग है। हर व्यक्ति उन्नति करना चाहता है। हर कंपनी अपने व्यापार को बढ़ाना चाहती है। इसके लिए आवश्यक है कि जो कर्मचारी इस कंपनी के लिए काम कर रहे हों, वे आलसी या कामचोर न हों। आज कंपनियां अपने कर्मचारियों को इस प्रकार की वेशभूषा धारण करने को कहती हैं, जिससे कर्मचारी चुस्त दिखें और चुस्ती अनुभव करें। कई कंपनियां अपने कर्मचारियों को काम के समय खाना स्वयं उपलब्ध कराती हैं। कारण यह कि उन्हें खाना भी इस प्रकार का दिया जाए, जिससे उनकी काम करने की ऊर्जा दिन भर बनी रहे।

एक बहुत प्रसिद्ध बात कही जाती है कि एक अध्यापक ने कक्षा में प्रश्न किया कि 5 आदमी मिलकर एक काम को 10 दिन में करते हैं, तो 8 आदमी उस कार्य को कितने दिन में करेंगे? इस पर एक विद्यार्थी ने प्रश्न किया कि पहले यह बतलाइए कि काम सरकारी है या प्राइवेट। यानि सरकारी दफ्तरों में लोगों को आलसी समझा जाता है और कहा जाता है कि सरकारी काम बहुत धीरे-धीरे होते हैं।

कहने का अभिप्राय यह है कि लोग अपने आलस्य के कारण अपने निजी जीवन में भी प्रगति के अवसर खो बैठते हैं। अक्सर आपने देखा होगा कि जो लोग स्वयं को चुस्त-दुरुस्त रखते हैं वे सेहतमंद तो होते ही हैं, इसके अतिरिक्त वे आर्थिक रूप से सम्पन्न होते हैं, ज्ञान के स्तर पर दूसरों से आगे रहते हैं, अपने कार्यक्षेत्र में सफलताएं प्राप्त करते हैं, समाज में प्रतिष्ठा पाते हैं और उनका पारिवारिक जीवन भी प्रसन्नतापूर्वक बीतता है। इसके अतिरिक्त सुस्त लोग न सिर्फ स्वयं को बीमार रखते हैं अपितु वातावरण को भी बीमार कर देते हैं। आर्थिक रूप से विपन्न होते हैं, समाज उन्हें हेय दृष्टि से देखता है तथा पारिवारिक जीवन भी कलहपूर्ण व्यतीत करते हैं। यद्यपि उनकी हर क्षेत्र में असफलता का कारण केवल आलस्य है, परंतु वे अपनी इस कमी को छिपाने के लिए परिस्थितियों को दोष देते रहते हैं और अपनी काम करने की क्षमता में घुन लगा लेते हैं। अतः आलस्य किसी व्यक्ति की सफलता के रास्ते में बहुत बड़ी बाधा है।

OOO

3

आत्महीनता

एक बार 1991 में केंद्रीय औद्योगिक सुरक्षा बल के एक समारोह में मुझे निमंत्रित किया गया। जब मैं वहां पहुंचा तो उप समादेशक जो आयु एवं पद दोनों में मुझसे बड़े थे, उन्होंने मुझे सादर ले जाकर विशेष अतिथियों की प्रथम पंक्ति में बैठाया। वहां पर मैंने देखा कि केवल एक ही पंक्ति विशेष अतिथियों के लिए आरक्षित थी, तो भी हमारे पीछे की दो-तीन पंक्तियां खाली पड़ी थीं। कार्यक्रम मनोरंजक था। बहुत से लोग खड़े होकर उस कार्यक्रम को देख रहे थे। उनमें कुछ लोग ऐसे भी थे, जिन्हें मैं व्यक्तिगत रूप से जानता था। समारोह की समाप्ति के पश्चात् जब हम सब लोग जाने लगे, तो कुछ लोगों से मेरी मुलाकात हुई जो मुझे जानते थे और वहीं खड़े होकर समारोह देख रहे थे। मैंने कहा कि आप लोग वैसे ही खड़े रह गए जबकि वहां आगे बहुत सारी कुर्सियां खाली थीं। तो एक सज्जन ने उत्तर दिया कि वे तो बड़े लोगों के लिए थीं और हम लोग तो छोटे लोग हैं। उनमें से कुछ लोग ऐसे भी थे, जो मेरे समान स्तर के अधिकारी थे।

उस दिन मुझे एक विशेष अनुभव हुआ कि आप छोटे या बड़े नहीं होते, आपकी सोच छोटी या बड़ी हो सकती है। जो लोग सोचते हैं कि वे छोटे हैं, वे आत्महीनता से ग्रसित हैं, जो कि उनके जीवन की सफलता के लिए एक बहुत बड़ी बाधा है। उस दिन से ही मैंने निर्णय किया था कि मैं जब किसी समारोह में जाऊंगा और वहां यदि स्थान आरक्षित नहीं है, तो सदैव आगे ही बैठूंगा। यही बात मैंने बाद में अपनी कक्षाओं में भी अनुभव की कि अक्सर आगे की एक पंक्ति कक्षा शुरू होने के दिन खाली रहती थी और मुझे कुछ लोगों को पीछे से उठा कर आगे बैठाना पड़ता था तथा कुछ दिन के बाद वे व्यक्ति बदल जाते थे यानि अगली सीटों पर कुछ ऐसे लोग आ जाते थे, जिनमें आत्म-सम्मान की

मात्रा औरों से अधिक होती थी। आखिर में पता चलता था कि वे लोग ही दूसरों से अधिक अंक परीक्षा में प्राप्त करते थे। मेरे विचार से यह एक निश्चित सूत्र है कि ''आत्म-सम्मान के साथ ही निष्पादन बढ़ता है।''

अक्सर जब लोग कहते हैं कि मैं यह काम नहीं कर सकता, तो एक स्पष्ट बात है कि न तो उन्हें अपनी क्षमताओं पर विश्वास है और न वे स्वयं को इस योग्य समझते हैं। इन लोगों को आप कितना भी प्रेरित करें, ये लोग टस से मस नहीं होते। एक दिन कक्षा में अपने विद्यार्थियों को भाषा का अध्ययन करवा रहा था कि मैंने एक विद्यार्थी से पूछा-कल आपने किस होटल में खाना खाया? तो उसने कहा-'कल मैंने घनश्याम होटल में खाना खाया।' असल में घनश्याम होटल वहां सड़क किनारे का एक गंदा-सा ढाबा था। मैंने उस विद्यार्थी से कहा कि आप कहिए कि मैंने कल ताजमहल होटल में खाना खाया, तो उसने कहा- 'सर! मैं ताजमहल होटल में नहीं जा सकता।' मैंने उसे कई बार समझाया कि आपको जाना थोड़े ही है, केवल बोलना ही है। आपको पैसा थोड़े ही देना है। तो भी वह सज्जन यह बात कहने के लिए तैयार नहीं हुआ कि मैंने कल ताजमहल होटल में खाना खाया। मेरे काफी प्रयास करने के बाद भी वह एक ही बात कहता रहा कि मैं ताजमहल होटल में नहीं जा सकता।

कार्यालयों में काम करने वाले कितने ही ऐसे लोगों से मैं मिला, जो इसलिए विभागीय परीक्षाएं नहीं देते, क्योंकि उन्हें मालूम है कि वे इस परीक्षा में पास नहीं हो सकते। उनकी आत्महीनता की भावना उनके कैरियर को आगे बढ़ने ही नहीं देती। इसी प्रकार के कितने ही लोग आपको ऐसे मिल जाएंगे, जो माता-पिता के रूप में पूरी तरह से असफल हैं-कारण आत्महीनता। आपको कितने ही माता-पिता यह कहते हुए मिल जाएंगे कि क्या करें हमारे बच्चे हमारी बात सुनते ही नहीं हैं। इसका दोष बच्चों को न देकर आप स्वयं लें कि आज तक विश्वास के साथ आपने बच्चों से कुछ कहा ही नहीं। आपने सदैव अध्यापकों या दूसरे रिश्तेदारों से कहा कि जरा हमारे बच्चों को समझा दीजिए। या फिर बच्चे को किसी रिश्तेदार या किसी जानवर या भूत-प्रेत का डर दिखाकर अपनी बात मनवाने की कोशिश करते हैं। बच्चे समझ जाते हैं कि उनके माता-पिता में आत्मविश्वास की कमी है और वे उनकी बात मानना छोड़ देते हैं।

''आत्महीनता वह रस्सी है जो पुरुषार्थ के हाथी को वश में कर लेती है।'' आपने अक्सर देखा होगा कि जो लोग हाथी पालते हैं। वे हाथी को पालने के लिए एक जंजीर उसके पैर में बांध देते हैं और उस जंजीर को किसी पेड़

से बांध देते हैं। हाथी चुपचाप वहां बंधा रहता है। यदि हाथी चाहे तो जंजीर को भी तोड़ सकता है और पेड़ भी उखाड़ सकता है, परंतु वह ऐसा कभी नहीं करता। क्या आप जानते हैं कि वह ऐसा क्यों नहीं करता? इसका कारण यह है कि जब हाथी छोटा व युवा होता है, तो उसमें उत्साह बहुत होता है। जब उसे एक जंजीर से मोटे पेड़ के पास बांध दिया जाता है, तो हाथी अपना बल प्रयोग करके वहां से मुक्त होना चाहता है। बार-बार कोशिश करने के बावजूद न तो वह उस जंजीर को तोड़ पाता है और न ही वह उस पेड़ को उखाड़ पाता है। धीरे-धीरे उसके मन में यह बात पूरी तरह से बैठ जाती है कि ऐसा करना उनके लिए असंभव है और अंततः वह प्रयास करना छोड़ देता है। उसके बाद उसमें पैदा की गई यह कृत्रिम आत्महीनता जीवनभर उसके साथ रहती है और उसकी निष्पादन क्षमताओं को जीवनभर प्रभावित करती रहती है। हमें सदैव याद रखना चाहिए कि हमारे अंदर जितना स्वाभिमान होता है, उतना ही निष्पादन बढ़ता है। जब हम यह मान लेते हैं कि हम यह काम नहीं कर सकते, तो वह विचार इतना दृढ़ हो जाता है कि हम प्रयास करने की भी आवश्यकता अनुभव नहीं करते। जो लोग अपनी आत्महीनता के चलते प्रयास भी नहीं करते, वे लोग अपराधी भी स्वयं हैं और न्यायाधीश भी, जो स्वयं को अभावों के कारावास में उम्रभर रहने का दंड देते हैं।

हम जिस प्रकार का चित्र स्वयं के बारे में अपने मन में डालते हैं, दिमाग उसे व्यावहारिक रूप से पूरा कर देता है। इस विषय में हम एक छोटा-सा उदाहरण देखते हैं। मान लीजिए लकड़ी का एक लट्ठा जमीन पर पड़ा है, जिसकी चौड़ाई दो फुट है। यदि हमें उस पर चलने के लिए कहा जाए तो न सिर्फ हम उस पर चल सकते हैं अपितु दौड़ सकते हैं, जबकि उसी लट्ठे के दोनों किनारे पचास फीट ऊंची इमारतों की छतों पर रख दिए जाएं और दोनों इमारतों के बीच की दूरी सौ फीट हो तो क्या हम उस पर चल पाएंगे। नहीं! क्योंकि हम जानते हैं कि हम गिर जाएंगे। हालांकि लकड़ी की चौड़ाई अभी भी वही है, जिसके ऊपर हम आराम से चल रहे थे। अब केवल यह हुआ कि पहले हमारे मन में जो चित्र बना वह हमारे चलने का बना और अब जो चित्र बना वह गिरने का बना, इसलिए इस प्रकार का चित्र अपने दिमाग में लेकर चलेंगे तो गिरना निश्चित है। इसलिए जरूरी है कि हम अपने भीतर अपनी जो छवि निर्मित करें वह सकारात्मक हो।

'सी यू ऐट द टॉप' के लेखक ज़िग ज़िगलर ने लिखा है, "Positive self image is the best possible preparation for success in life." अतः जरूरी है कि हममें आत्मविश्वास हो। लक्ष्य निर्धारण, प्रेरणा, सकारात्मक सोच- ये सभी चीजें कुछ नहीं कर सकती, जब तक कि हमें स्वयं पर विश्वास न हो। बहुत बार ऐसा भी हो जाता है कि बहुत से लोग आत्महीनता से ग्रस्त होकर जो थोड़ा बहुत प्रयास करते भी हैं, उन्हें कई बार उसी अनुपात में लाभ भी प्राप्त हो जाता है। परंतु यदि उसने अपनी क्षमताओं का पूरा प्रयोग नहीं किया है और थोड़े-बहुत परिणामों से स्वयं को संतुष्ट समझ लेता है, तो भी मैं उसे उसकी असफलता ही मानता हूं। अगर इस बात को और सरल शब्दों में कहना हो, तो मैं कहूंगा कि यदि किसी व्यक्ति में दो लाख रुपए कमाने की क्षमता है और वह एक लाख ही कमा रहा है, तो वह मेरे विचार से असफल है। क्योंकि वह देश, समाज और स्वयं को पूरी क्षमता न देकर इन तीनों को उनके प्राप्य परिण ााम से वंचित कर रहा है।

आपने अक्सर देखा होगा कि एक ही व्यवसाय में लगे दो व्यक्तियों के रहन-सहन का स्तर अलग होता है और उनकी आर्थिक स्थिति भी भिन्न होती है। एक अध्यापक, एक डॉक्टर, एक वकील किसी दूसरे अध्यापक, दूसरे डॉक्टर या दूसरे वकील से कहीं अधिक कमा रहा है। और, जो नहीं कमा रहे हैं या कम कमा रहे हैं, वे परिश्रम करने के स्थान पर कमाने वालों पर केवल आक्षेप कर रहे हैं। उनकी मेहनत को वे लालच की संज्ञा देते हैं। यह केवल उन लोगों की आत्महीनता का परिचायक है और यही आत्महीनता उन्हें अधिक दयनीय तथा अकर्मण्य बनाती जाती है। एक बार आत्महीनता का बीज जो उनके मनोमस्तिष्क में पड़ जाता है, समय पाकर वही बीज बड़े वृक्ष का रूप धारण कर लेता है और उसकी जड़ें इस प्रकार फैल जाती हैं कि उसे समूल नष्ट करना अत्यंत कठिन हो जाता है। आत्महीनता से ग्रसित व्यक्ति जीवनभर ऐसी भूल-भुलैया में घूमता रहता है, जो उसे किसी भी गंतव्य तक नहीं पहुंचाती।

OOO

4

अनुशासनहीनता

कहते हैं कि समुद्र कभी अपना अनुशासन नहीं तोड़ता इसलिए बड़ा है, विशाल है। इसीलिए अन्य स्रोत भी उसमें समाकर परमगति को प्राप्त होते हैं। यदि मनुष्य को जीवन में सफल होना है, तो अनुशासन का पालन करना अत्यंत आवश्यक है। अनुशासनहीनता स्वयं में एक बहुत बड़ा दुर्गुण है, जो सफलता के लिए एक बाधक तत्त्व है। विशेष तौर पर मैं यह बात युवा लोगों के बारे में कहना चाहता हूं। कारण है कि बचपन में हम लोग अपने माता-पिता के शासन में रहते हैं। वास्तव में युवावस्था ही हमारी सबसे अधिक उपलब्धियों का समय है और यहीं आकर हम स्वयं के शासक हो जाते हैं। जो व्यक्ति आयु के इस काल में अनुशासन में रहना जानते हैं, सफलताएं और उपलब्धियां जीवन भर उनके साथ रहती हैं। मैं जानता हूं कि युवावस्था गंगा और यमुना की तरह तीव्र गति से बहने वाली नदी है, जो अनुशासनहीन होने पर खेतों को सटक जाती है, घरों को लील जाती है परंतु यदि उसी तीव्र गति से बहने वाली धारा को अनुशासित कर दिया जाए, तो बांधों के माध्यम से मनुष्य जाति के लिए बिजली पैदा करके जीवन को सुखद बना देती है।

आप देखें कि गांधी, नेहरू, सुभाष, राष्ट्रपति अब्दुल कलाम आदि कितने ही महान लोग हुए हैं, हमारे सामने। इन सब लोगों में एक बात जो सभी में थी, वह यह कि ये सभी अत्यंत अनुशासित व्यक्ति थे। गांधीजी के बारे में तो प्रसिद्ध है कि उन्होंने एक पत्रकार से बात करने से इसलिए इनकार कर दिया था कि वह उनसे मिलने के लिए नियमित समय से कुछ देरी से पहुंचा था। जर्मन दर्शनशास्त्री काण्ट के बारे में प्रसिद्ध है कि वे रोज शाम को घूमने जाते थे, तो ठीक चार बजे सायंकाल एक पेड़ के नीचे से गुजरते थे और जब वे पेड़ के नीचे से गुजरते थे तो लोग उन्हें देखकर अपनी घड़ियां मिलाया करते थे। इसके अलावा जितने

भी लोग ऐसे हुए, जिन्होंने आत्मानुशासन का पालन नहीं किया, वे सदैव मानवता के लिए विनाशकारी ही सिद्ध हुए। वह चाहे हिटलर हो, कैसर हो, मुसोलिनी हो या कोई अन्य। यहां अनुशासन से मेरा तात्पर्य केवल समयबद्धता से नहीं है बल्कि सामाजिक, धार्मिक, आत्मिक यहां तक कि आर्थिक अनुशासन भी होना चाहिए। आर्थिक अनुशासन से मेरा तात्पर्य है कि हम अपनी मेहनत की कमाई का उपयोग करें और पैसे की अंधी दौड़ में शामिल होने के लिए अनैतिक तरीकों का इस्तेमाल न करें। क्योंकि अनैतिक तरीकों से कमाया गया धन मुंशी प्रेमचंद के शब्दों में - 'बरसात के पानी की तरह घर में घुस जाता है, तो वह पानी तो निकलता ही है, साथ में बहुत-सी बीमारियां भी छोड़ जाता है।' जीवन के जिस भी क्षेत्र में हम अनुशासनहीन हो जाते हैं, उन्हीं क्षेत्रों में विनाशकारी परिणाम आने लगते हैं। आज पश्चिम में फैली अनैतिकता, भोगवादिता, भौतिकता आदि का शिकार पूरब केवल इसलिए होता जा रहा है कि उनके प्रभाव में हमारे यहां भी अनुशासनहीनता फैल रही है और सामाजिक, राजनैतिक, पारिवारिक और नैतिक मूल्यों को तोड़ा जा रहा है। इसके परिणाम भी हमारे सामने आ रहे हैं। विघटित होते परिवार, महिलाओं और बच्चों के प्रति बढ़ते अपराध, बढ़ते आर्थिक अपराध आदि का यही एक मात्र नहीं तो एक महत्वपूर्ण कारण है-अनुशासनहीनता।

इसलिए जब किसी परिवार में कोई बच्चा जन्म लेता था, तो होश संभालते ही उसे पारिवारिक अनुशासन में रहने का तरीका सिखाया जाता था। इसके बाद विद्यालय में विद्यार्थियों को अनुशासित रहना सिखाया जाता था। यदि किसी देश की पुलिस अनुशासित न हो या फौज अनुशासित न हो, तो उस देश के नागरिकों की स्थिति क्या होगी? इसी प्रकार यदि हमारे विचार, हमारे कर्म अनुशासित हों तो ही हम जीवन में सफलताएं प्राप्त कर सकते हैं।

○○○

5

इच्छाशक्ति की कमी

दिसंबर, 1965 में भारत-पाक युद्ध हुआ। दोनों और के बहुत से सिपाही मारे गए। काफी जान-माल का नुकसान हुआ और अंततः भारत वह युद्ध जीत गया। जनवरी 1966 में दोनों देशों के बीच ताशकंद में समझौता-वार्ता हुई। वहां कुछ भारतीय पत्रकार एक पाकिस्तानी जनरल से मिले। उन पत्रकारों में से एक पत्रकार ने पाकिस्तानी जनरल से पूछा कि आपके पास अमेरिका द्वारा दिए गए पैटन टैंक थे, फिर भी आप युद्ध हार गए। इसका क्या कारण है? उस जनरल ने कहा कि हमारे पास वह सब कुछ था, जो भारत के पास था। केवल एक ही चीज हमारे पास नहीं थी - लालबहादुर शास्त्री। यहां इसका अर्थ लालबहादुर शास्त्री के व्यक्तित्व से नहीं अपितु उनकी इच्छाशक्ति से था।

उस समय भारत एक गरीब देश था। पाकिस्तान की मदद अमेरिका कर रहा था, परंतु शास्त्रीजी ने जब राष्ट्र को संबोधित किया तो मैंने देखा कि वहां बैठे लोगों का खून खौलने लगा। उस समय मैं केवल सात वर्ष का था और शास्त्री जी के उस भाषण का अर्थ तो नहीं समझता था लेकिन रेडियो के आस-पास बैठे लोगों के चेहरे पर जो प्रतिक्रिया हो रही थी, उससे मुझे स्पष्ट समझ में आ रहा था कि जो व्यक्ति रेडियो पर बोल रहा है, उसी के शब्दों का प्रभाव है, जिससे ये लोग इतने उत्साहित हो रहे हैं। शास्त्रीजी ने कहा कि सभी देशवासी सोमवार को एक दिन का व्रत रखें और अपनी छतों पर भी अनाज उगाएं।

अपनी इसी इच्छाशक्ति को उन्होंने भारत के जन-जन में रूपांतरित कर दिया और यही इच्छाशक्ति भारतीय सैनिकों की धमनियों में चेतना बन कर प्रवाहित हुई, जिसने पाक के नापाक इरादों को नेस्तनाबूत किया। परंतु जैसा मैंने ऊपर कहा कि भारत की इस विजय का कारण था शास्त्रीजी की दृढ़ इच्छाशक्ति और जैसा उसी पाकिस्तानी जनरल ने कहा कि हमारे पास लालबहादुर शास्त्री नहीं था

अर्थात् उस अदम्य इच्छाशक्ति का नितांत अभाव था। अत: मेरे कहने का तात्पर्य है कि कोई भी कार्य तब तक सफलतापूर्वक नहीं किया जा सकता, जब तक उसके पीछे दृढ़ इच्छाशक्ति न हो। इच्छाशक्ति का न होना सफलता की राह में एक बड़ी बाधा है।

''छुटती नहीं है जालिम मुंह की लगी हुई'' कहकर अपने शराब पीने का औचित्य सिद्ध करने वाले बहुत से लोग आपको मिल जाएंगे। कोई भी बुरी आदत जो हम अपनी मर्जी से ग्रहण तो कर लेते हैं, परंतु उसे अपनी मर्जी से छोड़ नहीं पाते। ऐसा क्यों होता है? एक ही कारण है इच्छाशक्ति की कमी। नशा छुड़ाने के लिए सरकार ने बहुत से केंद्र खोले हैं और जिन लोगों को वहां रखा जाता है, धीरे-धीरे उनकी इच्छाशक्ति को नशे के विरुद्ध सुदृढ़ किया जाता है। हमारे यहां शास्त्रों में स्वयं को जीतने की बात की गई है। इसका अर्थ है-अपनी इच्छाशक्ति को मजबूत बनाना। उपनिषद में **''तेन त्यक्तेन भुंजीथा''** का सूत्र पूर्णरूपेण इच्छाशक्ति को दृढ़ करने पर ही आधारित है। त्याग के साथ भोग करने का अर्थ है कि जब आवश्यकता हो, उसे त्याग दो। परंतु दुनिया में बहुमत में ऐसे लोग हैं, जिनमें इच्छाशक्ति की कमी है। तभी सफल लोगों का प्रतिशत असफल लोगों का चौथाई है। दृढ़ इच्छाशक्ति का अर्थ है-अपने ऊपर पूरा नियंत्रण। यह एक प्रकार की साधना है, जो प्रत्येक व्यक्ति के लिए संभव नहीं हो पाती। लोग साधनों का संग्रह तो कर लेते हैं, परंतु साधना के बिना साधनों का प्रयोजन अधूरा रह जाता है। जीवन में कितने ही लोग आपने देखे होंगे, जो बड़ी उपलब्धियों से केवल इसलिए चूक गए कि उनमें इच्छाशक्ति की कमी थी।

आम जीवन में आपने बहुत सारे लोगों को स्वयं के गरीब होने का, कमजोर होने का, नौकरी न मिलने का, सफल न होने का रोना रोते देखा होगा। अगर आप उनसे विस्तार से बातें करें, तो मूल में एक ही बात स्पष्ट रूप से दिखाई देती है - इच्छाशक्ति का अभाव। जीवन में उपलब्धियां तो शाखाएं हैं और शाखाएं हरी-भरी तभी रह सकती हैं, यदि मूल सुदृढ़ हो। यदि मूल सुदृढ़ नहीं है, तो उस वृक्ष को सूखने में अधिक समय नहीं लगता। और यदि न भी सूखे तो थोड़े से समय की तेज हवा चलते ही धराशायी हो जाता है। मैं अपने कार्य के दौरान बहुत सारे लोगों से मिलता हूं और देखता हूं कि इक्का-दुक्का लोग ही ऐसे मिलते हैं, जिनमें प्रबल इच्छाशक्ति हो अन्यथा अधिकतर लोग अपनी असफल जिंदगी के लिए समाज, परिवार, परिवेश, परिस्थितियों आदि को जिम्मेदार ठहरा कर संतुष्ट हो जाते हैं।

एक बार मैं एक व्यक्ति से व्यापार के बारे में बात कर रहा था, तो वे सज्जन कहने लगे कि मैं पैसा कमाना तो चाहता हूं लेकिन पैसा अधिक आने से बच्चे बिगड़ जाते हैं। मैंने उनसे कहा कि मुझे हिन्दुस्तान के कुछ ऐसे लोगों के नाम बताएं जो चोटी के अमीर हैं। उन्होंने कुछ नाम बताए- अंबानी, बजाज, टाटा, बिरला आदि-आदि। मैंने पूछा कि यह देश के ऐसे लोग हैं, जिनको जुकाम भी हो जाए तो टी.वी., रेडियो और समाचार-पत्रों के लिए खबर हो जाती है। आपने कभी सुना कि इनके बच्चे बिगड़ गए हैं? तब उन सज्जन ने कोई उत्तर नहीं दिया और बाद में मुझे मालूम हुआ कि उनका अपना बेटा बारहवीं कक्षा में फेल हो गया है। मेरा तात्पर्य यह है कि हमारी इच्छाशक्ति ही साधक या बाधक तत्त्व का कार्य करती है।

गांधीजी का अहिंसा सिद्धांत केवल और केवल इच्छाशक्ति के आधार पर टिका था। एक दुबला-पतला आदमी बिना किसी शस्त्र के, बिना किसी फौज के एक ऐसे विशाल साम्राज्य से टकरा गया, जिसके राज्य में कभी सूर्यास्त नहीं होता था। न केवल टकरा गया अपितु अंग्रेजी साम्राज्य को उसकी बात मानने को बाध्य होना पड़ा। बापू ने कहा था कि **अहिंसा कायरों का शस्त्र नहीं है। यदि कायरता और हिंसा में से किसी एक को चुनना हो तो मैं हिंसा को चुनूंगा।** इसी इच्छाशक्ति को उन्होंने भारत के जनमानस में प्रवाहित किया। इस अदम्य इच्छाशक्ति ने न केवल भारत को स्वतंत्रता दिलवाई अपितु मोहनदास करमचंद गांधी को भारत का बापू और विश्व का महानायक बना दिया।

हमारे देश में, समाज में, शास्त्रों में कितने ही ऐसे उदाहरण हैं, जहां दृढ़ इच्छाशक्ति न होने के कारण ऋषि-मुनियों तक का पतन हो गया। विश्वामित्र जैसे तपस्वी ने अपनी वर्षों की तपस्या को एक सुंदरी की पायल की झनकार पर न्यौछावर कर दिया। दूसरी ओर कितने ही उदाहरण ऐसे हैं, जिन्होंने अपनी इच्छाशक्ति के बल पर समस्त विश्व को अपने चरणों पर नतमस्तक कर दिया। हमारे यहां तप का विधान है। तप का अर्थ ही अपनी इंद्रियों पर नियंत्रण और इच्छाशक्ति को मजबूत करना है। उन्हीं विश्वामित्र ने अपनी इच्छाशक्ति के बल पर स्वर्ग का निर्माण करके त्रिशंकु को स्वर्ग भेजा। भीष्म पितामह ने इच्छामृत्यु का वरदान पाया। हमारे शास्त्रों में मंत्रों का बड़ा माहात्म्य है। वास्तव में मंत्रशक्ति क्या है। मंत्रोच्चार का अर्थ है-अपने अवचेतन मन को सुदृढ़ बनाना अर्थात् इच्छाशक्ति का निर्माण।

जितना धन, शक्ति और समय मनुष्य की इच्छाओं को सींचने में लगाया जाता है, उतना मनुष्य की इच्छाशक्ति को सींचने में लगाया जाए तो मनुष्य का पूरा जीवन ही बदल जाए। आज का युग विज्ञापन का युग है। मनुष्य की इच्छाओं को सींचने के लिए और उसे अपने उत्पाद की ओर खींचने के लिए कंपनियां कितना श्रम और धन व्यय करती हैं और उसमें सफल भी होती हैं। उनकी इच्छाशक्ति ग्राहक से प्रबल होती है। मेरा तात्पर्य यह बिल्कुल नहीं है कि हम जिन उत्पादों के विज्ञापन देखते हैं उन्हें न खरीदें, क्योंकि उपभोक्ता की जानकारी एवं जागरूकता के लिए विज्ञापन एक अच्छा माध्यम है। मेरा तात्पर्य यह है कि यदि आप में सामर्थ्य नहीं है या आपको आवश्यकता नहीं है तो अपने परिवार की अन्य आवश्यकताओं को अनदेखा कर अनावश्यक वस्तुओं के पीछे न दौड़ें। इनके स्थान पर हमें अपनी इच्छाशक्ति को सुदृढ़ बनाना चाहिए।

जिन लोगों को स्वयं पर विश्वास नहीं होता, उनकी इच्छाशक्ति भी उतनी ही कमजोर होती है और असफलता उनसे स्थायी रूप से मित्रता कर लेती है। स्वामी विवेकानंद ने कहा – ''यदि तुम्हें 33 करोड़ देवताओं पर विश्वास है और स्वयं पर नहीं है, तो तुम्हारे लिए कोई मार्ग नहीं है।'' संकल्पशक्ति जितनी दृढ़ होगी, उतनी ही व्यक्ति में कर्मठता आएगी। जो बीज अंकुरित होते ही पृथ्वी की सतह को तोड़कर ऊपर आ जाता है, वही वृक्ष बनकर आसमान की ऊंचाइयों को छू सकता है वरना पृथ्वी के नीचे पड़ा-पड़ा सड़ जाता है और किसी को पता भी नहीं चलता है कि उसमें कितने और वृक्ष पैदा करने की सामर्थ्य थी। शायरे आजम इकबाल ने कहा है

उलुल उस्माने दानिशमंद जब करने पे आते हैं।
समंदर चीरते हैं, कोह से दरिया बहाते हैं।।

अर्थात् प्रचंड इच्छाशक्ति वाले लोग जब किसी कार्य को करने पर आ जाते हैं, तो वे समुद्र में रास्ता बना देते हैं और पहाड़ों से दरिया बहा देते हैं। परंतु जब वही इच्छाशक्ति कमजोर हो जाए तो सफलता को असफलता में बदल देती है। वास्तव में प्रवृत्ति का जन्मस्थान वृत्ति है। जब वृत्ति कमजोर होती है, तो परिणाम असफलता के रूप में ही सामने आते हैं। भ्रमर अपने डंक से लकड़ी को काट देता है परंतु अपनी प्रवृत्ति की कमजोरी के कारण कमल में कैद हो जाता है। इच्छाशक्ति न होने से हिरण मरता है। स्वाद के वशीभूत होकर मछली मरती है। मुझे याद है कि मैंने एक बार प्रोफेसर चक्रवर्ती जिन्होंने भारतीय रेलवे टाइमटेबल बनाया, उनके बारे में अखबार में पढ़ा के वे इतनी सुदृढ़ इच्छाशक्ति के व्यक्ति

थे कि एक बार उनकी रीढ़ की हड्डी में फोड़ा हो गया। डाक्टरों ने कहा कि इसका ऑपरेशन करना पड़ेगा। ऑपरेशन का दिन और समय तय कर दिया गया। ऑपरेशन से पहले उन्हें बताया गया कि आपको बेहोश किया जाएगा, तो उन्होंने डॉक्टरों से कहा कि इसकी आवश्यकता नहीं है, आप अपना काम आराम से कीजिए। उन्होंने ध्यान लगाया और बिना बेहोशी के ऑपरेशन करवाया। इसी प्रकार की घटना तब हुई जब मेरे पूज्यपाद गुरुदेव श्री रतनलाल जी महाराज को शारीरिक व्याधि के कारण ऑपरेशन करवाना पड़ा, तो उन्होंने भी डॉक्टर से बातें करते हुए बिना एनस्थीसिया के ऑपरेशन करवाया। सुरत को ऊपर खींच लेने पर ऐसा आसानी से संभव हो जाता है, किंतु इसकी चर्चा किसी आध्यात्मिक विषय की चर्चा करते हुए करूंगा। यहां मैं केवल एक ही बात कहना चाहता हूं कि हमारे यहां ध्यान की जो परंपरा है, उसका सीधा अर्थ है कि अपनी वृत्तियों को बाहर से हटाकर एकाग्र करना। यह केवल सुदृढ़ इच्छाशक्ति के माध्यम से ही संभव है।

यदि आज आपके पास स्वास्थ्य नहीं है, धन नहीं है, सफलता नहीं है, तो निश्चितरूप से इच्छाशक्ति की कमी के कारण। इच्छाशक्ति की कमी ही जीवन में अन्य बहुत प्रकार की कमियां पैदा कर देती है। अतः जिन लोगों में इच्छाशक्ति नहीं होती, उनमें जीवनशक्ति का भी अभाव होता है और उनके जीवन का उद्देश्य केवल आयु पूरी करना ही रह जाता है। इच्छाशक्ति न होना सफलता के रास्ते में बहुत बड़ी बाधा है।

OOO

6

अहंकार

एक अत्यंत प्रसिद्ध कहावत है कि अहंकारी का सिर सदैव नीचा होता है। अर्थात् अहंकारी व्यक्ति की सदैव हार होती है। अत: अहंकार सफलता के रास्ते में एक बहुत बड़ा बाधक तत्त्व है। हमारे शास्त्र और इतिहास इस बात के साक्षी हैं कि न केवल अहंकारियों को हार का मुख देखना पड़ा है अपितु अपनी जान तक से हाथ धोना पड़ा और केवल एक व्यक्ति का अहंकार उसके पूरे कुल के लिए घातक सिद्ध हुआ। भारतीय-संस्कृति के हिंदू धर्म में दो ग्रंथ ऐसे हैं कि यदि उन्हें कुछ लोग कपोलकल्पित कथाएं भी मान लें, तो एक बात से कदापि इनकार नहीं किया जा सकता कि इन दोनों कथाओं के नायकों का चरित्र इतना महान है कि वे दोनों हिंदू धर्म के लिए भगवान बन गए। विश्व साहित्य में ऐसा कोई और उदाहरण दृष्टिगोचर नहीं होता। परंतु इन दोनों नायकों के जन्म की कथा में यदि जाएं, तो पता चलता है कि दोनों के ही जन्म लेने का एक कारण 'अहंकार का नाश करना था'। चाहे वह कंस का हो या रावण का। खैर मुद्दा यह है कि अंहकार सफलता के रास्ते में बहुत ही बड़ी बाधा है।

''सफलता कभी अकेले प्राप्त नहीं की जा सकती''

किसी भी कार्य की सफलता के लिए हमें भिन्न-भिन्न लोगों की सहायता की अपेक्षा होती है, परंतु बहुत बार ऐसा होता है कि एक-दूसरे से सहायता मांगने की बात तो दूर, हम लोग अहंकारवश एक-दूसरे से परिचय भी नहीं करते। एक बार की बात है कि एक हवाई जहाज में बहुत-से यात्री यात्रा कर रहे थे। जैसे ही जहाज़ ने उड़ान भरी, सभी लोगों ने अपनी-अपनी सीट बेल्ट खोली और नाश्ता करने लगे। उसके बाद कुछ लोग अपनी सीट पर ही आराम करने लगे और कुछ लोग पत्र-पत्रिकाएं पढ़ने लगे। न तो कोई किसी सहयात्री से बात कर रहा था न ही कोई एक-दूसरे पर ध्यान दे रहा था। 'मैं' ही क्यों बोलूं? यही

प्रश्न प्रत्येक के दिमाग में था। उसी जहाज में दो छोटे-छोटे बच्चे जिनकी आयु 3-4 साल की होगी, एक-दूसरे को काफी समय से देख रहे थे और मुस्कुरा रहे थे। धीरे-धीरे एक ने दूसरे की ओर इशारा किया और वे थोड़े आगे बढ़कर और पास आ गए। उसके बाद वहां जो खाली स्थान था उसके बीच में खेलने लगे। खेलते-खेलते वे आपस में कुछ बातें भी कर रहे थे, जो आस-पास बैठे यात्रियों को समझ में नहीं आ रही थीं। वे बच्चे कुछ देर साथ-साथ खेलते रहे और फिर अपने-अपने माता-पिता के पास चले गए।

बाद में पता चला कि उनमें से एक बच्चा जर्मन था और दूसरा फ्रेंच। वे एक-दूसरे की भाषा नहीं जानते थे, तब भी वे एक-दूसरे के भाव समझ रहे थे और उन्हीं भावों के आधार पर वे एक दूसरे की संगति का मजा ले रहे थे। वे सफल थे। जैसा मैंने पहले अध्याय में लिखा है कि सफलता व्यक्ति-सापेक्ष है। उन बच्चों ने एक-दूसरे के भावों को समझा और खेलने के लिए एक अच्छा साथी ढूंढ लिया। यही उनकी सफलता थी। दूसरी ओर शायद आप भी मेरी इस बात से सहमत होंगे कि जिन बच्चों को हम नासमझ कहते हैं, उनमें इतनी समझ है, किंतु हम जो बड़े हैं, समझदार हैं, पढ़े-लिखे हैं, व्यवहार कुशल हैं....... हम केवल क्षुद्र अहं के कारण विदेशियों को तो भूल जाइए, अपने भाषा-भाषियों से भी बात करने में संकोच करते हैं। बच्चों में यह विशेष गुण होता है। बच्चे को भगवान का रूप कहा जाता है। ऐसा क्यों? क्या बच्चा दोषरहित होता है? जी नहीं! बच्चों में लालच होता है, क्रोध होता है, मोह होता है, ईर्ष्या होती है, फिर भी वह भगवान का रूप होता है—यह कहा जाता है, तो उसका मुख्य कारण यह है कि उनमें अहंकार नहीं होता। रामचरितमानस में तुलसीदासजी ने लिखा-

जाके हृदय दंभ नहीं माया। ताके हृदय बसें रघुराया।

अर्थात् जिस हृदय में अहंकार नहीं है, उसमें ईश्वर का वास होता है। आपने अक्सर देखा होगा कि बच्चे कभी-कभी झगड़ा करते हैं और आपस में बोलना बंद कर देते हैं, परंतु पांच मिनट के बाद वे एक-दूसरे के साथ खेल रहे होते हैं। और हमारा क्या? हम बड़े और समझदार हैं। अपने सगे भाई से भी एक बार अनबन हो गई तो जीवनभर नहीं बोले। यह हमारी बौद्धिक असफलता है। शास्त्रों में 22 प्रकार के अहंकार बताए गए हैं। अहंकार एक विकार है जो यदि एक बार मन में आ जाए, तो इससे मुक्ति कठिन हो जाती है और परमात्मा ही इससे छुटकारा दिला सकते हैं। रामचरित मानस में तीन प्रकार के अहंकार का वर्णन है। सर्वप्रथम परशुराम का सात्विक अहं, बालि का राजसिक अहं एवं

रावण का तामसिक अहं। शायद इसीलिए भगवान राम ने इन तीनों को स्वयं मारा, लक्ष्मण को नहीं मारने दिया।

तात्पर्य यह है कि अहंकार को केवल ईश्वर ही समाप्त कर सकता है और जब तक यह नहीं हो जाता न तो ईश्वर की कृपा प्राप्त होती है न ही सफलता। अहंकार जैसा मैंने पहले कहा 22 प्रकार के बताए गए हैं, जिनके कारण मनुष्य पतन की ओर गमन करता है। वाणी का अहंकार ही एकमात्र कारण था महाभारत होने का। यदि द्रौपदी ने अहंकार न किया होता, तो शायद इतना रक्तपात नहीं हुआ होता। द्रुपद ने यदि इतना अहंकार नहीं किया होता, तो शायद आधा राज्य द्रोण को न देना होता। महाभारत का युद्ध अलग-अलग लोगों के अहं की तुष्टि के लिए लड़ा जा रहा था। मेरा तो यह भी मानना है कि संसार में होने वाले अधिकतर युद्ध किसी न किसी अहंकारी की हठधर्मिता का परिणाम होते हैं, जो मानवता की प्रगति को वर्षों पीछे धकेलकर उसे असफलता के गर्त में गिरने को बाध्य कर देते हैं।

अहंकारी की असफलता का एक कारण यह है कि वह किसी से सीखता नहीं है। विदुर अपने समय के सबसे नीतिकुशल व्यक्ति समझे जाते थे। विश्व उनकी नीतियों के समक्ष आज भी नतमस्तक है, परंतु जब उन्होंने दुर्योधन को समझाने का प्रयास किया, तो उसने न केवल उनकी बातें नहीं सुनी अपितु उनका अपमान भी किया। स्वयं भगवान श्रीकृष्ण ने जब उसे समझाने का प्रयास किया, तो वह भगवान को ही बंदी बनाने के लिए दौड़ा। परिणाम-असफलता, विनाश। दूसरा उदाहरण रावण का है, जो इतना प्रकाण्ड पण्डित होने के बावजूद भी अपने अहंकार के कारण भगवान से वैर कर बैठा। वास्तव में अहंकारी लोग भगवान से भी ज्ञान प्राप्त करने में असफल रहते हैं, बल्कि उनसे वैर कर लेते हैं। यदि हम अहंकार का त्याग करके आपस में मिल जाएं, तो सफलता अवश्यसंभावी हो जाती है, क्योंकि अहंकार के त्याग से हमारी ग्राह्यता बढ़ जाती है तथा हमें दूसरों की सहायता भी प्राप्त होने लगती है, जिसके कारण सफलता के अवसर दोगुने हो जाते हैं। जैसे हल्दी और सफेदी जब दोनों अपना-अपना अहंकार छोड़कर एक-दूसरे से मिलते हैं, तो ही प्रेम का लाल रंग पैदा होता है। कहा है-

ज्यों हरदी जरदी तजै, तजै सफेदी चून।
प्रीति वही सराहिए, मिलै होत रंग दून॥

ऐसी परिस्थिति में अहंकार के लिए स्थान नहीं रहता और सफलता के द्वार स्वयमेव खुलने लगते हैं। जब अहंकार आसमान तक उठता है, तो हवा हंसती है

और जब मनुष्य धरती नापते हुए कहता है कि इतनी जमीन मेरी है - तो जमीन हंसती है कि तुम्हारे शव से अधिक तुम्हारी जमीन हो ही नहीं सकती। चाणक्य ने कहा कि - ''धन कमाना बहुत बड़ा गुण है परंतु यदि अहंकार न करे, तो वह स्वर्ग जाने का अधिकारी होता है। विद्या को वाहवाही के लिए प्रयोग न करो। ज्ञान को बांटना अच्छा है, परंतु उसका अहंकार नहीं करना चाहिए।''

अहंकारी होना छोटेपन की निशानी है। जो लोग बड़े बनते हैं, वे अहंकार छोड़कर विनम्रता धारण कर लेते हैं। बहुत बार हम अनजाने में भी अहंकारग्रस्त हो जाते हैं। आपने अक्सर देखा होगा कि सत्ता से उतरने के पश्चात् भी अक्सर व्यक्ति अपने नाम के साथ 'भूतपूर्व' (Ex) शब्द जोड़ लेता है। सेना के कर्मचारी सेवानिवृत्त होने के बावजूद अपने पदनाम को अपने साथ रखते हैं। बड़े लोग कभी अहंकार नहीं करते। नदी वर्षा में उफनती है और गर्मी में सूख जाती है। पानी की मात्रा बढ़ते ही किनारों की मर्यादा तोड़कर बहने लगती है। परिणाम - विनाश। परंतु समुद्र बड़ा है, विशाल है। अतः न वर्षा में उफनता है और न गर्मी में सूखता है। अहंकार हमें बोंजाई पौधे जैसा बना देता है। बोंजाई के बड़े-बड़े पेड़ों को छोटा बना देते हैं। परंतु यह सब सजावट के लिए है। इसमें ऐसा होता है कि पौधे की जड़ों को काटते रहते हैं, जिसके कारण वे ऊपर नहीं उठ पाते। अतः अहंकार भी हमारी जड़ें काटकर हमें ऊपर नहीं उठने देता। दुनिया में बहुत से लोग अहंकार के कारण सफलता के क्षेत्र में बौने रह जाते हैं। बाहर से भले ही वे लंबे चौड़े दिखाई दें, परंतु अंदर से बौने ही रह जाते हैं। अपने छोटेपन या असफलताओं के लिए कभी परिवार को, तो कभी समाज को जिम्मेदार ठहराते हैं।

आज अहंकार के कारण मनुष्य की स्थिति यह हो गई है कि हमारी सफलता बाधित हो गई है, हमारी उन्नति रुक गई है। चारों ओर मनोरंजन है पर मन रंज में है। सुविधाएं हैं, संचार माध्यमों ने स्थानों की दूरियों को समाप्त कर दिया है। पर अहंकार ने दिलों की दूरियों को बढ़ा दिया है। हर व्यक्ति के मन में एक ही प्रश्न हथौड़े की तरह बज रहा है-''उसकी कमीज, मेरी कमीज से सफेद कैसे?'' अगर आपका मोबाइल रंगीन नहीं है, तो आपकी नाक कट जाएगी। किसी विशेष ब्रांड को न जानना हमारे अहं को ठेस पहुंचाकर हमें उपहास का पात्र बना देता है। एक ही बहुमंजिली इमारत में रहने वाले लोग एक-दूसरे को नहीं जानते। सुविधा है पर दुविधा में दिखाई देते हैं। आराम है पर अशान्त हैं। प्रेम दिखता है परंतु मन में शत्रुता का भाव है। दूसरा कोई अनजान व्यक्ति कितनी भी तरक्की

करे, हमें कोई फर्क नहीं पड़ता परंतु जान-पहचान वाला तरक्की कर जाए, तो पहचान खत्म और जान निकल जाती है।

भीष्म ने कहा था कि मेरे लिए ऐसा स्थान ढूँढना जहां किसी और का अंतिम संस्कार नहीं किया गया हो अर्थात् अहंकार मरने तक भी नहीं छोड़ा। उस समय आकाशवाणी हुई कि यदि तुम जानना चाहते हो तो सुनो! इस जगह पर पहले सौ भीष्म जलाए जा चुके हैं। तीन सौ पांडव, एक हजार द्रोण, कर्णों की तो संख्या ही नहीं, अतः अहंकार त्याग दो।

असल में अहंकार उस हवा की तरह है जो हमारे शरीर रूपी फुटबाल में भर जाती है, तो यह फुटबाल उछलना शुरू कर देती है। जब उछलने लगती है तो उसका एक ही परिणाम है कि तब तक लातें खाती रहती है जब तक अहंकार की वह हवा निकल नहीं जाती और वह निष्प्राण होकर जमीन पर नहीं गिर पड़ती। अतः हमें इस बात का ध्यान रखना चाहिए कि यदि हम सफल होना चाहते हैं तो किसी भी दशा में किसी भी दिशा में अपने मन में अहंकार न आने दें।

OOO

7

सबको प्रसन्न करने का प्रयास

"मैं नहीं जानता कि सफलता का कोई निश्चित फार्मूला है या नहीं, परंतु असफलता का निश्चित फार्मूला अवश्य है और, वह यह कि आप निश्चित रूप से असफल होना चाहते हैं, तो सबको प्रसन्न करने का प्रयास कीजिए।" ये पंक्तियां किसने लिखी हैं, यह तो मुझको याद नहीं, परंतु इतनी सटीक हैं कि संदेह का स्थान ही नहीं है। अगर हम असफलता का मूलमंत्र कहें तो कोई अतिशयोक्ति नहीं होगी। हमारा देश प्राचीन संस्कृति और धार्मिक विचारों वाला देश समझा जाता है। पुनः मैं दो उदाहरण रामचरित मानस और महाभारत से लेता हूं। पहला उदाहरण है भगवान राम का, जब उन्होंने माता को प्रसन्न करने का प्रयास किया, तो पिता को प्रसन्न नहीं कर पाए। जब प्रजा को प्रसन्न करने का प्रयास किया, तो पत्नी को प्रसन्न नहीं रख पाए। इसी प्रकार भगवान श्रीकृष्ण से तो उनके अधिकतर रिश्तेदार अप्रसन्न ही थे और स्थिति यहां तक पहुंची कि इतने बड़े योगीश्वर के होते हुए भी महाभारत का युद्ध टाला नहीं जा सका तथा पूरा यादव साम्राज्य कृष्ण के देखते-देखते नष्ट हो गया। कहने का अर्थ यह है कि जब भगवान ने स्वयं इस पृथ्वी पर जन्म लिया और सबको प्रसन्न नहीं रख पाए, तो मनुष्य के लिए यह कहां संभव है? इसलिए मैंने कहा कि यह असफलता का मूलमंत्र है। हमारे यहां एक लोककथा बहुत प्रसिद्ध है।

एक बार एक बूढ़ा व्यक्ति और उसका पोता दोनों शहर जा रहे थे। उनके साथ उनका गधा भी था। बूढ़े व्यक्ति की आयु लगभग 70 वर्ष और उसके पोते की आयु लगभग 15 वर्ष थी। वे गांव से निकलकर सड़क पर आ गए, तो आते-जाते लोगों से उनकी भेंट होने लगी। रास्ते में कुछ लोग मिले और जब वे उन दोनों के पास से गुजरे, तो उन्होंने अपनी प्रतिक्रिया दी- 'देखो! कैसे मूर्ख लोग हैं, जब गधा साथ में लेकर आए हैं, तो बैठकर

क्यों नहीं जाते?' उन्होंने सोचा कि कम से कम एक जन तो गधे पर बैठ ही सकता है। वह लड़का गधे पर बैठ गया और दादा गधे को हांकने लगा। कुछ दूर जाकर कुछ और लोग मिले और पास से गुजरते हुए उन्होंने कहा- '15 साल का हट्टा-कट्टा लड़का तो गधे पर बैठा है और बूढ़ा बेचारा पैदल चल रहा है। कैसा मूर्ख लड़का है।' इतना सुनकर वह लड़का गधे से उतरकर पैदल चलने लगा और अपने दादा को गधे पर बैठा दिया। वे आराम से जा रहे थे कि कुछ लोग उनके पास से गुजरे और कहने लगे- 'बूढ़ा आदमी तो गधे पर बैठा है और बच्चे को पैदल चला रहा है, कैसा कलियुग है?'

वे दोनों एक-दूसरे की ओर देखने लगे और कुछ देर सोचने के पश्चात् वे दोनों गधे पर बैठ गए। कुछ देर बाद कुछ और लोगों का दल आया और वे कहने लगे- 'कितने निर्दयी लोग हैं। दो-दो लोगों का बोझ भला यह गधा उठा सकता है कहीं? हद हो गई निर्दयता की'। इस बार वे दोनों गधे से उतर गए और उन दोनों ने मिलकर गधे को उठा लिया। जब वे गधे को उठाकर चलने लगे, तो लोगों ने उनका मजाक उड़ाया और उन्हें मूर्ख बताने लगे। तब उन्होंने गधे को नीचे उतारा और उन लोगों को अपनी पूरी कहानी बताई तथा पूछा कि आखिर हम करें तो क्या करें? इस पर उन लोगों ने कहा कि तुम वही करो, जो तुम करना चाहते हो लेकिन जो भी करोगे, उससे कोई न कोई तो नाखुश हो ही जाएगा। अर्थात् आप कितना भी प्रयास करें, आप सभी को खुश नहीं कर सकते।

असल में हम सबसे भले बनने की कोशिश करते हैं और असफल होते हैं। एक बहुत ही सरल उदाहरण है कि जब भी वर्षा होती है, तो छतरी बेचने वाला व्यक्ति प्रसन्न हो जाता है, परंतु एक लकड़ी बेचने वाला या एक मिट्टी की मूर्ति बनाने वाला भगवान को दोष देने लगता है। यद्यपि भगवान या प्रकृति जलवृष्टि केवल प्राणियों की भलाई के लिए ही करते हैं, परंतु फिर भी सब लोग प्रसन्न नहीं हो पाते।

बहुत बार मैंने अपने जीवन में अनुभव किया कि कुछ व्यक्ति इतने नरम दिल होते हैं कि वे किसी को 'ना' नहीं कह पाते। ऐसे लोग दूसरों से कठिन से कठिन काम का वादा कर लेते हैं और जब उनसे होता नहीं बनता, तो या तो उन्हें अपने मित्रों से नजरें चुरानी पड़ती हैं या फिर अलग-अलग बहाने बनाने पड़ते हैं। बहुत बार ऐसा हो जाता है कि हम अपने मित्रों के प्रभाव में आ जाते

हैं और किसी ऐसे काम को 'ना' नहीं कर पाते, जो न केवल अंतराल में हम लोगों के लिए हानिकारक सिद्ध होता है अपितु हमारे परिवार और समाज के लिए भी हानिकारक सिद्ध हो सकता है। जीवन में 'ना' कहना कितना आवश्यक है। इस तथ्य को आप जीवन के किसी भी क्षेत्र में परख कर देख सकते हैं।

कितने ही बच्चों को आपने अपने आस-पास गली-मोहल्ले या शहर में देखा होगा, जो अपने मित्रों को 'ना' नहीं कह पाते और दसवीं या बारहवीं की कक्षा के बाद ऐसे विषय चुन लेते हैं, जिनके कारण असफलता का सामना करना पड़ता है और वे जीवन में वह सफलता अर्जित नहीं कर पाते, जिसकी उन्होंने कल्पना की थी या स्वप्न देखा था। कितने ही किशोर और यहां तक कि वयस्क लोगों को मैं व्यक्तिगत रूप से जानता हूं, जो अपने साथियों या मित्रों को 'ना' नहीं कह पाए और गलत आदतों का शिकार हो गए। आज उनके बच्चे भी उनको नफरत की निगाह से देखते हैं। निश्चितरूप से आप भी इस प्रकार के कुछ शराबियों, जुआरियों को जानते होंगे, जो कुछ वर्ष पहले तक काफी अच्छे इनसान समझे जाते थे।

आप कितने ही ऐसे लोगों को जानते होंगे, जो अपने रिश्तेदारों को 'ना' नहीं कह पाए और उन्होंने अपने बेटे या बेटी की शादी ऐसे घर में कर दी, जहां दहेज के लालची लोग थे और उनके बच्चों को और स्वयं उन्हें बाद में दुःख झेलने पड़े तथा पारिवारिक सम्बन्ध खराब हो गए। आप कितने ही ऐसे बाबुओं को जानते होंगे, जो रिश्वत को 'ना' नहीं कह पाए और उसके कारण उन्हें या तो नौकरी गंवानी पड़ी या गलत तरीके से कमाए गए पैसे का प्रभाव उनके पूरे परिवार पर पड़ा। आप कितने ही ऐसे बुजुर्गों को जानते होंगे, जो मधुमेह (डायबिटीज) के मरीज हैं और शक्कर या मिठाई को 'ना' नहीं कह पाते, और आप कितनी ही ऐसी महिलाओं को जानते होंगे, जो पड़ोसिनों को 'ना' नहीं कह पातीं और कितनी ही अनावश्यक वस्तुएं खरीद कर न केवल परिवार का मासिक बजट बिगाड़ देती हैं बल्कि परिवार के अन्य खर्चों के लिए मुश्किलें पैदा कर देती हैं, आप कितने ही ऐसे शौकीन पुरुषों को जानते होंगे जो अपने शौक के लिए हैसियत न होने पर भी कार खरीद लेते हैं और बाद में किश्तें न देने पर जिनकी फजीहत होती है।

अब तक शायद आप मेरी बात से सहमत हो गए होंगे कि केवल एक शब्द 'ना' हमें कितनी कठिनाइयों, अपमानों, असफलताओं और बुरी आदतों से बचा सकता है। देखने-सुनने में केवल एक शब्द, और प्रभाव पूरे जीवन पर। अतः यह

बात निश्चित है कि 'ना' न कहने की आदत भी असफलता का एक निश्चित कारण है। 'ना' न कहने का उद्देश्य है, दूसरे को प्रसन्न रखना। इसके अतिरिक्त आपने अपने कार्यालय में भी विशेष प्रकार के जीवधारियों को देखा होगा, जिन्हें उनके अधिकारी बहुत चाहते हैं और उनके सहयोगी 'चमचा' कहकर पुकारते हैं। ये वही बेचारे हैं, जिन्हें अपनी कार्यकुशलता पर विश्वास नहीं होता अपितु अधिकारी को प्रसन्न करने में ही विश्वास होता है। अत: ये 'बेचारे' लोग अपने सभी अधिकारियों को प्रसन्न रखने के प्रयास में ही असफल हो जाते हैं।

जो व्यक्ति सबको प्रसन्न करने का प्रयास करता है, वह कभी भी कठोर निर्णय नहीं ले सकता। अब आप इस तथ्य को भी जीवन में बहुत से या लगभग हर पहलू पर देख सकते हैं। हममें से हर व्यक्ति के जीवन में बहुत से निर्णय कठोर निर्णय भी होते हैं। आप जरा सोचें कि यदि एक डाक्टर मरीज को प्रसन्न रखने के लिए उसका आपरेशन नहीं करता, तो क्या वह सफल डाक्टर कहलाएगा। एक न्यायाधीश अपराधियों को प्रसन्न करने के लिए कठोर निर्णय न ले, तो क्या वह सफल न्यायाधीश होगा। एक अध्यापक अपने छात्र को गलती पर न डांटे, एक प्रशासनिक अधिकारी जो अपने अधीनस्थ कर्मचारियों के विरुद्ध इसलिए कार्रवाई न करे कि वे अप्रसन्न हो जाएंगे भले ही वे अनुशासनहीन हों, तो क्या ऐसे अध्यापक या अधिकारी सफल कहलाएंगे। व्यक्तिगत विचार की बात करें तो मैं इस बात का सशक्त पक्षधर हूं कि यदि अपने बच्चे की गलत आदतों को देखकर भी किसी माता-पिता ने उनको प्रसन्न रखने के लिए उन्हें डांटा नहीं या आवश्यकता पड़ने पर एकाध चाटा नहीं लगाया, तो वे माता-पिता भी असफल माता-पिता हैं। यदि सरकार केवल इस आधार पर निर्णय ले कि जनता प्रसन्न रहेगी, तो क्या कोई टैक्स देगा? क्या वह एक सफल सरकार कहलाएगी। कदाचित् नहीं। यदि हम सबको प्रसन्न करने का प्रयास करते हैं, तो निजी जीवन, परिवार, समाज, कार्यालय, देश - कहीं पर भी सफलता प्राप्त नहीं हो सकती।

भारतीय अध्यात्म के मनीषियों ने भी इस सिद्धांत का प्रतिपादन किया है कि यदि आप दुनिया को प्रसन्न करने जाएंगे, तो केवल असफलता ही हाथ लगेगी। यदि किसी को प्रसन्न करके ही सफल होना है, तो अपने ईश्वर को प्रसन्न करो। मालिक के प्रसन्न होने के बाद कोई प्रसन्न होता है या नहीं होता है, इस बात का कोई प्रभाव हमारे जीवन पर नहीं पड़ता। अत: असफलता का एक बहुत बड़ा कारण है, सबको प्रसन्न करने की चेष्टा करना।

OOO

8

अदूरदर्शिता

बिना बिचारे जो करे सो पाछे पछताय।
काम बिगाड़ै आपनो, जग में होत हंसाय॥

कदाचित् इस दोहे का लक्ष्य वे लोग रहे होंगे जो बिना सोचे-समझे, बिना परिणाम की चिंता किए, बिना अपनी शक्तियों और कमजोरियों का आकलन किए किसी भी कार्य में हाथ डाल देते हैं और अंतत: उन्हें असफलता का भागी बनना पड़ता है। कहा भी गया है-

चलत्येकेन पादेन तिष्ठत्येकेन पंडित:।
मासमीक्ष्यं परमस्थानं पूवभायतनं त्यजेत॥

अर्थात् 'बुद्धिमान व्यक्ति एक पैर से चलता है और एक पैर पर ठहरता है। आगे का स्थान देखे बिना वह पिछला पैर नहीं उठाता।'

परंतु आम जीवन में हम देखते हैं कि ऐसे कितने ही व्यक्ति आपको मिल जाएंगे, जो प्राप्त परिणामों के लिए भाग्य को दोष दे रहे होंगे या फिर परिस्थितियों को या अपने मित्रों, रिश्तेदारों, सहायकों यानि अपने अलावा सबको। यह एक मानवीय प्रवृत्ति है। अक्सर आपने देखा होगा कि विपरीत परिणाम प्राप्त होने के पश्चात् लोग कहते हैं कि हमने तो ऐसा सोचा ही नहीं था। सही बात है-अगर आपने सोच लिया होता तो परिणाम अलग होता। यह है अदूरदर्शिता। पिछले अध्याय में मैंने इस बात का जिक्र किया था कि जो लोग किसी के प्रभाव में आकर किसी को प्रसन्न करने की खातिर, किसी के सम्बन्धों के वास्ते कोई काम करते हैं, उसमें कोई दूरदर्शिता नहीं होती। अदूरदर्शिता के परिणाम बहुत भयंकर हो सकते हैं।

एक किसान के पास एक मुर्गी थी। एक दिन किसान सुबह जब मुर्गी के दड़बे में गया, तो उसने देखा कि वहां एक सुनहरे रंग का अंडा पड़ा हुआ है। किसान ने उसे उठाया और दिन निकलने पर उसे बाजार लेकर गया। उसने एक सुनार से अंडे की जांच करवाई, तो सुनार ने कहा कि यह अंडा एकदम शुद्ध सोने का है। किसान अत्यंत प्रसन्न हुआ और उसने वह अंडा सुनार को बेचकर काफी पैसा प्राप्त कर लिया। अगले दिन सुबह जब वह पुनः दड़बे में गया, तो उसने पाया कि वहां एक और सोने का अंडा पड़ा हुआ है। उसे बेचकर किसान को और धन मिल गया।

इस किसान में दूरदर्शिता का अभाव था। उसने सोचा कि यदि मैं एक ही बार में मुर्गी से सारे अंडे प्राप्त कर लूं, तो मैं एकदम धनवान बन जाऊंगा। यह सोचकर उसने मुर्गी को मार दिया। इससे मुर्गी के मरने के बाद और अंडे मिलने बंद हो गए। यदि उसने दूरदर्शिता से काम लिया होता, तो वह मुर्गी को मारने के बजाय उसके अच्छे खाने-पीने पर ध्यान देता। इस प्रकार आपको बहुत से लोग इस प्रकार के मिल जाएंगे, जो अदूरदर्शिता के चलते असफलता प्राप्त करते हैं।

पेप्सी और एपल कम्प्यूटर के सी.ई.ओ. जॉन शुले ने कहा था- ''भविष्य उन लोगों का है, जो संभावनाएं देख सकते हैं।'' परंतु यदि विश्व की बड़ी-बड़ी कंपनियां अदूरदर्शी लोग चला रहे हों, तो क्या यह संभव है कि वे अपने उत्पादों को अंतर्राष्ट्रीय बाजार तक पहुंचा सकें। दूरदर्शिता के बिना नेता बनना असंभव है। आप मुझे एक ऐसा नेता बताएं जो दूरदर्शी न हो, मैं आपको एक ऐसा व्यक्ति बता दूंगा जो कहीं पहुंचने वाला नहीं है।

मैंने ऊपर जो कहानी आपको बताई, उससे पता चल जाता है कि व्यक्ति अपनी अदूरदर्शिता के कारण बहुत बार जल्दबाज हो जाता है। भारतीय स्वतंत्रता का इतिहास जानने वाले किसी भी व्यक्ति को अमर शहीद मंगल पांडे की वीरता के बारे में लेशमात्र भी संदेह नहीं होगा, परंतु यदि हम ध्यान से देखें, तो क्या उन्होंने थोड़ी अदूरदर्शिता का परिचय नहीं दिया। जो स्वाधीनता-संग्राम 31 मई से शुरू होना था, उसकी भनक अंग्रेजों को 10 मई को लग गई और इसका परिणाम क्या हुआ? न केवल मंगल पांडे जैसे वीर मारे गए अपितु स्वतंत्रता-संग्राम के उद्देश्य को भी क्षति पहुंची।

यह हमारे देश के राजाओं की अदूरदर्शिता ही थी कि वे अंग्रेजों के छल को देखने समझने के बावजूद उन पर विश्वास करते गए और परिणामस्वरूप देश

ने 200 सालों तक गुलामी झेली। मुहम्मद गौरी ने 17 बार भारत पर आक्रमण किया, पृथ्वीराज चौहान ने उसे प्रत्येक बार हराया। यहां तक कि वह बार-बार पृथ्वीराज चौहान से अपने प्राणों की भीख मांगता और पृथ्वीराज चौहान उसे क्षमा करते रहे। यदि पृथ्वीराज चौहान दूरदर्शिता से काम लेते, तो मेरे विचार से न तो दिल्ली का सिंहासन पृथ्वीराज जैसे सूरमा से वंचित होता और न भारत में विदेशियों के आने का रास्ता खुलता।

मुहम्मद तुगलक, जिसे इतिहास में पढ़े-लिखे मूर्ख की संज्ञा दी जाती है, अपनी अदूरदर्शिता के कारण एक असफल सम्राट सिद्ध हुआ। उसने सोने के स्थान पर लोहे के सिक्के चला दिए। उसकी इस अदूरदर्शिता का परिणाम यह हुआ कि उसके राज्य में हर लोहार का घर एक टकसाल बन गया और उसे यह नीति वापस लेनी पड़ी। दौलताबाद को राजधानी बनाना उसकी राजनैतिक सूझ-बूझ थी परंतु उसने दिल्ली से मकान तक उठा ले जाने का आदेश दे दिया। इतिहासकार कहते हैं कि दिल्ली में कुत्ता-बिल्ली तक भी नहीं छोड़ा गया। यह योजना न केवल अव्यावहारिक थी अपितु जन-धन की भी काफी क्षति हुई। मुहम्मद तुगलक के बारे में बहुत-सी बातें इतिहासकार लिखते हैं और यहां मेरा विषय इतिहास नहीं है। मेरा तात्पर्य यह है कि मुहम्मद तुगलक पढ़ा-लिखा समझदार होने के बावजूद एक मूर्ख बादशाह इसलिए कहलाया कि उसमें दूरदर्शिता की कमी थी।

आज विश्व में फैला आतंकवाद कुछ सिरफिरों की अदूरदर्शिता का परिणाम नहीं तो और क्या है? धर्म, जाति, समाज के नाम पर दंगे कुछ निहित स्वार्थों की अदूरदर्शिता का परिणाम नहीं तो और क्या हैं? क्या इस प्रकार कभी लक्ष्यों की प्राप्ति हो पाई है? कायदे आज़म मोहम्मद अली जिन्ना ने मरने से पहले कहा था कि "पाकिस्तान की मांग मेरे जीवन की सबसे बड़ी गलती थी"। सन् 1920 तक हिंदू और मुसलमान स्वतंत्रता-संग्राम में जिस प्रकार भाग ले रहे थे, उसे एक नेता की अदूरदर्शिता ने धक्का पहुंचाया और आज तक उस समय की पैदा की गई अविश्वास की खाई भर नहीं पाई है। यदि आज दोनों देश एक होते तो शायद परिणाम अलग ही होते। कश्मीर की समस्या शायद कुछ अदूरदर्शी नीतियों का परिणाम है। मनुष्य जाति का निरंतर विकास केवल मनुष्य जाति की दूरदर्शिता का ही परिणाम है। किंतु आज हमारे समाज में आई भिन्न-भिन्न कुरीतियां शायद हमारी अदूरदर्शिता का ही नतीजा है।

कबूतर की आदत होती है कि वह बिल्ली को देखकर आंखें बंद कर लेता है और इसी अदूरदर्शिता के कारण ही उसे अपने प्राण गंवाने पड़ते हैं। शुतुर्मुर्ग रेत

में सिर छिपाकर तूफान से बचने का प्रयास करता है। पतंगा अपनी अदूरदर्शिता के कारण ही अपनी जान से हाथ धो बैठता है। भंवरा अपनी अदूरदर्शिता के कारण ही फूल में फंस जाता है। अदूरदर्शिता भिन्न-भिन्न रूपों में हमारे सामने आती है, जैसा मैंने पहले कहा कभी जल्दबाजी के रूप में, कभी लालच के रूप में। कभी लालच के कारण भी हम किसी काम के दूरगामी परिणामों को अनदेखा कर देते हैं, जो हमारी असफलता का एक बहुत बड़ा कारण बनता है। मक्खी जब तक हलवाई की कड़ाही के किनारे बैठकर चाशनी का स्वाद ग्रहण करती है, तब तक तो ठीक है, परन्तु उसी के लालच में वह अगर उस कड़ाही के अन्दर चली जाए, तो इस अदूरदर्शिता का परिणाम उसके जीवन की समाप्ति होता है।

❍❍❍

9

ज्ञान या साधनों का सही प्रयोग न करना

बहुत समय की बात है, जब हमारे देश में किसी को ज्ञान प्राप्त करना होता था, तो वह काशी जाता था। काशी के पंडित अपनी विद्वत्ता के लिए प्रसिद्ध थे। काशी ज्ञानियों की नगरी कहलाती थी।

एक बार चार युवक विद्याध्ययन के लिए काशी गए। उनको योग्य गुरु की देख-रेख में सीखने का मौका मिला और वे गुरु के अनुसार परीक्षा पास करके शास्त्रों में पारंगत हो गए। तब गुरुजी ने उनसे कहा कि तुम चारों अब शास्त्रों के विद्वान हो गए हो। अब तुम्हारी शिक्षा समाप्त हो गई है, तुम अपने-अपने घर जा सकते हो और अपने ज्ञान के आधार पर जीवनयापन कर सकते हो। वे गुरुदेव को यथाशक्ति दक्षिणा भेंट कर अपने घर को चल दिए। रास्ते में एक स्थान पर चौराहा आ गया। अब वे निर्णय नहीं कर पा रहे थे कि किधर जाएं। तभी उनमें से एक ने कहा कि हमारे पास इतने शास्त्र हैं, तो हमें उनका उपयोग करना चाहिए। उन्होंने अपनी पुस्तकें निकालीं और ढूँढने लगे। उनमें से एक खुशी से चिल्लाया कि मुझे मार्ग मिल गया। सबने उससे पूछा कि क्या मिला? उसने कहा कि इस पुस्तक में एक प्रश्न है कि मार्ग कौन-सा सही है? उसके उत्तर में लिखा है कि मार्ग वही सही है जिस पर महाजन जाते हैं।

अब उनके सामने प्रश्न आया कि महाजन कौन हैं? उनमें से एक ने कहा कि जो सूद पर पैसा देते हैं वे महाजन हैं। वे चारों किसी महाजन के आने की प्रतीक्षा करने लगे। कुछ देर पश्चात् कुछ लोग वहां आए, जो एक मुर्दे को जलाने के लिए श्मशान घाट जा रहे थे। उन चारों युवकों ने इन लोगों से पूछा कि आप लोग कौन हैं? उन्होंने बताया कि हम लोग महाजन हैं। वे बड़े प्रसन्न हुए और उनके पीछे-पीछे चलने लगे। उन्होंने यह

नहीं सोचा कि महाजन का अर्थ है-महान लोग। वे उनके पीछे चलते-चलते श्मशान घाट पहुंच गए। जब सब लोग अंतिम विदाई देते हुए रोने लगे, तो वे भी रोने लगे। किसी ने पूछा कि आप लोग क्यों रो रहे हैं? तो उन्होंने कहा कि हम तो उसी मार्ग पर चल रहे हैं, जिस पर महाजन चलते हैं। तब उन्हें बताया गया कि महान लोगों के बताए गए मार्ग पर चलना चाहिए। खैर... उन्हें वहां से समझा-बुझाकर भेजा गया।

रास्ते में वे पेड़ के नीचे सुस्ताने के लिए बैठ गए। उनमें से एक ने अपने मूर्तिज्ञान के आधार पर मिट्टी की एक शेर की मूर्ति बना दी। दूसरे ने कहा कि मैं अपने ज्ञान से इस मूर्ति में मांस, हड्डियां एवं मज्जा चढ़ा सकता हूं। उसने वैसा ही किया और यह मूर्ति वास्तविक शेर के जैसी दिखने लगी। तीसरे ने कहा कि मैं अपने ज्ञान से इसकी धमनियों में रक्त का संचार कर सकता हूं। उसने भी अपने ज्ञान के माध्यम से वैसा कर दिखाया। अंत में चौथे युवक ने कहा कि मैं अपने ज्ञान के माध्यम से इसमें प्राणों का संचार कर सकता हूं। उसने भी अपने कथनानुसार शेर में प्राणों का संचार कर दिया। जैसे ही शेर जीवित हुआ, उसने चारों को मार गिराया और खा गया।

तात्पर्य यह है कि जीवन में अपने पास उपलब्ध ज्ञान या साधनों का सही प्रयोग न करने से ज्ञान होने पर भी हमें असफलता ही प्राप्त होती है। यदि कोई सब्जी काटने के चाकू से किसी की हत्या कर दे, तो वह उस साधन का उचित प्रयोग नहीं कहा जाएगा। आजकल हमारे देश में एक समस्या धीरे-धीरे भयानक रूप धारण करती जा रही है और वह है महिलाओं एवं पुरुषों का बिगड़ता अनुपात। आज भारत में कोई भी राज्य ऐसा नहीं है, जहां पुरुषों के अनुपात में महिलाएं कम न हों। इसका कारण है हमारी मिथ्या सोच। यह सोच न केवल पुरातनपंथी और हेय है अपितु अमानवीय और दण्डनीय भी है। इस कार्य में सबसे बड़ा हाथ है, उन डाक्टरों का जो भ्रूण परीक्षण करते हैं और भ्रूण हत्या में सहायक होते हैं। यह ज्ञान का भी अनुचित प्रयोग है और साधनों का भी, क्योंकि जिन साधनों का प्रयोग उन्हें जीवनदान के लिए करना चाहिए, वे यदि उनका प्रयोग जीवन समाप्त करने के लिए करें, तो निश्चितरूप से यह प्रयोग गलत होगा। यद्यपि उनमें से कुछ डाक्टर ऐसे हो सकते हैं, जो व्यावसायिक तौर पर स्वयं को सफल अनुभव करें, परंतु चिकित्सा के मानदण्डों, मानवीय, नैतिकता एवं मूल्यों के मानदण्डों के अनुसार वे पूर्णरूपेण असफल हैं।

इस प्रकार के उदाहरण हम जीवन के हर कार्य में देख सकते हैं। यदि एक पुलिसवाला या सेना का जवान देश की रक्षा के लिए दिए गए हथियारों का प्रयोग अपने ही लोगों को डराने में करे या जैसा कि हम अक्सर सुनते रहते हैं कि किसी जवान ने अपने ही अधिकारी को गोली मार दी, तो यह उन साधनों का दुरुपयोग होगा। यहां एक विषय और सोचने लायक है कि उस कर्मचारी ने अपने ही अधिकारी के विरुद्ध ऐसा कदम क्यों उठाया? क्योंकि ऐसी प्रतिक्रिया एक दिन की सोच का परिणाम नहीं हो सकती। हो सकता है कि उस अधिकारी ने भी अपने अधिकारों का सही प्रयोग नहीं किया हो। यहां कौन सही और कौन गलत था यह मनोचिकित्सकों के विश्लेषण का विषय हो सकता है, परंतु मेरे कहने का तात्पर्य यह है कि उन दोनों व्यक्तियों को दिए गए साधनों का सही प्रयोग न होने से दोनों ही असफल लोगों की श्रेणी में सम्मिलित हो गए। यहां सफलता या असफलता किसी परीक्षा परिणाम पर आधारित नहीं है अपितु जिस कार्य को करने के लिए आपके पास ज्ञान, साधन और सुविधाएं हैं, उस कार्य को न करके कोई अन्य कार्य करना और वह भी नकारात्मक कार्य तो इससे बड़ी व्यावसायिक असफलता और क्या हो सकती है?

अक्सर लोग सफलता का अर्थ उपलब्धियों की ऊँचाई एवं पदकों की संख्या को समझते हैं। परंतु ये उपलब्धियां और पदक अगर आपने उपलब्ध साधनों का दुरुपयोग करके प्राप्त किए हैं, तो मेरे विचार से आप पूरी तरह असफल हैं। यदि एक विद्यार्थी ज्ञानप्राप्ति या डिग्री प्राप्त करने के लिए दी गई पुस्तक का प्रयोग परीक्षा में नकल करने के लिए करता है, तो भले ही उसे अधिक अंक प्राप्त हो जाएं, परंतु मैं उसे असफल ही समझता हूं। यहां यह भी कहना आवश्यक है कि आज की जीवनशैली हमें सफलता के स्थान पर असफलता की ओर ले जा रही है। जो किसान अपनी मेहनत से तैयार फसल को देखकर संतुष्ट होता था और त्यौहार मनाता था, वही किसान अपनी फसल का मूल्य जल्दी से जल्दी प्राप्त करने के लिए और कृत्रिम रूप से फल व सब्जियों को पकाने के लिए घातक कीटनाशकों को प्रयोग करे, तो भले ही पैसे थोड़े अधिक और शीघ्र मिल जाएं पर, सफलता जीवनभर उससे दूर ही रहती है।

आज सबसे अधिक खतरनाक चीज जो न केवल हमारे देश में अपितु लगभग सभी विकसित और विकासशील देशों में विद्यमान है, यह है तकनीक का गलत प्रयोग। आज इंटरनेट पर नई-नई तकनीकों का प्रयोग करके अंतर्राष्ट्रीय स्तर पर लोगों को धोखा देने का चलन आम हो गया है। कुछ समय (15-20 दिन) पहले

टाइम्स ऑफ इंडिया में छपा था कि क्रेडिट कार्डों की नकल करके दूसरों के खाते से पैसा निकालना या दूसरों के क्रेडिट कार्डों पर खरीददारी करने का एक अलग बाजार बन गया है और हर साल करीब 800 करोड़ रुपए का कारोबार होता है। इस प्रकार के समाज को हम सफल समाज नहीं कह सकते।

स्कूलों में लड़कियों के अश्लील एसएमएस बनाने या लड़कियों के मोबाइल पर अश्लील संदेश भेजना, कम्प्यूटर और इंटरनेट के माध्यम से वेबसाइटों पर गंदे चित्र डाल देना पूर्णरूप से मानसिक विकृति और असफल व्यक्तित्व का ही प्रतीक है। खेलों में विजय प्राप्त करने के लिए प्रतिबंधित दवाओं आदि का प्रयोग करना असफलता नहीं तो और क्या है?

संक्षेप में, जितना इनसानी जिंदगी में साधनों और ज्ञान का अनुचित प्रयोग हो रहा है, उतनी ही निराशा, हताशा, उदासी, मानसिक व्याधियां, शारीरिक व्याधियां और असंतुष्टि व्याप्त हो रही है। हम परिणाम प्राप्त करने में भले ही सफल हो रहे हों, इनसान बनने में असफल हो रहे हैं।

आदमी मिल जाता है, इंसां नहीं मिलता।
ये वो चीज है जो देखी कहीं-कहीं मैंने।।

(मिर्जा गालिब)

○○○

10

दिशाहीनता

कहा जाता है कि यदि दिशा बदल जाए, तो दशा अपने आप बदल जाती है। विश्व में इसके अनेक उदाहरण मिलते हैं, जिसमें अलग-अलग व्यक्तियों की दिशा बदलने से उनके जीवन की दिशा बदल गई।

क्या आप डाकू रत्नाकर के विषय में जानते हैं? डाकू रत्नाकर वन में रहता था और आने-जाने वाले लोगों को लूटकर अपना व अपने परिवार का पेट भरता था। एक बार एक महात्मा वहां से गुजरे। रत्नाकर ने उनको पकड़ लिया। महात्मा ने पूछा कि तुम यह सब पाप किसलिए करते हो? रत्नाकर ने कहा कि मैं यह सब अपने परिवार के लिए करता हूं। महात्मा ने पूछा कि क्या तुम्हारे परिवार के लोग तुम्हारे इस पाप के भी भागी बनेंगे? रत्नाकर ने कहा-अवश्य। महात्मा बोले तुम अपने परिवार से पूछ कर आओ। रत्नाकर महात्मा को बांधकर अपने घर चला गया। वहां जाकर उसने अपने परिवार के सभी सदस्यों को बुलाया और पूछा कि क्या वे सब भी उसके पाप के भागीदार होंगे? उसकी पत्नी एवं बच्चों ने कहा कि अपने कर्मों का फल केवल आपको भुगतना होगा। यह सुनकर रत्नाकर वापस आ गया। उसने महात्मा को खोल दिया और उनके चरणों में गिरकर क्षमा मांगी। महात्मा ने उसे 'राम' नाम का मंत्र दिया और चले गए। इस छोटी-सी घटना ने रत्नाकर नाम के डाकू के जीवन की दिशा बदल दी। उसने 'राम' नाम का आश्रय पाकर तपस्या की और ऋषि वाल्मीकि के नाम से प्रसिद्ध हुआ तथा हिन्दुओं के लिए पुण्यतम ग्रंथ 'रामायण' की रचना की। परंतु जब तक रत्नाकर था, उसके जीवन की दिशा अलग थी। उसे पता ही नहीं था कि उसका जीवन किस दिशा में जा रहा है और

दिशा बदलते ही जीवन सफल हो गया। दिशाहीनता भी हमारे जीवन में असफलता का कारण होती है।

बहुत बार ऐसा भी होता है कि कोई व्यक्ति सारे काम सही कर रहा हो, तो भी यदि उसके जीवन की दिशा सही नहीं हो, तो उसे सफलता प्राप्त नहीं होती। यह मेरा व्यक्तिगत अनुभव भी है कि जब हमें इस बात का अहसास नहीं होता कि हम गलत दिशा में जा रहे हैं, तो कई बार हम विपरीत दिशा में ही और अधिक मेहनत एवं प्रयास करते हैं, परंतु जितनी मेहनत हम करते हैं, सफलता से उतनी ही दूर होते जाते हैं। इस सम्बन्ध में हम एक छोटा-सा उदाहरण ले सकते हैं। मान लीजिए मैं एक ऐसे चौराहे पर खड़ा हूं, जहां मेरे बाएं हाथ को जाने वाली सड़क दिल्ली जाती है और दाएं जाने वाली सड़क मुंबई जाती है। अब मुझे दिल्ली जाना हो तो बाईं ओर मुड़ना होगा, परंतु किसी भी कारणवश मेरी दिशा गलत हो जाती है और मैं दाईं ओर चलना शुरू कर देता हूं। मुझे पैदल जाना है। अब मैं तेज-तेज चलने लगता हूं या अपनी पूरी ताकत लगाकर भागता हूं अर्थात् अपने लक्ष्य तक पहुंचने के लिए पूरी मेहनत कर रहा हूं, परंतु मैं जितनी मेहनत कर रहा हूं, उतना ही अपने लक्ष्य से दूर होता जाता हूं। यूं कहें कि मैं उतना ही सफलता से दूर होता जाता हूं। यद्यपि मेरे परिश्रम में कोई कमी नहीं है, मेरे दृष्टिकोण, साहस किसी चीज में कोई कमी नहीं है, इसके बावजूद मुझे सफलता नहीं मिल रही है।

मेरी जब गोवा में नियुक्ति हुई थी, तो जब तक मुझे सरकारी आवास नहीं मिला, तब तक मैं मुरगांव पत्तन न्यास के अतिथिगृह में रहा। वहां मेरे साथ के कमरे में एक अन्य अधिकारी भी रुके हुए थे। अगले दिन नाश्ते के समय उनसे परिचय हुआ था, तो पता चला कि वे जहाज (जलपोत) के पायलट हैं। उनसे बात करने के बाद पता चला कि उनका मुख्य काम है कि जब दूसरे देशों के जलयान आते हैं, तो वे हमारी समुद्री सीमा के बाहर रुक जाते हैं, तब हमारे पायलट वहां जाकर उन जलयानों को चलाकर लाते हैं। कारण यह है कि जरा-सी दिशा गलत होने से जहाज किसी भी चट्टान से टकरा सकता है और नष्ट हो सकता है। उन्होंने मुझे बताया कि समुद्र में चलते हुए यदि जहाज अपनी दिशा से केवल एक डिग्री भटक जाए, तो जब वह बंदरगाह पर पहुंचेगा तो अपने गंतव्य से हमारों मील दूर पहुंच जाएगा। कोलंबस वास्तव में भारत की खोज में निकला था और अमेरिका पहुंच गया।

कई बार मैंने देखा कि हम लोगों को पता ही नहीं होता कि हमारे काम करने की दिशा गलत है। अगर हम बार-बार वही काम करते जाएंगे, तो बार-बार वही परिणाम भी प्राप्त होते जाएंगे। तब अक्सर हम लोग किस्मत को दोष देने लगते हैं या परिस्थितियों को। परंतु असल में हमारे काम करने की दिशा सही नहीं होती, जिसके कारण हमें विपरीत परिणाम प्राप्त होते हैं।

इसी प्रकार बहुत से माता-पिता अपने बच्चों को दूसरों के सुझावों के कारण या फिर अमुक बच्चे ने यह किया है - तुम भी करो - इस प्रकार से उनके जीवन की दिशा तय करते हैं, परंतु ऐसा करने से केवल असफलता ही हाथ आती है। आपने स्वयं बहुत से ऐसे बच्चों की कहानियां सुनी होंगी। हमारे देश में एक अजीब किस्म की हवा चलती है और बहुमत उसके पीछे दौड़ने लगता है। कुछ वर्ष पहले तक हर माता-पिता को अपने बच्चों को डाक्टर बनाने की सनक सवार थी। यहां तक कि यदि प्रवेश परीक्षा में उनके बच्चे का चयन नहीं हुआ, तो केवल एम.बी.बी.एस. में प्रवेश के लिए लोगों ने 20-25 लाख रुपए तक की धनराशि मैनेजमेंट कोटे की सीट पाने के लिए दे डाली। वे इस सच्चाई को नहीं समझ पाए कि किसी भी क्षेत्र में विशेष डिग्री पाने के लिए या ऊंचाई पर पहुंचने के लिए पुनः उन्हीं लोगों से प्रतियोगिता होगी, जिनके तुम प्रवेश परीक्षा में आस-पास भी नहीं थे। अब यदि उस स्थिति में जैसे-तैसे करके आपने वह डिग्री प्राप्त कर भी ली, तो क्या आप व्यावसायिक रूप से इतने सफल हो पाएंगे। आखिरकार इतने पैसे और इतने वर्ष खराब करके आपने क्या खरीदा? असफलता! उसके बाद एक दौर आया इंजीनियर बनाने का। विशेषतौर पर इलेक्ट्रॉनिक्स एवं टैलीकम्यूनिकेशन में। उसके लिए एक अंधी दौड़ शुरू हो गई। फिर सूचना प्रौद्योगिकी में प्रवेश की ऐसी होड़ लगी कि उसी प्रकार से लाखों रुपए देकर लोगों ने अपने बच्चों को प्रवेश दिलाया और किसी न किसी प्रकार से वे इंजीनियर बन गए।

'नेस्कॉम' के अध्यक्ष श्री किरण कार्णिक का बयान कुछ समय पहले अखबार में आया था जिसके अनुसार भारत में हर वर्ष जितने बच्चे इंजीनियर बन रहे हैं उनमें से केवल 5% ही नौकरी पाने योग्य हैं। अब यहां 2000 से 3000 रुपए प्रतिमाह पर इंजीनियर नौकरी कर रहे हैं। मेरे एक मित्र हैं डॉ. गौतम, जो बहुत अच्छे दंत चिकित्सक हैं। उन्होंने मुझे बताया कि आज नर्सिंग होम खोलने पर 10000 रुपए वेतन पर आपको विशेषज्ञ मिल जाते हैं, जिनके पास बड़ी-बड़ी डिग्रियां हैं। इसके बाद एक दौर आया एम.बी.ए. करने का। जो लोग भारतीय प्रबंध

संस्थान से डिग्री हासिल करके निकले, उनमें से कुछ लोगों को प्रतिवर्ष करोड़ों रुपए का 'ऑफर' मिला, जिसके बाद हर विद्यार्थी एम.बी.ए. की ओर भागने लगा और आज परिस्थिति यह हो गई है कि लोग दस से पंद्रह लाख रुपए फीस देकर एम.बी.ए. की डिग्रियां प्राप्त कर रहे हैं, केवल असफल होने के लिए। मैं स्वयं कई बार ऐसे लोगों से मिला हूं, जिन्होंने बहुत सारी फीस देकर अपने बच्चों को डिग्री दिलवाई, परंतु वे जीवन में सफल व्यवसायी नहीं बन पाए।

इसके बजाय अगर उन बच्चों की रुचि देखकर उनकी दिशा निर्धारित की गई होती और यदि विशेषज्ञों की सलाह से की गई होती, तो शायद वे अपने रुचि के विषयों में विशेषज्ञता प्राप्त करके जीवन में अधिक सफलता प्राप्त कर सकते थे। मुझे एक ऐसे व्यक्ति का किस्सा याद है, जिसने अपने जीवन को गलत दिशा की ओर मोड़कर अपने पूरे जीवन पर असफलता की मोहर लगा दी। यह किस्सा मैंने किसी पुस्तक में पढ़ा था।

एक व्यक्ति अमेरिका के किसी शहर के छोटे से मुहल्ले में रहता था। वहां उसके मुहल्ले में एक किराने की दुकान थी, जहां से वह प्रतिदिन अपनी आवश्यकता की वस्तुएं खरीदा करता था। सब लोग उसे एक भले आदमी के रूप में जानते थे। एक दिन जब वह उस किराने की दुकान से अपनी आवश्यकता का सामान लेकर आया, तो दुकानदार को पैसे लेते हुए कुछ अजीब गीलापन-सा महसूस हुआ। वास्तव में वह व्यक्ति जो 20 डालर का नोट दुकानदार को देकर गया था, उससे दुकानदार को अपने हाथ में कुछ गीलापन लगा और जब उसने ध्यान से देखा तो पता चला कि नोट से रंग उतरकर उसके हाथों में लग गया। दुकानदार को शक हो गया। उसने पुलिस को सूचित कर दिया और पुलिस ने उसे गिरफ्तार कर लिया। अंततः उसे जेल हो गई। वह इतना अच्छा पेंटर था कि नोट की तरह से कागज पर इस प्रकार चित्रकारी करता था कि वह असली नोट नजर आता था। जेल जाने के बाद उसने जेल में कुछ पेंटिंग्स बनाईं, जो हजारों डॉलर प्रति पेंटिंग की दर से बिकीं। आश्चर्यजनक बात यह थी कि एक चित्र बनाने में वह लगभग उतना ही समय लेता था, जितना कि एक बीस डालर का नोट पेंट करने में लेता था।

मेरा कहने का अभिप्राय यह है कि दिशा गलत होने के कारण जो व्यक्ति एक सफल चित्रकार हो सकता था, उसका जीवन अपराध की ओर जाकर असफल हो गया। हमारे अपने देश में प्रतिभूति घोटाला एक बड़े शातिर दिमाग

का काम था। अब्दुल करीम तेलगी ने जिस प्रकार से इतने बड़े घोटाले में अपना दिमाग लगाया, यदि उसे किसी रचनात्मक कार्य में लगाया होता, तो वह शायद एक सफल व्यवसायी होता। ठग नटवरलाल का नाम शायद किसी एक ऐसे चरित्र का नाम है, जो केवल कहानियों में पाया जाता है, जो हर बार पुलिस को धोखा देकर बच निकलता है, परंतु यह एक हकीकत है। बहुत ही तेज दिमाग वाले अपराधी का नाम नटरवरलाल है। कितनी ही बार उसने अलग-अलग तरीके से अलग-अलग लोगों को ठगा और पुलिस की गिरफ्त में आने के बावजूद निकल भागने में कामयाब हो गया। यहां तक कि आखिरी बार जब वह पुलिस की गिरफ्त से निकलकर भागा, तब उसकी उम्र 70 वर्ष की थी और वह चलने फिरने में असमर्थ था। यदि उसने अपने जीवन के 70 सालों में से 50 साल भी रचनात्मक कार्यों में लगाए होते, तो न केवल वह एक सफल व्यक्ति होता अपितु देश व समाज के लिए भी एक अमूल्य निधि साबित होता।

यह बात केवल एक व्यक्ति पर लागू नहीं होती। जिन समाजों में दिशाहीनता होती है, हम सब अच्छी प्रकार से जानते हैं कि वे समाज कभी उन्नति नहीं करते। यदि हम आर्थिक स्तर पर देखें, तो हमारे देश में 1991 के पश्चात् जो आर्थिक सुधारों का युग आया, उसने पूरे देश की दिशा ही बदल दी। आज स्थिति यह है कि भारत उन्नत देशों की श्रेणी में आ गया है। वह दिन दूर नहीं जब भारत विश्व की एक महाशक्ति होगा। दूसरी ओर जिम्बाबवे की आर्थिक स्थिति देखें, जहां उनकी अर्थव्यवस्था एक गलत दिशा में जाने के कारण 300% मुद्रास्फीति की दर हो गई और लोग भूखों मरने को विवश हैं। कितने ही लोग जो अपराधी बनते हैं, उनमें सबसे बड़ी कमी एक ही होती है-दिशाहीनता।

अपने जीवन की दिशा यदि हम तय नहीं करेंगे तो कोई और करेगा। निर्णय हमारा होगा। भीष्म ने शस्त्र की दिशा में स्वयं को मोड़ा और विभीषण ने शास्त्र की ओर। परिणाम यह हुआ कि विभीषण को ईश्वर की शरण मिली और भीष्म को शस्त्रों की शैय्या। अक्सर हम जीवन में 'को' मानते हैं 'की' नहीं मानते अर्थात् गुरु को मानते हैं, गुरु की नहीं मानते। रामायण 'को', भगवान 'को', देव 'को' मानते हैं। रामायण 'की', भगवान 'की', देव 'की' नहीं मानते हैं। अतः दिशा हम लोगों को स्वयं तय करनी होती है। यदि जीवन दिशाहीन है तो असफलता निश्चित है।

11

अपनी क्षमताओं का ज्ञान न होना

मनुष्य में ईश्वर ने इतनी क्षमताएं दी हैं, जितनी उसमें स्वयं हैं। अंतर केवल इतना है कि वह अपनी क्षमताओं को जानता है और मनुष्य उन्हें भूल जाता है। पारस पत्थर लोहे को सोना तो बना सकता है, परंतु किसी धातु को पारस नहीं बना सकता। केवल ईश्वर ने मनुष्य को ईश्वरत्व प्रदान किया और जिन्हें अपनी क्षमताओं का ज्ञान हो गया, उन्हें **'अहं ब्रह्मास्मि'** कहने में तनिक भी हिचकिचाहट नहीं हुई। परंतु इस प्रकार की घोषणा करने वाले बिरले ही हुए हैं। अक्सर यह देखा गया है कि हम स्वयं को अपनी क्षमताओं से कम आंकते हैं, जिसके कारण हम अपने प्रयासों में असफल होते हैं या फिर प्रयास करने से पहले ही स्वयं को असफल घोषित कर देते हैं। जो व्यक्ति दिनभर बातें करता न थकता हो, उसी व्यक्ति को कहा जाए कि तुम्हें पांच मिनट तक स्टेज पर बोलना है, तो उसकी सिट्टी-पिट्टी गुम हो जाती है। मैंने ऐसे बहुत सारे लोगों को देखा है। अक्सर जब हमारी कक्षाओं का सत्र समाप्त होता है, तो विद्यार्थी लोग किसी छोटी-मोटी चाय पार्टी का आयोजन कर लेते हैं और जब उस पार्टी में बोलने या सत्र के दौरान अपने अनुभवों को बांटने की बात आती है, तो अधिकतर लोग या तो बोलने से कतराते हैं या फिर किसी दूसरे का नाम लेते हैं। यद्यपि यदि वे स्वयं भी चाहें तो बोल सकते हैं, परंतु उन्हें अपनी क्षमताओं का ज्ञान नहीं है।

मैंने बहुत से ऐसे लोगों के बारे में सुना है, जिनकी क्षमताओं पर लोगों को विश्वास नहीं था, परंतु वे कामयाब हुए। एक भी ऐसे व्यक्ति के बारे में नहीं सुना, जो अपनी क्षमताओं पर विश्वास किए बिना ही सफल हो गया हो। अपनी क्षमताओं का जानना और मानना दोनों आवश्यक हैं। आपने देखा होगा कि जब बच्चा छोटा होता है, तो वह बड़े काम करने का प्रयास करता है। जब-जब वह अपने से बड़े लोगों को कोई काम करते देखता है, तो उसे स्वयं करने का

प्रयत्न करता है। परिणामस्वरूप या तो वह उसे कर नहीं पाता या हम बड़े लोग उसे बता देते हैं कि उससे ऐसा नहीं होगा। धीरे-धीरे इतनी बातों के बारे में हम बताते हैं कि "नहीं होगा" और उसे अपनी क्षमताओं का ज्ञान ही नहीं रहता। परिणामस्वरूप जीवन में असफलताएं उसकी प्रतीक्षा करने लगती हैं।

मेरा कहने का अभिप्राय यह है कि यदि हमें अपनी क्षमताओं का ज्ञान न हो, तो हम स्वयं ही असफलताओं का चुनाव कर लेते हैं। कई बार ऐसा भी होता है कि अचानक कोई ऐसा अवसर आ जाता है और हम कोई असंभव दिखने वाला कार्य कर गुजरते हैं और वह करने के बाद ही हमें अपनी क्षमताओं का ज्ञान होता है। हमें विश्वास ही नहीं हो पाता है कि मैंने ऐसा कर दिया। हीरे को यदि अपनी क्षमता का पता होता तो कोयले की खान में न पड़ा होता। दुनिया भर के दिग्गज मुक्केबाजों को धूल चटाने वाले हैवीवेट चैम्पियन माइक टायसन के बारे में आप सब जानते हैं। क्या उसे पता था कि उसके शरीर में इतनी ताकत व फुर्ती है? नहीं! एक आवारा-सा लड़का गली में बच्चों के साथ किसी बात पर लड़ने लगा और उसने अकेले ही अपने से अधिक बलशाली दिखने वाले लड़के की अच्छी तरह से धुनाई कर दी। इस पूरी घटना को एक व्यक्ति ध्यानपूर्वक देख रहा था। उसने इस लड़के को बताया कि वह एक अच्छा मुक्केबाज बन सकता है। उसे विश्वास नहीं था, परंतु उस प्रशिक्षक ने उसकी प्रतिभा को भांप लिया था। उसने टायसन को विश्वास दिलाया कि उसमें यह सब करने की क्षमता है। परिणाम दुनिया के सामने है। क्या चन्द्रगुप्त को अपनी क्षमताओं का पता था? नहीं! जब चाणक्य की नजर उस पर पड़ी, तो उसने देखा कि कुछ बच्चे खेल रहे थे, चन्द्रगुप्त राजा बना हुआ था तथा उसके दरबार में अपराधियों को पेश किया जा रहा था। वह एक-एक मुकदमे को सुनकर उन पर अपना निर्णय दे रहा था। चाणक्य की नजर उस पर पड़ी और एक सामान्य बालक सम्राट बन गया।

जैसा मैंने पहले कहा कि कई बार अनजाने में हम जो कर जाते हैं, उसे पूरे होशो-हवास में सोच भी नहीं सकते। इस सम्बन्ध में मुझे एक किस्सा याद है।

एक व्यक्ति की गाड़ी (मारुति कार) खराब हो गई और क्योंकि वे स्वयं ऑटोमोबाइल इंजीनियर थे, इसलिए गाड़ी के नीचे जैक लगाकर और गाड़ी के नीचे लेटकर गाड़ी ठीक कर रहे थे। उनका छोटा-सा बेटा वहां खेल रहा था। अपने पिता को देखकर उसे भी अंदर घुसने की सूझी। अंदर घुसने के बाद उसने हथौड़ा उठाया और जैक को मारने लगा। उसके पिता ने उसे ऐसा करने से मना किया, पर इससे पहले कि वह उसे रोकते, जैक

टेढ़ा हो गया और गाड़ी का बोझ न सह पाने के कारण जैक गिर पड़ा तथा वे दोनों पिता-पुत्र गाड़ी के नीचे दब गए।

उनकी पत्नी यह दृश्य देख रही थीं। वह दौड़कर आईं और उन्होंने अपनी पूरी ताकत लगाकर गाड़ी को थोड़ा ऊपर उठा दिया। जल्दी से दोनों पिता-पुत्र बाहर निकले। दोनों को चोट लग गई थी। जैसे ही वे दोनों गाड़ी के नीचे से निकले, वैसे ही उस महिला के हाथ से गाड़ी छूट गई और पुनः गिर पड़ी। उसके हाथों से खून निकल आया था, पर उसे अपने पति व बेटे को बचाने की बहुत बड़ी खुशी थी। बाद में जब सब ठीक हो गया, तो उन्हें विश्वास ही नहीं हो रहा था कि उन्होंने गाड़ी को हाथों से उठा दिया। उन्हें अपनी क्षमता का ज्ञान उसी दिन हुआ। हालांकि इस घटना के बाद वे प्रयास करके भी गाड़ी को नहीं उठा पाईं।

कई बार आपने देखा होगा कि जब बड़ी-बड़ी परीक्षाओं का परिणाम घोषित होता है, तो उस प्रतियोगी परीक्षा में जो अव्वल स्थान लेने वाले परीक्षार्थी होते हैं, उनका साक्षात्कार आजकल टी.वी. वाले दिखाते हैं। आपने उनमें से कइयों को कहते सुना होगा कि मैं इस बात पर विश्वास नहीं कर सकता/सकती। इसका कारण केवल यह होता है कि उनमें क्षमता तो बहुत होती है, पर उन्हें इसका ज्ञान नहीं था कि ऐसा भी हो सकता है। हालांकि यह भी चर्चा का विषय है कि अचानक इस प्रकार की क्षमता कैसे आ जाती है। इसके लिए कुछ अन्य बातें भी उत्तरदायी होती हैं, जिनकी चर्चा मैं इस पुस्तक के उत्तरार्द्ध में करूंगा। यहां केवल एक छोटा-सा उदाहरण देना चाहूंगा।

मान लीजिए आप प्रतिदिन कार्यालय जाते हुए बस पकड़ते हैं लेकिन अभी आप बस स्टॉप तक पहुंचे नहीं हैं और बस चल पड़ी है। आपके कार्यालय पहुंचने में अभी काफी समय है। यद्यपि आप हिम्मत करके दौड़ते, तो बस पकड़ सकते थे, परंतु आपको पता है कि आपके पास पर्याप्त समय है और अगली बस पंद्रह मिनट बाद आने वाली है। आपने दौड़ने की तकलीफ नहीं उठाई या दौड़े तो आपकी सांस फूल गई। दो-चार बार ऐसा हुआ और इसके बाद आपने मान लिया कि दौड़कर बस पकड़ना मेरे बस की बात नहीं है। दूसरी परिस्थिति में आपको यह मालूम है कि यदि यह बस छूट गई, तो आपकी नौकरी भी छूट जाएगी, तो आप अधिकतम प्रयास करेंगे दौड़ने और बस पकड़ने का। लगभग निश्चित है कि आप बस पकड़ लेंगे। कहने का अर्थ यह है कि आपमें यह क्षमता पहली परिस्थिति में भी थी, परंतु उस समय परिस्थिति ऐसी नहीं थी कि आप पूरी क्षमता

से कार्य करें। अर्थात् परिस्थितिवश भी हमें अपनी क्षमताओं का ज्ञान नहीं रहता और धीरे-धीरे हम अपनी क्षमताओं को कम करके आंकने लगते हैं।

रामचरितमानस भारतीयों के लिए न सिर्फ एक धार्मिक शास्त्र है अपितु पूरी भारतीय-संस्कृति, जीवनदृष्टि एवं मूल्यों को सरलतापूर्वक आम आदमी के समक्ष रखने का एक सशक्त स्रोत है। जिस समय भगवान राम ने सभी वानरों को सीताजी की खोज के लिए भेजा, तो सम्पाति से मुलाकात के बाद पता चला कि लंका का राजा रावण, जो सीताजी का अपहरण करके ले गया था, उसने सीताजी को अशोकवाटिका में रखा है। अब लंका तक पहुंचने के लिए विशाल समुद्र को पार करना था। ऋक्षराज जामवंत जो अत्यंत समझदार एवं अनुभवी थे, उन्होंने कहा कि केवल हनुमानजी ही इस समुद्र को पार कर सकते हैं। हनुमान जी को अपनी क्षमता का ज्ञान नहीं था। अतः जामवंतजी ने उन्हें उनकी शक्तियां याद दिलाईं और अंततः हनुमान जी समुद्र पार करके लंका पहुंच गए। यहां तक कि स्वयं भगवान राम एवं कृष्ण ने यह सिद्ध करके दिखाया कि मनुष्य योनि में होने के कारण आपमें असीम क्षमताएं हैं। केवल उनको बाहर निकालने की आवश्यकता है।

हमारे यहां गोविंद से पहले गुरु की पूजा की जाती है। कारण यह है कि जो शक्तियां हमारे अंदर विद्यमान हैं, उन्हें हम भूल बैठे हैं और जीवन में बहुत सारी असफलताओं का सामना हम लोगों को केवल इसी कारण करना होता है कि हमें अपनी क्षमताओं का ज्ञान नहीं है। मेरे गुरुदेव पूज्यपाद परमसंत श्री रतनलाल जी महाराज हमें हमेशा बताते हैं कि मनुष्य में इतनी क्षमता है कि यदि वह अपनी इन क्षमताओं को जान ले, तो मात्र इच्छा करने से ही कार्य सफल हो सकते हैं और यह सर्वथा सत्य है। हमारे ऋषि-मुनियों की ऐसी परंपरा रही है, जिनके संकल्प मात्र से कार्य सिद्ध हो जाते थे। जीवन के किसी भी क्षेत्र में सफलता संभव है, किंतु उसके लिए आवश्यक है अपनी क्षमताओं को जानना और उसे जानने के लिए आवश्यक है, कोई पूर्ण पुरुष गुरु मिल जाए। हालांकि मेरा विषय यहां अध्यात्म नहीं है, परंतु यह एक कटु सत्य है कि जब तक हम अपनी क्षमताओं से अनभिज्ञ रहते हैं, तब तक उतनी बड़ी सफलता प्राप्त नहीं कर पाते, जितनी के हम योग्य हैं।

बहुत बार ऐसा होता है कि हमें अपनी क्षमताओं का ज्ञान न होने के कारण हम शेर की तरह निडर होकर जीने की बजाय बकरी के बच्चे की तरह डरते-डरते जीवन बिताते हैं अर्थात् जीवन में असफलताएं प्राप्त करते हैं। दूसरी

ओर आपने सर्कस में शेर देखा होगा। वह रिंग मास्टर के कोड़े से डरता है। जैसा रिंग मास्टर उसे नचाता है, वैसा नाचता है। कारण यह है कि उसे यह अहसास करा दिया जाता है कि रिंग मास्टर उससे अधिक ताकतवर है। यह अहसास हम लोगों को भी हमारे आस-पास के लोगों के द्वारा या हमारे ही मित्रों, सम्बन्धियों द्वारा बार-बार कराए जाने से हम अपनी क्षमताओं को भुला देते हैं और एक असफलता भरे जीवन का चयन कर लेते हैं।

राजस्थान में ऊँटों के एक व्यापारी के पास बहुत सारे ऊंट थे। ऊंटों को खरीदना-बेचना ही उसका काम था। इस काम के सिलसिले में उसका इधर-उधर आना-जाना होता था। वह अपने ऊंटों को भी साथ ले जाता था। एक बार उसे किसी गांव में रुकना पड़ा। उसने सभी ऊंटों को बांध दिया, परंतु एक ऊंट के लिए रस्सी कम पड़ गई, सो वह ऊंट बैठने के बजाय खड़ा रहा। उस व्यापारी ने समझ से काम लिया और ऊंट के सामने उसे रस्सी से बांधने का उपक्रम किया। ऊंट बैठ गया। सुबह जब वह आगे चलने के लिए तैयार हुआ, तो सभी ऊंटों को खोलकर खड़ा किया, किंतु जो ऊंट बिना रस्सी के बैठा था, वह खड़ा नहीं हुआ। व्यापारी ने काफी प्रयत्न किया, परंतु यह ऊंट टस से मस नहीं हो रहा था। व्यापारी बैठ कर सोचने लगा कि आखिर क्या किया जाए। वह ऊंट के पास गया और खोलने का उपक्रम किया। ऊंट एकदम खड़ा हो गया। तब तक ऊंट स्वयं को रस्सी से बंधा हुआ महसूस कर रहा था, इसलिए उसे लग रहा था कि वह खड़ा नहीं हो पाएगा। उसे अपनी क्षमता का ज्ञान नहीं था। संक्षेप में अपनी क्षमताओं का ज्ञान न होना सफलता के रास्तें में बहुत बड़ी बाधा है।

ईश्वर ने हमें अपार क्षमताएं दी हैं। अगर हम एक-एक के लिए उसका एक-एक बार धन्यवाद करें, तो कदाचित् हमारा जीवन केवल धन्यवाद देने में ही बीत जाए। यदि आप मुझसे सहमत हैं तो ठीक है, यदि नहीं तो मैं आपको गिनवाता हूं।

सबसे पहले केवल मनुष्य का सिर ही भगवान ने ऊपर की ओर लगाया है बाकी जीव-जन्तु न सिर उठाकर चल सकते हैं न रह सकते हैं। आत्म-सम्मान, आत्मविश्वास की भावना केवल मनुष्य में ही डाली गई है अन्य किसी प्राणी में नहीं। क्या कोई मामूली बात है। हम यदि ऊपर से शुरू करें, तो ईश्वर ने हमें देखने के लिए आंखें दी हैं। हममें चारों ओर देखने की क्षमता है। हमारी आँखों में करोड़ों कोशिकाएं हैं, जो न केवल देखती हैं अपितु देखकर उसकी तस्वीर

मस्तिष्क तक भी पहुंचाती हैं। देखकर सीखने की क्षमता केवल मनुष्य में है। यही कारण है कि मनुष्य ने पढ़ना-लिखना सीखा और सभ्य बना। कल्पना कीजिए यदि आँखें न होती, तो क्या मानवता का विकास होता? एक घंटे के लिए अपनी आँखें बन्द करके अपने दैनिक काम करने का प्रयास कीजिए-कितनी बड़ी कृपा ईश्वर ने हम पर की है, इसका आभास हो जाएगा।

दृश्य के बाद श्रव्य साधन सीखने की प्रक्रिया में अति आवश्यक तत्व है। इसके लिए हमें कान दिए गए हैं। यह क्षमता ब्रह्माण्ड के सभी प्राणियों में नहीं होती। एक कान में 24000 (चौबीस हजार) तन्तु हैं, जो अलग-अलग प्रकार की ध्वनियां सुनने में हमें सहायता देते हैं। आप इस बात से सहमत होंगे कि जिस प्रकार मनुष्य सुनकर भी भाषाएं सीख जाता है, उतनी क्षमता शेष प्राणियों में नहीं होती। सभी जीव-जन्तुओं को भगवान ने मुंह दिया है किन्तु बोलने की क्षमता केवल मनुष्य को दी है। आपके द्वारा बोले गए शब्दों में अपार क्षमता है। या यूं कहें कि शब्द में ब्रह्म स्वयं प्रकट हो गया है। आपके शब्द किसी रोते को गुदगुदा सकते हैं। शब्द घायल कर सकते हैं। शब्द ही जख्मों को शीतलता प्रदान करते हैं। शब्द रुला सकते हैं। शब्द आपके हृदय में जोश भर सकते हैं। शब्द डरा सकते हैं। शब्द समझा सकते हैं। शब्द भटका सकते हैं। शब्द प्रशंसा से फुला देते हैं और निन्दा से तोड़ देते हैं। प्रेम और घृणा शब्द ही तो फैलाते हैं। क्या आपको नहीं लगता कि यदि मेरी यह बात आप तक पहुंच रही है, तो शब्दों का ही माध्यम है। मुझे ज्ञात नहीं कि आप रोमांचित हो रहे हैं या बोर, पर एक बात अवश्य है कि जो शब्द आप पढ़ रहे हैं, उनका प्रभाव तो आप पर निश्चित रूप से हो रहा है। इतनी बड़ी क्षमता केवल हममें है।

आपके विचार से कितनी बार ईश्वर को इसके लिए धन्यवाद देना ठीक रहेगा। कल्पना कीजिए उन लोगों के जीवन की, जो सुन और बोल नहीं पाते और फिर विचार कीजिए कि आपमें कितनी क्षमता है। हम प्रतिदिन लगभग 30000 शब्द बोलते हैं। अत: हमें अपनी क्षमता का प्रयोग ध्यान से करना चाहिए। कुछ लोग रिसते हुए पाइप (Leaking pipe) की तरह होते हैं। हर समय शब्द रिसते रहते हैं। इसका हमें ध्यान रखना चाहिए कि शब्दों का सही-सही इस्तेमाल करें। हमारे काम करने के लिए दूसरे अंग हैं। हम लोग चल सकते हैं, हमारे शरीर में लगभग 650 मांसपेशियां हैं, 206 हड्डियां हैं, जिसमें अनन्त क्षमता है। हमारे शरीर के अन्दर लगभग 7 किलोमीटर लम्बी नसें हैं, जो शरीर को स्वस्थ रखने की क्षमता रखती हैं।

इसके अतिरिक्त ईश्वर ने हमें अनेक भावों के लिए हृदय दिया है, जो एक दिन में लगभग एक लाख पन्द्रह हजार दो सौ (115200) बार धड़कता है। हमारे फेफड़े एक दिन में करीब छत्तीस हजार छः सौ छः बार सांस को अन्दर-बाहर करते हैं, जिनमें हवा को साफ करने की अपार क्षमता है। हृदय से जुड़ी लगभग साठ हजार मील (60000) लम्बी रक्तवाहिनियां हैं, जिनमें पूरे शरीर को रक्त आपूर्ति करने की क्षमता है। हमारे हृदय में लगभग चौरासी लाख टन (8400000) खून को प्रतिवर्ष साफ करने की क्षमता है। उसके बाद इस संयंत्र के ढकने के लिए त्वचा की व्यवस्था है, जिसमें गर्मी, सर्दी, बरसात झेलने की अपार क्षमता है। दुनिया का कोई कपड़ा ऐसा नहीं, जो व्यक्ति बचपन में भी पहन सकता हो, जवानी में भी और बुढ़ापे में भी। परन्तु हमारी त्वचा में यह क्षमता है, जिसका विकास शरीर के साथ होता जाता है। अगर फट जाए, तो स्वयं दूसरी त्वचा के निर्माण की क्षमता आश्चर्यजनक है। इसके अन्दर लगभग छः करोड़ (60000000) रोमछिद्र हैं, जिनके माध्यम से शरीर को वातानुकूलित रखने की क्षमता है। लगभग 22 हजार करोड़ (22000000000) रक्त कोशिकाएं हैं। एक कोशिका में करोड़ों मोलिक्यूल हैं, परमाणु हैं, जो हर सेकेंड में दस करोड़ बार विखंडित होते हैं तथा हर सेकंड में दो करोड़ पुरानी रक्त कोशिकाएं नष्ट होकर नई बन जाती हैं। दुनिया के किसी कारखाने में यह सब करने की क्षमता शायद ही हो।

इसके अतिरिक्त हमारे मस्तिष्क (दिमाग) की क्षमताओं का तो कहना ही क्या। लगभग तीन पौंड के भार वाले इस अंग में लगभग तेरह अरब कोशिकाएं हैं, जो लगातार हमारे हुक्म का इन्तजार करती रहती हैं। चार करोड़ केवल दर्द की सूचना देने के लिए, पांच करोड़ स्पर्श कोशिकाओं का सूचना तंत्र है। दो करोड़ कोशिकाएं तापमान की सूचना आदि का ध्यान रखती हैं। हमारे भीतर परमाणु ऊर्जा का इतना बड़ा भंडार है, जो विश्व के किसी भी शहर को नष्ट करके उसे पुनः बना सकता है। सोना, चांदी एक से एक कीमती चीजों का भंडार है हमारा शरीर। किन्तु हममें से कितने लोग इस क्षमता को जानते हैं। हममें से कितने लोग ऐसे हैं जो कहते हैं कि हममें क्षमता नहीं है। हमसे नहीं होगा। कारण यही है कि हम अपनी क्षमताओं को जानते नहीं हैं।

सकारात्मक दृष्टिकोण अपनाने की क्षमता केवल मनुष्य में है। हममें बहुत सी जन्मजात क्षमताएं होती हैं, जानने, सीखने की क्षमता, समझने की क्षमता, फिर उसे उसी रूप में दूसरे को समझाने की क्षमता केवल मानव में ही है। यह बात पूरी तरह स्पष्ट है कि हमारा जन्म बढ़ने के लिए, विकास के लिए तथा

बड़ा बनने के लिए ही हुआ है। हमें ईश्वर ने एक विशेष उद्देश्य के लिए विशेष क्षमताएं देकर भेजा है। मनुष्य ईश्वर की सर्वश्रेष्ठ रचना है।

मानव क्षमताओं का भंडार है, किन्तु अपनी क्षमताओं को भूल बैठा है। इसका कारण है हमारे आस-पास का वातावरण। आप सब जानते होंगे कि जो लोग हाथी पालते हैं वे हाथी को रस्सी से या लोहे की चेन से पेड़ के साथ बांध देते हैं। हाथी रस्सी को भी तोड़ सकता है और पेड़ भी उखाड़ सकता है, किन्तु वह कभी ऐसा नहीं करता। जो भंवरा लकड़ी में छेद कर देता है, नाजुक से फूल की पंखुड़ियों के बीच घिरकर जान दे देता है। केवल क्षमता का ज्ञान न होने के कारण। इसका मुख्य कारण यह है कि हम अपनी क्षमताओं को अपने आस-पास के लोगों की तुलना में देखते हैं। मैंने ऐसे बहुत से लोग देखें हैं, जिनमें बहुत-सी संभावनाएं हैं, किन्तु क्षमताओं का ज्ञान नहीं है।

जब अलाव खुले में जलता है, तो उसकी क्षमता का ज्ञान नहीं हो पाता, किन्तु उसी आग को यदि इंजन में बद कर दिया जाए, तो पूरी रेलगाड़ी को खींचा जा सकता है। बहुत बार हम कोई काम करने के बाद सोचते हैं कि हमने ऐसा कैसे कर दिया, क्योंकि हमें अपनी क्षमताओं का अन्दाजा ही नहीं होता। अतः सफलता के लिए अति आवश्यक है कि हमें अपनी क्षमतओं का पूरी तरह ज्ञान हो।

OOO

12

अज्ञानता

सफलता के रास्ते में एक बड़ी अड़चन है-अज्ञानता। यदि जीवन में कुछ पाना चाहते हैं और कैसे पाना है, उसका ज्ञान ही नहीं हो, तो असफलता ही मिलेगी। अज्ञानता भी कई प्रकार की होती है। सर्वप्रथम तो यह एक कटु सत्य है कि अधिकांश लोग अपनी दुर्बलताओं को नहीं जानते लेकिन यह भी सत्य है कि अधिकतर लोग अपनी शक्तियों को भी नहीं जानते। क्षमताओं का ज्ञान न होने के बारे में मैं पिछले अध्याय में लिख चुका हूं। यहां इस बात का जिक्र करना भी आवश्यक होगा कि कुछ लोग ऐसे अज्ञानी होते हैं, जिन्हें स्वयं तो किसी बात का ज्ञान नहीं होता, परंतु दूसरे पर विश्वास नहीं करते अथवा फिर अपने अधकचरे ज्ञान पर उन्हें इतना भरोसा रहता है कि वे दूसरों की बात तक सुनने के लिए तैयार नहीं होते। कई बार ऐसा भी होता है कि हमें अपने ज्ञान पर भरोसा हो, तो हम आवश्यकता ही महसूस नहीं करते कि इस बारे में कोई और भी हमारी मदद कर सकता है।

एक घटना मैंने किसी पुस्तक में पढ़ी थी। उस पुस्तक का नाम तो मुझे अब याद नहीं है, पर उस लेखक ने लिखा था कि वह बाजार से लकड़ी काटने का छोटा आरा लेने गया। उसने एक कबाड़ी की दुकान पर एक आरा देखा और उसे पसंद आ गया। उसने मोलभाव करके उसे खरीद लिया। घर लाने के बाद उसने मेज पर उस आरे को रखा और प्लग लगा कर चलाया। आरे में से सिर्फ घूं-घूं की आवाज आई पर चला नहीं। उसने सोचा कि दुकानदार ने उसे ठग लिया है और गलत आरा उसे बेच दिया है। उसने सोचा कि मैं अभी इसे उठाकर रख देता हूं, बाद में दुकानदार से बात करूंगा। जब वह उसे उठाकर रखने लगा, तो उसकी नजर आरे के नीचे चिपकी एक पर्ची पर पड़ी, जिस पर लिखा था कि

इसे 15 एम्पीयर के सॉकेट में लगाएं, जबकि लेखक उसे 5 एम्पीयर के सॉकेट में लगाकर चलाने का प्रयास कर रहा था। अतः अज्ञानता एक ऐसा तत्व है, जिसे हमें शीघ्रातिशीघ्र दूर करना चाहिए। यह सही है कि हम प्रत्येक क्षेत्र का पूरा ज्ञान प्राप्त नहीं कर सकते, अतः उसके लिए हमें उस विषय या क्षेत्र के जो निपुण और अनुभवी व्यक्ति हों, उनकी सहायता प्राप्त करनी चाहिए।

एक बार एक आदमी बीमार हो गया और डाक्टर के पास चला गया। वहां जाकर देखा कि मरीजों की लम्बी लाइन लगी है। वह भी उस लाइन में बैठ गया। उसके पेट में काफी दर्द था। लगभग आधे घंटे के बाद उसका नम्बर आया। डाक्टर ने उसे देखा और अपनी मेज पर पड़ी एक दवा उठाकर उसे खाने को दी। थोड़ी देर के बाद उसका दर्द ठीक हो गया। यहां विशेष बात यह थी कि जिस दवा से उसका दर्द ठीक हुआ और जिसके लिए उसने आधा घंटा इंतजार किया, वह उसके सामने ही पड़ी हुई थी, किन्तु उसको इस बात का ज्ञान नहीं था और इसी कारण उसे आधा घंटा दर्द सहन करना पड़ा, परन्तु विशेषज्ञ की सलाह से उसे दर्द दूर करने में सफलता प्राप्त हो गई। विशेषज्ञ से सलाह लेने के बाद भी अपनी बुद्धि का प्रयोग करना चाहिए। विवेकानन्दजी ने कहा है, ''कोई व्यक्ति कितना ही महान क्यों न हो, उसके पीछे आंख मूंदकर न चलिए। यदि ईश्वर की यही मंशा होती, तो वह हर प्राणी को आंख-कान क्यों देता?''

अज्ञानता का अर्थ केवल अनपढ़ होना ही नहीं होता। यदि आपने पढ़ाई भी की है, परन्तु जो सीखा उसे जीवन में नहीं उतारा, तो वह भी अज्ञानता ही कही जाएगी। जीवन में बहुत से लोग आपको ऐसे मिल जाएंगे, जिन्होंने पढ़ना-लिखना सीखा, लेकिन यह नहीं सीखा कि पढ़ना क्या है, तो पुनः अज्ञानता ही है। पढ़ना सीखने के बाद भी यदि हम ऐसा साहित्य पढ़ते हैं, जो हमारे मस्तिष्क और चरित्र के लिए हानिकारक है, तो उससे अनपढ़ रहना ही अच्छा था। इसके अतिरिक्त पुस्तकों में निहित ज्ञान को प्राप्त करने के बाद यदि व्यावहारिक रूप से उसे प्रयोग करना नहीं आया, तो उस ज्ञान का कोई महत्व ही नहीं। मैंने ऐसे बहुत से लोग देखे हैं, जिन्हें यदि अपने बच्चे का प्रवेश इंजीनियरिंग कालेज में करवाना है, तो वे बराबर में पान की दुकान पर जाकर पान वाले से सलाह मांगेंगे या वहां पर जो भी खड़ा होगा, उसी से सलाह मांगते नजर आएंगे। अक्सर आपने अपने आस-पास देखा होगा कि छोटी-मोटी बीमारियों का इलाज करने के लिए लोग एक-दूसरे से पूछ कर दवाइयां खा लेते हैं। आप एक बार अपनी किसी बीमारी का जिक्र किसी से कर दीजिए सुनने वाला आपकी सारी जांच

भी वहीं कर देगा और इलाज भी सुझा देगा। वह तुरन्त कहेगा कि मेरे अमुक चाचा या मामा को भी यही बीमारी थी और उन्होंने अमुक-अमुक गोलियां खाई थीं, आप भी खा लीजिए। जब आप उस दवा को खाकर और बीमार हो जाएंगे, तब वे महाशय आपको बताएंगे कि हां, ये दवा खाने के बाद चाचाजी भी ज्यादा बीमार हो गए थे और अन्ततः स्वर्गवासी भी हो गए। अतः यह बताने वाले और पूछने वाले दोनों की अज्ञानता का परिचायक है।

आपको जीवन में ऐसे भी लोग बहुत बार मिले होंगे, जिन्हें ज्ञान कम और उत्साह अधिक होता है।

दो मित्रों ने एक बार पूर्णमासी की रात में नौका विहार का कार्यक्रम बनाया। नौका कभी चलाई नहीं थी। मस्ती में आने के लिए थोड़ा मद्यपान भी किया और नौका विहार के लिए चले गए। नाविक से कहा कि तुम जितने चाहे पैसे ले लो लेकिन नौका हम स्वयं चलाएंगे। तुम अपने पैसे लो और जाओ सुबह आकर अपनी नौका हमसे ले लेना। नाविक पैसे लेकर चला गया। वे दोनों नाव में बैठे और चप्पू चलाने लगे। ठण्ढी-ठण्ढी हवा ने नशा भी थोड़ा बढ़ा दिया और अति उत्साह तो था ही। नाव चलाते-चलाते सुबह हो गई। दोनों थककर चूर हो गए और नाव में ही सो गए। सुबह जब धूप निकली तो आंखें खुली। उठकर देखा कि नाव किनारे पर लगी है। नौका विहार का बहुत मजा आया। थोड़ी देर में नाविक आ गया। उसने पूछा कि आपने नौका विहार नहीं किया? वे दोनों बोले कि हम तो रात भर नाव चलाते रहे। नाविक ने कहा कि नाव तो पेड़ से बंधी थी और आपने उसे खोला ही नहीं, तो उन्हें समझ आया कि वे किनारे पर कैसे पहुंचे।

अतः अति उत्साह में भी अज्ञानता का थोड़ा अंश रहता है, जिसके कारण कभी-कभी हमें असफलता का सामना करना पड़ता है। बहुत बार तो हम उसे अपनी गलती मानने को भी तैयार नहीं होते। सिसरो ने कहा है, 'गलती हर व्यक्ति करता है, पर केवल मूर्ख ही उस पर दृढ़ बने रहते हैं', ऐसे अज्ञानियों को सीख देने का कोई लाभ नहीं होता, उल्टा उसे शिक्षा देने से आपकी हानि होने की संभावना ही अधिक रहती है।'

पंचतंत्र में एक प्रसिद्ध कथा है कि एक बया एक-एक तिनका जोड़-जोड़ कर अपना घोंसला बनाती थी और उसका पड़ोसी बन्दर पूरा दिन उछल-कूद करते घूमता रहता था। बया ने उसे समझाया कि खराब मौसम से बचने के लिए उसे भी कोई न कोई घरौंदा बना लेना चाहिए।

बन्दर उसकी एक न सुनता। आखिर बरसात का मौसम शुरू हो गया। एक दिन बहुत भयंकर बरसात हुई। बया आराम से अपने घौंसले में बैठी थी कि तभी भीगता हुआ बन्दर वहां आया। वह सर्दी से कांप रहा था। बया ने उससे कहा कि मैंने तुम्हें पहले ही कहा था कि खराब मौसम से बचने के लिए एक घर बना लो। यदि तुमने मेरी बात सुनी होती, तो आज तुम्हारी यह दशा न हुई होती। इससे बन्दर को गुस्सा आ गया और उसने बया का घौंसला तोड़ कर जमीन पर फेंक दिया। कहा भी गया है कि

मूरख को समुझावते ज्ञान गांठ को जाय।
कोयला भये न ऊजला, सौ मन साबुन लाय॥

बहुत बार ऐसा भी होता है कि हमें अपनी अज्ञानता के विषय में कुछ भी पता नहीं होता और उसके कारण कई बार हम जीवन में काफी नुकसान उठा लेते हैं।

बात बहुत पुरानी है। एक गांव में एक लकड़हारा रहता था। वह रोज वन से लकड़ियां काट कर लाया करता और उन्हें शहर में एक सेठ के पास बेचकर अपने खाने भर के पैसे जुटा लेता। इस प्रकार गरीबी में जीते हुए वह अपना जीवनयापन कर रहा था। उधर शहर में एक धनी व्यक्ति था जिसकी दो बेटियां थीं। दोनों में इस विषय पर बहस हुई कि मनुष्य किस्मत से खाता है या बुद्धि और परिश्रम से। छोटी बेटी जिसका नाम बीना था, उसका विचार था कि व्यक्ति के पास यदि बुद्धि हो और वह परिश्रम करे, तो वह कोई भी वस्तु प्राप्त कर सकता है, जबकि बड़ी बेटी बेला तथा उसके पिता का विचार था कि भगवान ने हमारी किस्मत में धन लिखा है, इसलिए लक्ष्मी हम पर मेहरबान हैं, सो हम लोग किस्मत का दिया खा रहे हैं। बहस इस कदर बढ़ गई कि उस धनी व्यक्ति ने अपनी छोटी बेटी का विवाह इस लकड़हारे से कर दिया जो कठिनाई से अपना जीवन निर्वाह करता था। उसने कहा कि तुम्हारे पास बुद्धि भी है और तुम परिश्रम भी कर सकती हो। अतः अब इसी तरह के ऐशो आराम में रहकर दिखाओ जो तुम्हें मेरे यहां प्राप्त था।

बीना ने चुपचाप इसे स्वीकार कर लिया और वह अपने पति के साथ उस घर में रहने लगी, जो उस लकड़हारे के लिए ही पर्याप्त था। एक दिन उसने अपने पति से कहा कि घर में कमाने वाला एक है और खाने वाले दो। मैं पूरा दिन घर में खाली बैठी रहती हूं, अतः अच्छा हो कि हम दोनों लकड़ियां काटकर लाएं और अधिक पैसा कमाएं। अगले दिन वह

लकड़हारे के साथ चली गई। जब उसने लकड़ी काटनी शुरू की, तो उसे कुछ सुगन्ध का अनुभव हुआ। उसने देखा कि जिस पेड़ को वे लोग काट रहे हैं, वह तो चन्दन का पेड़ है। बीना पढ़ी-लिखी थी और इस बात को जानती थी कि चन्दन की लकड़ी की कीमत साधारण लकड़ी की कीमत से कहीं अधिक होती है। परन्तु उसके पति की अज्ञानता के कारण वह सेठ उसे साधारण लकड़ी की कीमत ही दे रहा है। उसने बाजार से चंदन की लकड़ी का भाव पता किया और पुलिस के वेश में अपने पति के साथ उस सेठ के पास पहुंच गई तथा अपने पति का वर्षों का बकाया पैसा सेठ से दिलवा दिया।

इस प्रकार की अज्ञानता भी व्यक्ति को केवल असफलता की ओर ही ले जाती है। अतः विवेक के नियमों को सीखकर उन्हें अपने जीवन में उतारना चाहिए, तभी हम सफल हो सकते हैं।

''जो व्यक्ति विवेक के नियम को तो सीख लेता है, पर उन्हें अपने जीवन में नहीं उतारता, वह ठीक उस किसान की तरह है, जिसने अपने खेत में मेहनत तो की पर बीज बोए ही नहीं।'' -शेख सादी

ooo

13

योजना का अभाव

'लोग इसलिए असफल नहीं होते कि वे असफल होने की योजना बनाते हैं, अपितु योजना बनाने में ही असफल हो जाते हैं।'

मान लीजिए बरसात के बाद शरद ऋतु न आए। गर्मी का मौसम कभी समाप्त ही न हो या बरसात रुके ही ना, तो मानवजीवन कैसा होगा? इसकी कल्पना मात्र से ही हम सिहर उठते हैं। आपने देखा होगा कि मनुष्य थोड़े समय बाद ही किसी चीज से ऊब जाता है। उफ! यह गर्मी! तौबा तौबा! इतनी बारिश! आदि ऐसे जुमले हैं, जो अक्सर सुनने में आते हैं, जबकि सबको पता होता है कि गर्मी के बाद बरसात और फिर सर्दी का आगमन होगा। ऐसा होना निश्चित है और हम सब जानते हैं कि प्रकृति की योजना के अनुसार ही यह सब होता है। प्रकृति का काम अत्यंत सुनियोजित ढंग से चलता है। यदि उसमें योजना का अभाव हो, तो मानवमात्र का जीवन इस पृथ्वी पर असंभव हो जाए। बीज का फूटना, पौधा बनना, फूल आना, फल लगना, मौसमों में परिवर्तन, ग्रहों की गति आदि सब चीजें एक योजना के अधीन कार्य करती हैं। इसलिए हर व्यक्ति आश्वस्त होता है कि गर्मी के बाद बरसात होगी ही। फूलों के बाद फल लगेंगे ही। इसी प्रकार से किसी कार्य की सफलता के लिए यदि एक निश्चित योजना के अंतर्गत कार्य किए जाएं, तो उसमें सफलता मिलेगी ही, ऐसा नियम है। योजना बनाना किसी कार्य की सफलता के लिए उतना ही आवश्यक है, जितनी की जीवन के लिए हवा आवश्यक है।

आज हम लोग कहते हैं कि विज्ञान कहां से कहां पहुंच गया। मानवीय जीवन की सुख-सुविधाओं के लिए एक से एक चीजें बनाई जा रही हैं, परंतु एक बात की ओर यदि हम ध्यान दें, तो ज्ञात होगा कि यह सब प्रकृति एकदिन में नहीं हो गई या कोई आविष्कार ऐसे ही बैठे-बैठे नहीं हो गया। उसके पीछे

वर्षों की सोच, मेहनत और योजना काम कर रही होती है। आज मनुष्य को होने वाली कितनी ही बीमारियों का इलाज विज्ञान ने ढूंढ लिया है, परंतु इसके पीछे दीर्घकालीन योजनाएं हैं। दूसरी ओर यदि हम सोचें कि मानव प्रगति की कोई योजना ही यदि किसी ने न बनाई होती, तो आज भी हम जंगली लोगों-सा जीवन व्यतीत कर रहे होते।

हर सफलता का एक निश्चित भाग है-योजना बनाना। बच्चा पैदा होने से लेकर उसके जीवन के अंतिम भाग तक सफलताएं या असफलताएं उनके द्वारा बनाई गई योजनाओं पर आधारित होती हैं। तथापि आज भी लोग ऐसे हैं, जो 'बच्चे भगवान की देन हैं', ऐसा मानते हैं, तो भी उसके बाद उनकी शिक्षा-दीक्षा, उनका कैरियर, शादी-विवाह के लिए एक सुयोग्य साथी, सभी के लिए एक योजना की आवश्यकता होती है अन्यथा जीवन में कौन क्या बनेगा, पता ही नहीं होगा। बिना योजना के जीवन इस प्रकार की गाड़ी की तरह होगा, जिसका ड्राइवर शराब के नशे में धुत हो और उसे न अपनी मंजिल का पता हो न ही रास्ते का। उसका परिणाम क्या होगा, इसकी कल्पना हम लोग सहज ही कर सकते हैं। जब कोई व्यक्ति अपना मकान बनाता है, तो पहली ईंट रखी जाने से पहले ही योजना बनी हुई होती है। मान लीजिए एक व्यक्ति ने भवन निर्माण की सारी सामग्री एकत्र कर ली और बिना किसी योजना के ईंटों को एक-दूसरे के ऊपर रखना शुरू कर दिया, तो क्या यह उसके सपनों का घर बनेगा? कदापि नहीं। यह तो केवल ईंटों का एक ढेर होगा। बड़े-बड़े भवन, सड़कें, पुल, परियोजनाएं क्या एक निश्चित योजना के बगैर संभव हैं। निश्चितरूप से नहीं।

योजना के बगैर कई बार हो सकता है कि अंधे के हाथ बटेर लग जाए और किसी काम में अचानक सफलता प्राप्त हो जाए। जीवन कोई नाटक नहीं है, जिसकी बार-बार रिहर्सल करने के बाद ही उसे मंच पर अभिनीत किया जाना है। जीवन में जो भी आप करते हैं, सीधा रंगमंच पर ही होता है। मैंने कई लोगों से सुना है कि धक्के खाते-खाते सब लोग सीख जाते हैं, तो मैं इस बात से सर्वथा असहमत हूं। मैं हमेशा कहता हूं कि ईश्वर ने हमें बुद्धि दी है, तो हम धक्के खाकर क्यों सीखें? क्या मानवजीवन हमें धक्के खाने के लिए ही मिला है? कदापि नहीं! इसलिए जब हमारे पास सुविधाएं हैं तो सब काम सुनियोजित तरीके से होना चाहिए। यहां मैं योजना के अभाव के साथ-साथ एक अन्य महत्वपूर्ण बात का जिक्र करना भी आवश्यक समझता हूं और वह है योजना के क्रियान्वयन का अभाव। अधिकतर लोग जो जीवन में योजना बनाने के बाद भी

असफल होते हैं, उनकी असफलता का सबसे बड़ा कारण यही होता है। कुछ लोग योजनाएं तो अच्छी बनाते हैं, परंतु जब उनके क्रियान्वयन का समय आता है, तो उसे ठीक से क्रियान्वित नहीं कर पाते हैं और असफल हो जाते हैं। तब वे कहते हैं कि पहले से योजना बनाने का कोई लाभ नहीं होता। इसका सबसे बड़ा उदाहरण है- सरकारी योजनाओं की असफलता।

सरकारी योजनाओं की असफलता के लिए कौन जिम्मेदार है? यह एक अलग बहस का विषय हो सकता है, परंतु यहां असफलता का मुख्य कारण योजना का ठीक से क्रियान्वयन न होना है। हमारे स्वर्गीय प्रधानमंत्री राजीव गांधी कहते थे कि जब सरकार किसी योजना पर एक रुपया खर्च करती है, तो जिसके लाभ के लिए वह रुपया खर्च किया गया है, उस तक केवल 10 पैसे का लाभ ही पहुंच पाता है और इस प्रकार यह योजनाएं असफल हो जाती हैं। इतिहास में ऐसे बहुत से उदाहरण हैं, जब योजनाओं के ठीक क्रियान्वयन न होने के कारण वे सब असफल हो गईं।

एक बात हमें सदैव याद रखनी चाहिए और वह यह कि जीवन में रीटेक नहीं होते। हमें जो भी करना होता है, सीधे रंगमंच पर करना होता है। अतः हर टेक फाइनल टेक होता है। आप कल्पना करें कि यदि हम ट्रेकिंग पर जा रहे हों और यदि हमारे पास नक्शा न हो। इसलिए नक्शों को भी प्लान या योजना कहा जाता है। जो शहर या कस्बा योजनाबद्ध नहीं बने हैं, उनके जीवन में और जो योजनाबद्ध तरीके से बसाए गए हैं, उनके जीवन में दिन-रात का अंतर है। आज आपने देखा होगा कि भवन-निर्माण कंपनियां कुकुरमुत्तों की तरह उग आई हैं और इनसान को उसके सपनों का घर बेचने का दावा करती हैं और हम लोग भी उन्हीं घरों को खरीदने में ज्यादा रुचि रखते हैं। कारण यही है कि वे घर ऐसी कालोनियों के रूप में बने होते हैं, जो अत्यंत सुनियोजित होती हैं। यदि उनमें कहीं योजना का अभाव हो, तो कौन उन्हें खरीदने जाएगा।

जीवन में कुछ लोग ऐसे भी होते हैं, जिनके पास योजना बनाने का समय ही नहीं होता है और वे अपनी असफलताओं का दोष दूसरों के सिर मढ़ते रहते हैं। अपनी कमियों को न मानकर सदैव इसे दूसरों की निष्क्रियता मानते हैं और असफलताओं में जीते हैं। इसके अलावा जीवन में कुछ लोग ऐसे भी अवश्य आपको मिले होंगे, जिनके जीवन का मूलमंत्र है कि हम तो वर्तमान में जीते हैं। भविष्य या भूतकाल के बारे में हम नहीं सोचते। इस प्रकार के लोग भी अपनी असफलताओं को केवल यह कहकर भुलाने की कोशिश करते हैं कि भविष्य

में इसका लाभ हो सकता है, पर भविष्य किसने देखा है। अतः मेरा विचार है कि योजना का अभाव एक बहुत बड़ा कारण है-हमारे जीवन की बहुत सारी असफलताओं का। योजना न बनाने का अर्थ है कि सफलता के लिए आप तैयार नहीं हैं।

योजना के बिना जीवन की प्रगति उस ड्राइवर की तरह है, जो हर रविवार को अपनी गाड़ी लेकर घूमने निकलता है और अपने इस प्रयास में कुछ रुचिकर जगह देख भी लेता है, परंतु उस मजे (आनंद) से वंचित रह जाता है, जो योजना बनाकर लिया जा सकता था। अतः सफलता के लिए आवश्यक है-"अपने काम की योजना बनाइए और योजना के अनुसार काम कीजिए।" जीवन में बहुत सारे लोग इसलिए असफल नहीं होते कि वे असफल होने की योजना बनाते हैं अपितु वे योजना बनाने में ही असफल हो जाते हैं। एक साधारण-सी बात है कि हमें कोई बड़ा काम करना है और उसमें सफलता पाना है, तो एक निश्चित योजना का होना आवश्यक है। अगर हमारी योजना ही ठीक न हो, तो सफलता असंभव है। यदि नींव की एक ईंट भी टेढ़ी हो जाए, तो आप उस पर कितनी भी मंजिलें बना लें भवन टेढ़ा ही रहेगा, अगर हमें हाथी को खाना है, तो एक दम नहीं खाया जा सकता। उसे धीरे-धीरे खाने की योजना बनानी होगी। सड़क या मार्ग कितना भी लम्बा हो, कदम तो छोटा ही उठाना पड़ेगा।

हम सब जानते हैं कि जब बाबर ने भारत पर हमला किया, तो उसका सामना राणा सांगा से हुआ। बाबर की सामरिक योजना राणा सांगा से अच्छी थी, इसलिए ज्यादा सिपाही और बहादुर राजपूतों के होने के बावजूद राणा सांगा युद्ध में हार गए। 1556 में पानीपत की दूसरी लड़ाई में अकबर और हेमू का आमना-सामना हुआ। अकबर का संरक्षक बैरम खां इस बात को अच्छी तरह जानता था कि यदि किसी प्रकार हेमू को मार दिया जाए तो जीत निश्चित है।

हेमू की सेना के सामने अकबर की सेना बहुत कम थी। पूरे इलाके में हेमू का रौब था। पानीपत के मैदान में बैरम खां ने एक योजना बनाई। उसने अपने सर्वश्रेष्ठ तीरंदाजों से कहा कि तुममें से सबसे कुशल तीन तीरंदाजों को केवल हेमू को अपना निशाना बनाने का प्रयास करना है। युद्ध शुरू होने के कुछ देर बाद ही अकबर की सेना के पैर उखड़ गए। हार लगभग निश्चित थी। भारत का इतिहास और भाग्य करवट बदलने ही वाले थे कि बैरम खां की योजना काम कर गई। एक तीर आकर हेमू की आंख में लगा

और वह अपने हाथी से नीचे गिर गया। हेमू के गिरते ही उसकी सेना भाग खड़ी हुई और भारत में मुगलों के पैर जम गए।

वर्तमान में जब भी कभी युद्ध होता है, तो उसके लिए दोनों देश बाकायदा युद्ध की योजना बनाते हैं। यहां तक की यदि युद्ध न भी हो रहा हो, तो विभिन्न देशों की सेनाएं अपनी सैन्य योजनाओं को परखने के लिए युद्धाभ्यास करती हैं। मेरे एक मित्र भारतीय सेना में कर्नल हैं। उनसे बात करते हुए मुझे पता चला कि अक्सर सभी सेनाएं एक नहीं, बल्कि कम से कम दो योजनाएं बनाती हैं। यदि पहली योजना के क्रियान्वयन में कोई कठिनाई हो और उसे क्रियान्वित करना संभव न हो, तो दूसरी योजना को तुरंत लागू किया जाता है। इन्हें पूरक योजनाएं कहा जाता है। हमारे देश में केवल योजना बनाने के लिए योजना आयोग का गठन किया गया है। ऐसे ही आयोग अधिकतर देशों में होते हैं। मैं स्वयं भारत सरकार की एक योजना में कार्यरत हूं। मुझे लगता है कि इस योजना के कारण देश के कई क्षेत्रों में लाभ हुआ है।

जहां तक जीवन में सफलता की बात है, तो हमेशा याद रखें कि जीवन में फिल्मों की तरह 'रिटेक' नहीं होते। यहां तो आपको थियेटर की तरह 'लाइव परफोरमेंस' देनी होती है और वह भी बिना किसी 'रिहर्सल' के। आपने पढ़ा और सुना होगा कि आजकल बहुत-सी ऐसी कंपनियां हैं, जो आपके घूमने के लिए दौरे की योजना बनाती हैं, परन्तु वे आपको वही स्थान दिखाती हैं, जहां उनके अपने संपर्क होते हैं और आपको वहां ले जाने में उन्हें सुविधा होती है। ऐसे बहुत से लोग आपको मिल जाएंगे, जो किसी विशेष पर्यटनस्थल पर घूमने गए और कुछ दर्शनीय जगहें उनसे छूट गईं। कारण स्पष्ट है कि उनके घूमने के कार्यक्रम की योजना किसी अन्य के द्वारा बनाई गई थी। यहां मैं उन लोगों का भी जिक्र करना चाहूंगा जो अजीब योजनाएं बन.ते हैं। कुछ लोग भूतकाल में हुई घटनाओं के सम्बन्ध में केवल योजनाएं बनाते रहते हैं। कुछ लोग भविष्य के बारे में केवल योजनाएं बनाते रहते हैं, लागू कभी नहीं करते। कुछ लोग अपनी वर्तमान स्थिति को ज्यों का त्यों बनाए रखने के लिए योजनाएं बनाते रहते हैं। इनमें से अधिकतर लोगों के विचार नकारात्मक होते हैं। भूतकाल में किसी ने हमारा अपमान कर दिया, अब हम योजना बना रहे हैं कि अमुक मौके पर किस प्रकार अमुक व्यक्ति का अपमान करना है। यह नकारात्मक सोच है।

अच्छी योजनाओं के बहुत सारे उदाहरण हमारे सामने मौजूद हैं। आप जानते होंगे कि अंटार्कटिका पर पहुंचने वाले पहले व्यक्ति एमंडसन थे। एमंडसन पहले

उत्तरी ध्रुव पर जाना चाहते थे, किन्तु राबर्ट पियरी उनसे पहले वहां पहुंच गए। तब उन्होंने दक्षिणी ध्रुव पर जाने की योजना बनाई। उन्होंने स्लेज गाड़ी बनाई, उसको खींचने वाले कुत्ते और उन कुत्तों को चलाने वाले एस्कीमों लोगों के काम करने के तरीकों को समझा तथा उन्हें ही अपना सामान ढोने के लिए चुना। उनकी योजना के अनुसार सामग्री आदि को ढोने का काम यदि कुत्तों व स्लेज के माध्यम से करवाया जाए, तो उनके साथियों को कम थकावट होगी। उन्होंने हर रोज 6 घंटे सफर करने और प्रतिदिन 20 से 25 मील चलने की योजना बनाई। रसद के लिए उन्होंने रास्ते में जगह-जगह, जहां भंडारों की संभावना थी, उन्हें खोज निकाला ताकि उन्हें अधिक सामान न ढोना पड़े। इस प्रकार योजनाबद्ध तरीके से उन्होंने अपना सारा काम किया और समय पर अपने लक्ष्य की प्राप्ति की। उनका पूरा दल सकुशल वापस भी आ गया। कहते हैं कि पूरी यात्रा के दौरान केवल एक कठिनाई आई कि उनके दल के एक सदस्य के दांत में दर्द हो गया था, जिसे बाद में निकालना पड़ा।

इसके विपरीत राबर्ट स्कॉट भी अपने दल के साथ दक्षिणी ध्रुव पर गए थे, परन्तु उनकी योजना ठीक नहीं थी। उन्होंने एमंडसन से ठीक विपरीत योजना बनाई। उन्होंने कुत्तों वाली स्लेज के बदले मोटर से चलने वाली स्लेज का इस्तेमाल किया, जो केवल पांच दिन चली और बाद में उसको वहां से खींचकर लाना भी कठिन था। उन्होंने कुत्तों की बजाय टट्टुओं का प्रयोग किया। टट्टू इतनी ठण्ढ नहीं झेल पाए और पर्वत की तलहटी में पहुंचते-पहुंचते स्थिति यह आ गई कि सब जानवरों को मारना पड़ा। चलते-चलते पूरी सावधानी न होने के कारण एक व्यक्ति के पैर सूज गए, जिसको अगले दिन अपने जूते व जुराब पंहनने तक के लिए एक घंटा अधिक लगता था। सबसे बड़ी गलती उन्होंने यह की कि चार लोगों की रसद होने के बावजूद वे अपने साथ एक अतिरिक्त व्यक्ति ले गए, जिस के कारण रसद कम पड़ गई। आपूर्ति भंडार भी दूर-दूर थे और उनमें भी पर्याप्त मात्रा में सामान उपलब्ध नहीं था। जब वे लोग वहां पहुंचे, तो पहले से एमंडसन का झंडा वहां फहरा रहा था। इनका दल एमंडसन के दल के एक महीने बाद पहुंचा। असली समस्या आते समय शुरू हुई, जब उनके दल के सभी व्यक्ति बहुत अधिक थक गए थे और कमजोर हो गए थे। आते समय एक सदस्य का पांव एक बर्फ के गड्ढे में फंस गया और उसकी मृत्यु हो गई। दुख की बात यह थी कि यह दल दक्षिणी ध्रुव तो पहुंचा, किन्तु उसका एक सदस्य भी लौटकर नहीं आया। सभी लोगों की रास्ते में ही मृत्यु हो गई।

नंदवंश का विनाश एक निश्चित योजना के तहत हुआ। ऐसा नहीं है कि विष्णुदत्त नाम का एक कृशकाय ब्राह्मण नंद के दरबार में जाकर उसे समूल नष्ट करने की चुनौती दे दे और खुली चुनौती देने के बाद उसके पूरे खानदान को जड़ से समाप्त कर दे। कहते हैं कि चाणक्य से बड़ा नीतिकार और योजनाकार भारत के इतिहास में कोई अन्य नहीं हुआ। महाभारत के विदुर एक अनन्य योजनाकार थे। जब दुर्योधन ने पांडवों के लिए खांडवप्रस्थ में लाक्षागृह बनवाया तो विदुर ने इस बात को भांप लिया था कि यह पांडवों को समाप्त करने का एक षडयंत्र है। अत: उन्होंने पांडवों को बचाने की योजना बनाई और लाक्षागृह में ही गुप्त द्वार उनके बच निकलने के लिए बना दिया गया।

शिवाजी महाराज ने वर्षों तक मुगलों को चैन से सोने नहीं दिया। इसका सबसे बड़ा कारण यह था कि वे चतुर योजनाकार थे। यद्यपि मुगलों ने उन्हें कैद कर लिया था, तो भी उन्होंने अपने चतुर योजनाकार होने का परिचय दिया और कैद से भाग निकले। अंग्रेजों की जेल से निकल भागने की योजना बनाना और सैन्य शक्ति एकत्रित करके अंग्रेजों पर आक्रमण करना वीर सुभाष की अप्रतिम योजना थी। महात्मा गांधी भारतीय राजनीति के रंगमंच पर पूरी तरह 1920 से आए और उन्होंने देखा कि भारत की जनता अभी संघर्ष के लिए तैयार नहीं है। उन्होंने लोगों को संघर्ष के लिए तैयार करने की योजना बनाई और उसको कार्य रूप दिया। 22 साल बाद जब उन्हें लगा कि अब उनकी योजना फलीभूत हो सकती है, तब उन्होंने देशवासियों को 'करो या मरो' का नारा दिया और 1947 में देश स्वतंत्र हो गया। भारत के पहले प्रधानमंत्री श्री जवाहर लाल नेहरू की पंचवर्षीय योजनाएं आज भी देश में सफलतापूर्वक चल रही हैं।

अंत में मैं यही कहना चाहूंगा कि होश, जोश, पैसा, उत्साह सब चीजें यदि आपके पास हों, तो आवश्यक है एक अच्छी योजना और आपकी सफलता निश्चित है।

○○○

14

असफलता का भय

एक अन्य कारण जो असफलता में सहायक सिद्ध होता है, वह है असफलता का डर। हालांकि असफलता अपने आपमें एक अनुभव है और अनुभव-प्राप्ति के लिए काफी मूल्य चुकाना पड़ सकता है, पर उससे जो शिक्षा मिलती है वह और कहीं नहीं मिलती। **सफलता सार्वजनिक उत्सव है और असफलता व्यक्तिगत शोक।** संसार में बहुत से लोग ऐसे हैं, जिन्हें इस शोक को गले लगाए रखने का शौक है। उसके लिए वे सदैव असफलता से डरते रहते हैं और यही कारण है कि वे जीवन में कोई भी कार्य अपनी पूरी क्षमता से नहीं कर पाते तथा परिणाम वही होता है, जिसे सोचकर उन्होंने उस कार्य को शुरू किया था।

हमारे यहां एक प्रसिद्ध कहावत है कि रोते हुए जाएं और मरे हुओं की खबर लाएं। जैसी सोच होगी वैसा परिणाम होगा। इस विषय में नकारात्मकता के अध्याय में भी काफी कुछ कहा गया है, तो भी यह एक ऐसा महत्वपूर्ण कारण है कि इसका असफलता के कारणों में शामिल किया जाना अनिवार्य है। वास्तव में यदि लोगों को असफलता का डर न हो, तो वे पता नहीं क्या-क्या कर गुजरें, किन्तु एक असफलता का भय ऐसा है, जो बहुत सारे लोगों को काम शुरू करने से पहले ही असफल बना देता है। यद्यपि व्यक्तिगत रूप से मेरा मानना यह है कि असफलता ही हमें बताती है कि गलती कहां हो गई और सफलता की राह में जितने भी अनुभव मिलते हैं, वे केवल असफलताओं के कारण ही मिलते हैं। भले ही सफलता न मिले, परन्तु उस सफलता को प्राप्त करने की प्रक्रिया के दौरान असफल होते हुए भी जो उपलब्धियां होती हैं, वे स्वयं में किसी सफलता से कम नहीं होती। इस बात को थोड़ा और सरल करना चाहूंगा। मेरे पापा हमेशा चाहते थे कि मैं आई.ए.एस. बनूं। यद्यपि न तो मुझे और न पापा को ही उसका सही-सही रास्ता पता था। तो भी उनके कहने से मैंने उस बारे में सोचना शुरू

किया और जो भी मार्गदर्शन अन्य लोगों से मिला, उसके अनुसार मैं अपना काम करता गया। यद्यपि मैं आई.ए.एस. नहीं बन पाया, कारण कुछ भी रहे हों, किन्तु आई.ए.एस. की तैयारी शुरू करने से लेकर और परीक्षा देने तक जो कुछ भी मैंने पढ़ा या सीखा, वह अपने आप में एक अद्वितीय अनुभव था। कारण यह कि मुझे अब मालूम हो गया था कि मैं क्यों वह परीक्षा पास नहीं कर पाया और मुझे क्या करना चाहिए था। हम सब लोग जानते हैं कि कोलम्बस भारत को ढूंढने निकला था और उसने अमेरिका को ढूंढ निकाला, तो क्या वह असफल हुआ? कदापि नहीं। यद्यपि उसका भारत को खोजने का अभियान सफल नहीं हो पाया, पर उसी प्रक्रिया के दौरान उसने अमेरिका को खोजने में सफलता प्राप्त कर ली।

हमारे विभाग द्वारा जो प्रशिक्षण दिया जाता है, वर्ष में उसके दो सत्र होते हैं। जब हम लोग सत्र शुरू करते हैं, तो कक्षा में सत्र के सम्बन्ध में जानकारी देते हैं कि आपको क्या पढ़ाया जाएगा, उससे आपको क्या लाभ होगा। सरकार की प्रोत्साहन योजनाएं क्या-क्या हैं आदि। यह सब बताने के बाद अक्सर मैं कहता हूं कि यदि आपको इस विषय में कोई प्रश्न पूछना हो, तो आप पूछ सकते हैं। शायद ही कभी किसी ने प्रोत्साहन योजनाओं के बारे में पूछा हो। अक्सर लोगों के दो प्रश्न होते हैं। पहला यह कि पास होने के लिए कम से कम कितने अंक चाहिए और दूसरा यह कि यदि असफल हो गए, तो क्या दोबारा परीक्षा दे सकते हैं? जब मैं कहता हूं कि आज कक्षा का पहला दिन है, अभी पाठ्यक्रम हमने शुरू भी नहीं किया है, तो आप ऐसा क्यों सोचते हैं? तो कई लोग कहते हैं कि सर! ऐसा भी तो हो सकता है कि हममें से कोई फेल हो जाए।

वास्तव में हममें से बहुत से लोग असफलता न केवल चाहते हैं अपितु असफलता को जीते हैं। यहां असफलता से मेरा अर्थ किसी परीक्षा विशेष से नहीं है। हममें से अधिकतर लोग जीवन में इसलिए असफल हैं, क्योंकि हम जानते हैं कि हम इससे अच्छा कर सकते हैं। हम जानते हैं कि हम इससे अधिक सुख-सुविधाएं जुटा सकते हैं। हम इससे अधिक कठिन काम कर सकते हैं। हम इससे अधिक पैसा कमा सकते हैं। हम स्वयं को और अपने परिवार को मध्यवर्गीय मानसिकता से केवल इसलिए ग्रस्त रखते हैं, क्योंकि हम असफलता से डरते हैं। इसी सोच के कारण धीरे-धीरे हम अपने आप को पराजित समझने लगते हैं और स्वयं से नफरत करने लगते हैं। सफलता और असफलता के बीच कोई समझौता नहीं होता, इसलिए हममें से अधिकतर लोग असफलता को ही अपनी नियति मानकर 80% लोगों की श्रेणी में सम्मिलित हो जाते हैं।

असफलता का डर सही सोच को अपंग बना देता है। तब हम सफलता के तरीकों के बारे में न सोचकर असफलता से बचने के उपाय ढूंढने लगते हैं और चूंकि हम असफलता से बचने के उपाय ढूंढने लगते हैं, इसलिए हम असफलता को निश्चित मानकर चलने लगते हैं और अन्ततः परिणति भी उसी में होती है। असफल होने का भय मनुष्य की कल्पनाशक्ति को पूरी तरह नष्ट कर देता है! सफलता को कल्पनाशक्ति के माध्यम से देखना सफलता का एक मूल मंत्र है। जब कल्पनाशक्ति ही नहीं होगी, तो सफलता का प्रश्न ही नहीं होता। जब हम कल्पना में भी सफलता को नहीं देख सकते, तो उस स्थिति में हमारा आत्मविश्वास पूरी तरह से समाप्त हो जाता है। सत्य तो यह है कि आत्मविश्वास समाप्त होने पर ही असफलता का भय लगने लगता है। जब आत्मविश्वास समाप्त हो जाता है, ता। यह भय मनुष्य के उत्साह को खोखला कर देता है और जब तक हमारे भीतर किसी कार्य को करने का उत्साह न हो, तब तक उसकी सफलता संदिग्ध ही रहती है। तब हमारी मनोदशा उन बूढ़े लोगों की तरह हो जाती है, जो केवल इस इंतजार में बैठे रहते हैं कि कब ईश्वर उन्हें अपने पास बुलाएगा।

मैं अपनी कक्षा में भी कहता रहता हूं कि आपकी अवस्था आपकी आयु से नहीं, आपके उत्साह से तय होती है। यदि आप में जिजीविषा है, उत्साह है तो यह आपकी युवावस्था है और यदि आप में आलस्य है, जिजीविषा नहीं है, उत्साह नहीं है, तो आपकी आयु कुछ भी हो, ऐसे व्यक्ति को बूढ़ा ही समझना चाहिए। जब यह स्थिति आ जाती है, तो व्यक्ति का व्यक्तित्व प्रभावहीन हो जाता है। आपकी उपलब्धियां और आपका आत्मविश्वास आपके व्यक्तित्व से झलकता है, किन्तु यदि हम असफलता से भय खाते हैं, तो उसका नकारात्मक प्रभाव हमारे व्यक्तित्व पर भी होता है और दूसरे लोगों की दृष्टि में भी हम एक पराजित के रूप में आते हैं तथा धीरे-धीरे वही हमारे व्यक्तित्व का स्थायी रूप बन जाता है। हम प्रभावशाली लोगों का सान्निध्य भी नहीं चाहते। असफलता से भयातुर लोग ऐसे ही लोगों की संगति ढूंढते हैं तथा उसी प्रकार के उदाहरणों से अपने आप को संतुष्ट करने लगते हैं।

कहने का तात्पर्य यह है कि जब पहले से हम असफलता से डरे हों, तो हमारा आत्मविश्वास और उत्साह पूर्णरूपेण समाप्त हो जाता है और इसका प्रभाव यह होता है कि हम लोग उसके बारे में टालमटोल का रवैया अपनाने लगते हैं, बहाने बनाने लगते हैं और अपनी भावी असफलताओं के लिए परिस्थितियों या व्यक्तियों को जिम्मेदार मानने लगते हैं। ऐसी स्थिति में जब कि लोग असफलता

से डरते हैं, उनके प्रयास करने के तरीके ही बदल जाते हैं। किसी भी कार्य में वे अपना शत-प्रतिशत नहीं लगा पाते और आधे-अधूरे मन से प्रयास करते हैं एवं असफल होने पर उसे प्रचारित भी करते हैं कि इस परिणाम की जानकारी उन्हें यह कार्य आरंभ करने से पहले ही हो गई थी, इसलिए मैं तो केवल दिखावे भर के लिए प्रयास कर रहा था। इस प्रकार हम देखते हैं कि यदि मन में असफलता का डर हो, तो यही डर हमारी इच्छाशक्ति को अनिच्छा में बदल देता है। उसके लिए पुनः हम बहानों का सहारा लेते हैं। जब मन में असफलता का भय हो, तो उससे पनपने वाली अनिच्छा का सबसे बड़ा प्रभाव पड़ता है, हमारी महत्वाकांक्षा पर। अक्सर असफलता से भयाक्रांत लोग आपको यह कहते मिल जाएंगे कि हमें तो इन सब चीजों की आवश्यकता ही नहीं है। अब क्या करना है? अधिक धन होने से क्या होगा? अधिक सुविधाएं लोगों को सुस्त और काहिल बना देती हैं।

हालांकि जितने अधिक सफल लोग होते हैं, वे अपने जीवन में उतने ही चुस्त, अनुशासित और समय का सदुपयोग करने वाले होते हैं। दूसरी ओर असफलता का भय सुविचारों की हत्या कर देता है। ऐसे व्यक्ति मित्रता को निरुत्साहित करते हैं। मेरे पड़ोस में एक ऐसे सज्जन हैं, जो कहते हैं कि संसार में मित्रता जैसी कोई चीज ही नहीं होती और मित्रता केवल लोग एक-दूसरे से अपनी स्वार्थपूर्ति के लिए ही करते हैं। इस प्रकार से असफलता का भय उन्हें जीवन के हर पक्ष में दृष्टिगोचर होता है। ऐसे व्यक्तियों के पास जीने का कोई उद्देश्य नहीं होता। वे केवल इसलिए जिन्दा रहते हैं कि जीने के अलावा और कोई चारा ही नहीं है। ऐसे लोग सदा अपने आस-पास के माहौल से, रिश्तेदारों से अपने सहकर्मियों से अप्रसन्न रहते हैं। यहां तक कि हर चीज में उनको असफलता या नुकसान नजर आने लगता है। अनिद्रा रोग से वे ग्रसित होने लगते हैं। ऐसे लोगों में असफल होने की इच्छा केवल इसलिए पनपने लगती है कि वे अपनी असफलता के किस्से लोगों को सुनाएं, परिस्थितियों, भगवान, समाज, सरकार, मित्र, रिश्तेदारों को उत्तरदायी ठहरायें और दूसरे लोगों की सहानुभूति प्राप्त करें।

जब असफलता का भय जीवन में व्याप्त हो जाता है, तो व्यक्ति में अकर्मण्यता आ जाती है और वह बिना किसी विरोध के जीवन जो देता है, उसे स्वीकार करने लगता है। इसका सबसे बड़ा कारण यह है कि उसमें शारीरिक व मानसिक शिथिलता आ जाती है। ऐसे लोग कभी पहल करने में विश्वास नहीं करते तथा केवल अपनी भावी असफलताओं को लेकर चिन्ताग्रस्त रहते हैं। आपको अपने आस-पास ऐसे बहुत सारे लोग मिल जाएंगे, जो स्वयं तो सफल होने का प्रयास

नहीं करते बल्कि दूसरों की सफलता में कमियां ढूंढते हैं। किसी की आर्थिक उन्नति को उसकी बेईमानी की कमाई बताते हैं। इसके बहुत सारे उदाहरण नकारात्मकता के अध्याय में दिए जा चुके हैं। ये लोग सफल लोगों से ईर्ष्या तक करने लगते हैं। इनके लिए सभी मार्ग असफलता की ओर ही जाते हैं। ये लोग असफलता से बचने का प्रयास केवल दिखावे के रूप में करते हैं।

कई बार कुछ लोग इसलिए भी असफलता का भय अपने दिमाग में रखते हैं कि यदि असफल हो गए तो लोग क्या कहेंगे? यह अलग बात है कि उन लोगों को ज्यादा लोग जानते ही नहीं हैं। अक्सर मैंने लोगों से सुना है कि अगर ऐसा नहीं हुआ तो लोगों को मुंह कैसे दिखाएंगे। अक्सर हम लोग उन पच्चीस-पचास लोगों के सामने अपनी इज्जत बचाना या बरकरार रखना चाहते हैं, जो पच्चीस-पचास लोग मौका मिलने पर हमारी इज्जत उतारने को तैयार रहते हैं। हम सफलता या असफलता को अपनी सामाजिक प्रतिष्ठा से जोड़कर देखते हैं तथा असफल होने पर आलोचना का डर भी सताता रहता है और इन्हीं कारणों से असफलता का भय हमारे मन में रहता है, जो असफलता का स्वयं सबसे बड़ा कारण है।

बात 1892 की है, जब शिकागो (अमेरिका) में सर्वधर्म सम्मेलन हुआ था और भारत की ओर से स्वामी विवेकानन्द उसमें भाग लेने गए थे। अपने व्याख्यानों के दौरान स्वामीजी ने बताया कि सफलता या असफलता आपकी सोच पर निर्भर है। हमारे देश के ऋषि-मुनि अपने संकल्प मात्र से ही किसी वस्तु को प्राप्त कर लेते थे। स्वामीजी ने बाइबिल का उदाहरण देते हुए कहा कि बाइबिल में कहा गया है कि जैसा आप सोचते हैं वैसा हो जाता है। अत: असफलता के भय के साथ किसी कार्य को आरम्भ करने का अर्थ है, उस कार्य में निश्चित असफलता।

मिटा दे अपनी हस्ती को अगर कुछ मरतबा चाहे-
कि दाना खाक में मिलकर गुलो-गुलजार होता है।

क्या खूब लिखा है किसी शायर ने कि फूल बनने की कीमत हमेशा बीज को स्वयं को मिट्टी में मिलाकर अदा करनी पड़ती है। जीवन में सफलता और असफलता, हमारा किसी क्रिया के परिणामों को देखने का दृष्टिकोण होता है। दुनिया में कुछ भी मुफ्त में नहीं मिलता। हमें हर चीज की कीमत चुकानी पड़ती है। यहां कीमत चुकाने का अर्थ यह बिल्कुल नहीं कि हमें हर वस्तु या हर सफलता के लिए धन के रूप में भुगतान करना होता है। सफलता की कीमत श्रम के रूप में, त्याग के रूप में परिवार से दूरी, मनोरंजन छोड़ना आदि किसी रूप में भी हो सकती है।

भगवान राम ने अपने पिता के वचन की सफलता के लिए चौदह वर्ष का वनवास स्वीकार किया और उस रूप में महाराज दशरथ ने अपने वचन की सफलता की कीमत अपनी जान देकर चुकाई। महाभारत में भीष्म ने पिता और माता को दिए गए वचन की सफलता के लिए आजीवन अविवाहित रहकर और अन्ततः न चाहते हुए भी कौरवों की ओर से लड़कर चुकाई। हमारे शास्त्रों में विद्यार्थी के जो पांच लक्षण बताए गए हैं-

काक चेष्टा, बको ध्यानं, श्वान निद्रा तथैव च।
अल्पाहारी, गृह त्यागी विद्यार्थी पंच लक्षणम्।।

यह सभी चीजें उसके विद्यार्थी जीवन की सफलता की कीमत ही तो हैं। हमारे ऋषि-मुनि अपनी तपस्या की सफलता के लिए क्या नहीं करते थे।

जिस प्रकार सफलता की कीमत देनी होती है, उसी प्रकार असफलता से सीखना भी आवश्यक है अन्यथा आप कभी सफल नहीं हो सकते। मैं तो यह कहता हूं कि वास्तव में असफलता ही सफलता के लिए चुकाई गई कीमत होती है। अतः जीवन में असफलता भी इतनी ही महत्वपूर्ण है, जितनी की सफलता। आज भारत के सर्वप्रिय क्रिकेट खिलाड़ी सचिन तेंदुलकर विश्व के सफलतम खिलाड़ी हैं, परन्तु क्या उन्होंने इसकी कीमत नहीं चुकाई? आज सचिन के शरीर पर इतनी चोटें लगी हैं कि शायद किसी शायर ने उनके बारे में ही लिखा है-

सिर्फ दिल ही नहीं सारा जिस्म है छलनी-
दर्द परीशां है कि उठूं कहां से मैं।।

अपनी सफलता की कीमत उन्होंने इस प्रकार चुकाई है और सबसे बड़ी चोट तो उन्हें 2001 के विश्वकप क्रिकेट में लगी, जब टूर्नामेंट के दौरान उनके पिता का निधन हो गया। सचिन वेस्टइंडीज से वापस मुंबई आए और अगले दिन ही अपने देश के लिए खेलने वापस चले गए। इतना ही नहीं, दिल पर लगी इस चोट के बावजूद उन्होंने जाते ही अगले दिन के मैच में शतक जमाया। निश्चित रूप से सचिन के पास पुरस्कारों, ट्राफियों आदि के अम्बार लगे होंगे, पर उनके शरीर पर लगी चोटें, महीनों अपने परिवार से दूरी उन सभी ट्राफियों की कीमत है।

विश्व के महानतम क्रिकेट ऑलराउंडर (हरफनमौला) कपिल देव का किन-किन कठिनाइयों का सामना करके भारतीय टीम में चयन हुआ था। शायद ही कोई ऐसा गेंदबाज हुआ होगा, जिसने भारतीय मैदानों की परिस्थितियों में 434 विकेट लेने का करिश्मा दिखाया हो और ऐसा भी समय आया, जब इन

दोनों महान खिलाड़ियों को कई बार असफलता का मुंह भी देखना पड़ा, किन्तु हर असफलता से उन्होंने सीखा और पुनः सिद्ध किया कि इन लोगों को महान खिलाड़ी ऐसे ही नहीं कहा जाता।

असफलता के डर को जीवन की सच्चाई की तरह लेना चाहिए न कि सफलता में रुकावट की तरह। असफलता की कीमत हमेशा सफलता की कीमत से अधिक होती है। एक बहुत छोटी-सी घटना है, परन्तु उसका अर्थ काफी गहरा है। हेनरी फोर्ड ने कहा है-

''असफलता फिर से अधिक सूझबूझ के साथ कार्य आरंभ करने का एक मौका है।''

''असफलता आपको महान कार्यों के लिए तैयार करने की प्रकृति की योजना है।''
-नेपोलियन हिल

वास्तव में यह उक्ति बड़ी सटीक है। बहुत बार हम असफल होने पर सोचते हैं कि मुझे असफल नहीं होना चाहिए था। कहीं ईश्वर ने मेरे प्रति अन्याय किया है। परन्तु वास्तव में ऐसा नहीं है। इस सम्बन्ध में गुरुदेव रवीन्द्रनाथ टैगोर ने कहा है- 'जब मां बच्चे को एक स्तन से दूध पिलाती है और जब दूध समाप्त होने लगता है, तो वह बच्चे को उधर से हटा देती है। बच्चा रोने लगता है कि उससे दूध छिन गया है। वास्तव में वह नहीं जानता कि उसे दूसरी ओर अधिक दूध मिलने वाला है।' इसी प्रकार से भगवान एक छोटी चीज जब हमसे लेता है, तो हम चीखने-चिल्लाने लगते हैं। वास्तव में हम यह नहीं समझ पाते कि हमें उससे अधिक कुछ मिलने वाला है। अगर हम इस बात को समझ लें, तो ही हमें सफलता का सही अर्थ मालूम होता है। मालकम फोर्बस् के शब्दों में- 'हार का स्वाद मालूम हो, तो जीत हमेशा मीठी लगती है।'

मीरा को प्रभुभक्ति में सफलता की कीमत विष पीकर चुकानी पड़ी, सुकरात को जहर पीकर, गांधी को गोली खाकर और ईसा को सूली चढ़कर सफलता की कीमत चुकानी पड़ी। लगभग बीस साल पहले मैंने एक फिल्म देखी थी, शायद 'क्रोधी'। उसमें एक गाने का अन्तरा मुझे आज भी याद है। उसमें गीतकार ने कहा-

जिसने विष पिया बना शंकर
जिसने विष पिया बनी मीरा।
जो छेदा गया वो मोती बना
जो काटा गया वो बना हीरा।

यदि हीरा छिलने से मना कर दे, तो वह हीरा बन ही नहीं सकता। कोयले से हीरा बनने की प्रक्रिया में यह कीमत उसे चुकानी ही होती है। मोती किसी के गले में सुन्दरता प्राप्त करे, इसलिए आवश्यक है कि अपने सीने में छेद हो जाने दे। साधारण-सी बात है, आप परीक्षा में सफल या असफल बाद में होते हैं, फीस का भुगतान पहले किया जाता है, या यूं कहें कि आप जिस श्रेणी में यात्रा करने के लिए भुगतान करते हैं, आपको उसी श्रेणी में यात्रा करने का अधिकार प्राप्त होता है। यदि सब लोग हर काम में सफल हो जाते, तो न तो किसी को सफलता की खुशी होती और न असफल शब्द का जन्म होता। नेलसन बोसबेल ने कहा है-"महान आदमी और आम आदमी में अन्तर इतना ही है कि वह व्यक्ति गलतियों को कैसे लेता है।" यह हम पर निर्भर करता है कि हम अपनी राह में आने वाले पत्थरों को रास्ते का रोड़ा समझते हैं या नींव का पत्थर।

जैसा मैंने पहले भी कहा कि 'असफलता' मानसिकता है, व्यक्तित्व नहीं है। महात्मा गांधी का असहयोग आन्दोलन चौरा-चौरी की घटना के कारण असफल हो गया, किन्तु इसका यह अर्थ कतई नहीं है कि महात्मा गांधी असफल हो गए। उन्होंने सर्वस्व न्यौछावर करके आजादी रूपी सफलता की कीमत चुकाई। भारत के संविधान निर्माताओं में से एक डॉक्टर बाबा साहब अम्बेडकर ने तो जीवन में सफलता के लिए बड़े से बड़ा अपमान सहा और जातिवाद का भी सामना करना पड़ा। इसीलिए वे एक महान व्यक्ति बने। विश्व के मंच पर अपने देश को सफल देखने के लिए हमारे देश के दो प्रधानमंत्रियों ने अपनी जान देकर कीमत चुकाई है। गुरुदेव रवीन्द्रनाथ टैगोर, विंस्टन चर्चिल, थामस एडीसन, धीरू भाई अंबानी-इन सबने अपने श्रम के रूप में कीमत चुकाकर विश्व के महान लोगों की श्रेणी में अपना नाम लिखवाया।

अतः हमें याद रखना चाहिए कि कीमत कितनी भी बड़ी हो, सफलता हमेशा उससे बड़ी ही होती है। असफलता के डर से काम करना छोड़ दें क्या? दिल टूटने के डर से दिल लगाना छोड़ दें क्या? बच्चे जब समुद्र के किनारे रेत के घर बनाते हैं, तो लहरें बार-बार उनको बहा ले जाती हैं, किन्तु इसके डर से क्या बच्चे रेत का घर बनाना छोड़ देते हैं? कभी नहीं।

एक बाद सदैव याद रखें-आप तब तक असफल नहीं होते, जब तक आप यह बात स्वीकार न कर लें कि आप असफल हो गए हैं। कीमत चुकानी होगी-सफलता निश्चित है।

OOO

15

लक्ष्यहीनता

फ्लोरेंस चैडविक विश्व की एक प्रसिद्ध तैराक हुई हैं, जिन्होंने इंग्लिश चैनल को तैर कर पार किया था। इस कीर्तिमान के पश्चात् उन्होंने कैटलीना चैनल पार करने का निश्चय किया। निश्चित दिन जब उन्होंने तैरना शुरू किया, तो काफी कोहरा था। उनके साथ-साथ उनके कोच और उनकी मां नाव में चल रहे थे। कैटलीना चैनल में शार्क मछलियां बहुत होती हैं, अतः नाव में चल रहे उनके सहयोगी उन शार्क मछलियों को हटाने और किसी भी आपातस्थिति में उनकी मदद करने के लिए तैयार थे। हड्डियों को गला देने वाली ठंढ पड़ रही थी। तेज हवा और घना कोहरा। कोहरा इतना कि हाथ को हाथ नहीं सूझ रहा था। फ्लोरेंस को दूसरा किनारा दिखाई ही नहीं दे रहा था। वह बुरी तरह थक कर चूर हो चुकी थी। ठंढ इतनी कि हाथ-पैर सुन्न हो गए थे। अन्ततः फ्लोरेंस ने समर्पण कर दिया और अपने सहायकों से कहा कि मैं अब नहीं तैर पाऊंगी, मुझे नाव में बैठा लें। उसके प्रशिक्षक और उसकी मां ने उसे काफी प्रोत्साहित किया, किंतु फ्लोरेंस हिम्मत हार चुकी थी। उसने और तैरने में असमर्थता प्रकट की और फिर उसे नाव पर खींच लिया गया। अब भी कोहरे के कारण कुछ दिखाई नहीं दे रहा था। परंतु यह क्या? फ्लोरेंस को नाव पर चढ़े देर नहीं हुई कि नाव दूसरे किनारे पर पहुंच गई। क्या आप जानते हैं कि फ्लोरेंस जैसे तैराक ने किनारे से कुछ ही दूर पहले क्यों हार मान ली? क्योंकि उसे अपना लक्ष्य कहीं भी नज़र नहीं आ रहा था। जब लक्ष्य आपके सामने न हो, तो आप पहुंचेंगे कहां और किस ओर जाएंगे? फ्लोरेंस ने दोबारा प्रयास किया और इस बार एक ही बात पर ध्यान दिया कि किसी भी स्थिति में लक्ष्य उसकी आंखों से ओझल न हो और वह अपने इस प्रयास में सफल हो गई।

आप सबने राज्यवर्धन सिंह राठौड़ का नाम सुना होगा। जी हां! भारत की ओर से ओलंपिक एथलेटिक्स में पदक जीतने वाले पहले भारतीय। उनका निशाना इतना अचूक है कि हवा में उड़ते हुए पक्षी को निशाना बनाने में उन्हें शायद ही कुछ पल लगते होंगे। मैंने सुना है कि जब वे अभ्यास करते हैं, तो 'बुल्स आई' में एक ही छेद होता है, जिसमें से कई गोलियां वे निकाल देते हैं। लेकिन यदि आप उनकी आंखों पर पट्टी बांध दें और उन्हें दो-चार बार इधर-उधर घुमा दें और फिर निशाना लगाने को कहें, तो क्या वे निशाना लगा पाएंगे? या माइकल जार्डन जो बास्केट बाल के मैदान में किसी भी दूरी और किसी भी कोण से बास्केट के रिंग में गेंद डाल सकते हैं, उनकी आंखों पर पट्टी बांध कर उन्हें मैदान में छोड़ दिया जाए, तो क्या वे एक भी गेंद रिंग में डाल पाएंगे। असंभव! कारण सीधा-सा है, जब तक लक्ष्य सामने नहीं होगा सफलता नहीं मिल सकती। जबकि दुनिया में बहुमत ऐसे ही लोगों का है जो बिना लक्ष्य के सफल होना चाहते हैं। एक बार एक वृद्ध व्यक्ति कहीं जा रहे थे, उन्हें एक युवक मिला। युवक ने पूछा-'बाबा, यह सड़क कहां जाएगी' वृद्ध व्यक्ति ने प्रश्न किया- 'तुम्हें कहां जाना है?' युवक ने कहा-'कहीं भी!' वृद्ध ने कहा-'फिर तुम्हें इससे क्या फर्क पड़ता है कि कौन-सी सड़क कहां जा रही है।' एक साधारण सी बात है कि यदि हमारा लक्ष्य मुंबई जाना नहीं है, तो मुंबई की ओर कितने रास्ते जा रहे हैं, हमें इस बात से कोई फर्क नहीं पड़ता है।

मैंने बहुत बार इस बात को अनुभव किया है कि लोगों के जीवन में लक्ष्य ही नहीं है। आप भी चाहें तो इसका अनुभव कर सकते हैं। एक सप्ताह तक मिलने वाले लोगों में से सौ लोगों से आप पूछें कि उनके जीवन का उद्देश्य क्या है, तो आपको आश्चर्य होगा कि 95 लोग आपको ऐसे मिलेंगे, जिनके जीवन का कोई उद्देश्य ही नहीं है। आप शायद मेरी इस बात से सहमत होंगे कि अक्सर जब हम लोगों से पूछते हैं कि जीवन में कैसा चल रहा है? अधिकतर लोगों का जवाब होता है कि बस टाइम पास हो रहा है। यह एक ऐसा उत्तर है, जिसका अपने आप में न कोई महत्व है न कोई अर्थ। जो लोग टाइम पास करते हैं, टाइम उनको निश्चित रूप से फेल कर देता है। इसके अतिरिक्ति मुझे इस बात से अत्यंत आश्चर्य हुआ कि कुछ लोगों के बड़े नकारात्मक या बेहूदा लक्ष्य हैं। एक व्यक्ति ने बातचीत के दौरान मुझे बताया कि अमुक व्यक्ति ने एक दिन मेरा अपमान किया था, अब उससे बदला लेना ही मेरे जीवन का लक्ष्य है। अब अगर उसने अमुक व्यक्ति से बदला ले भी लिया, तो क्या उसका जीवन सफल हो जाएगा।

मेरे एक रिश्तेदार हैं। उनसे जब मैंने पूछा कि आपके जीवन का लक्ष्य क्या है, तो वे बोले कि मैं एक ऐसी नौकरी प्राप्त करना चाहता हूं, जिसमें अच्छी खासी रिश्वत मिलती हो। यह सब नकारात्मक लक्ष्य हैं, जिन्हें प्राप्त करने पर भी आप सफलता प्राप्त नहीं कर सकते। एक व्यक्ति ने तो मुझे बताया कि अपनी सास को अपने घर से निकालना ही उनके जीवन का लक्ष्य है। इस प्रकार के लोग कहां पहुंचेंगे? क्या आप उस बस में या गाड़ी में बैठना पसंद करेंगे जिसके ड्राइवर को भी नहीं पता हो कि वह बस कहां जा रही है। अतः जीवन में लक्ष्यहीनता हो तो सफलता की कल्पना तक करना बेमानी है। एक बड़ी मजेदार बात यह है कि आपका कोई परिचित आपको किसी चौक-चौराहे पर मिल जाए, आप उससे प्रश्न करें कि कहां जा रहे हो, तो अक्सर जवाब होगा- 'कहीं नहीं, बस यूं ही।' आप किसी के घर चले जाएं और पूछें कि क्या कर रहे हो? बहुमत का उत्तर होगा- 'कुछ नहीं।'

हालांकि देखने वाली बात यह है कि जब जिस मित्र से आप चौराहे पर मिले, वह तेजी से भागा जा रहा था और कह रहा था, 'कहीं नहीं!' और दूसरे व्यक्ति के पास जब आप गए, तो उसके हाथ में कुछ औजार थे, तो भी कह रहा था- 'कुछ नहीं।' यदि इन बातों के पीछे का मनोविज्ञान आप देखें, तो स्पष्ट दिखाई देता है कि जो भी काम वे कर रहे थे, वह लक्ष्यहीनता के साथ कर रहे थे। इस प्रकार के लोगों को धीरे-धीरे इसी प्रकार की आदत पड़ जाती है और वे कभी जीवन में लक्ष्य निर्धारित नहीं करते हैं सफलता का तो प्रश्न ही नहीं।

मेरे एक विद्यार्थी मेरे पास आए और कहने लगे कि सर! आप इतने सारे अधिकारियों को जानते हैं, कृपया आप मेरे बेटे को नौकरी पर लगवा दें। मैंने उनके बेटे को बुलाया और पूछा कि तुम किस तरह का काम कर सकते हो, तो उसने कहा कि आप मुझे केवल काम दिलवा दीजिए, मैं कोई भी काम करने के लिए तैयार हूं। मेरे सर्वकार्यभारी अधिकारी जो मेरे मित्र. भी थे, से कहकर मैंने एक कंपनी में काम दिलवा दिया, जो लोग जहाज में सामान चढ़ाते थे। कुछ दिन बाद उसके पिता ने मुझे बताया कि उससे वह काम नहीं हो पा रहा है, अतः आप उसे कोई और काम दिलवा दें। मैंने फिर पूछा कि वह कौन-सा काम कर सकता है, तो पुनः उसका उत्तर वही था कि कोई भी काम। परिणाम वही हुआ जब तक हम लोग स्थानांतरण पर गोवा से नागपुर आए, वह किसी भी काम में सफल नहीं हो सका था।

यह बात जीवन में कत्तई महत्वपूर्ण नहीं है कि आप कहां थे या कहां हैं, महत्वपूर्ण यह है कि आप कहां जाना चाहते हैं। लक्ष्यों के बगैर हम लोग कहीं भी नहीं पहुंचेंगे। यदि सरकारों के प्रगति के लक्ष्य न हों, तो कोई भी देश किस प्रकार प्रगति कर सकता है या यदि प्रगति हो रही है, तो कैसे पता चलेगा कि कहां से कहां पहुंचे। यदि किसी कंपनी के उत्पादन का या विक्रय का कोई लक्ष्य ही न हो, तो क्या वह कंपनी बाजार में टिक पाएगी। क्या उसका तुलन-पत्र कभी ठीक से बन सकेगा। क्या उसके कर्मचारी कभी प्रसन्न हो पाएंगे या अच्छा वेतन प्राप्त कर सकेंगे। क्या वह कंपनी एक सफल कंपनी कही जाएगी?

संसार में आज तक जो भी प्रगति हुई है, जितनी भी खोजें हुई हैं, जितने भी आविष्कार हुए हैं, उन सबके पीछे एक महान लक्ष्य था। ऐसा नहीं था कि नील आर्मस्ट्रांग व यूरी गागरीन ऐसे ही किसी दिन टहलते-टहलते चांद पर पहुंच गए। जिन लोगों के जितने महान लक्ष्य थे, जीवन में उनको उतनी ही बड़ी सफलता मिली। हमारा देश तो ऋषि-मुनियों का देश है, इसलिए **"जिन खोजा तिन पाइयां।"** आज महाकवि तुलसीदास को भारत का बच्चा-बच्चा जानता है और रामचरितमानस एक विश्वप्रसिद्ध ग्रंथ है। परंतु क्या तुलसीदास जी ने रामचरित मानस की रचना यूं ही कर दी? जब एक बार उनसे पूछा गया कि आप रामचरितमानस किसलिए लिख रहे हैं, आपका उद्देश्य क्या है, तो उन्होंने कहा कि मैं अपनी वाणी की पवित्रता के लिए इसे गाता हूं और स्वान्तः सुखाय लिखता हूं, तथापि इसके पीछे उनका एक बृहत उद्देश्य था कि हिंदू-संस्कृति में आई कुरीतियों को दूर करना तथा समाज में मूल्यों की स्थापना करना।

हम सब लोग जानते हैं कि 26 जनवरी 1929 के दिन रावी नदी के किनारे हमारे देश के नेताओं ने पूर्ण स्वराज का लक्ष्य निर्धारित किया और अन्ततः उसे प्राप्त किया। जितना बड़ा लक्ष्य था और उतनी ही बड़ी सफलता। किसी देश के 30 करोड़ नागरिकों को स्वतंत्रता का एहसास। जन्म लेने के बाद जीवन में जो भी काम हम लोग करते हैं, वह बिना किसी लक्ष्य के नहीं होता। हमारा भाषा सीखना, हमारा पढ़ना-लिखना, हमारा कैरियर बनाना सब एक लक्ष्यप्राप्ति के लिए ही था। यदि उद्देश्य या लक्ष्य नहीं होता, तो जीवन का कोई अर्थ ही नहीं होता।

जब तक हम लोगों के सामने लक्ष्य नहीं होता, तब तक हमें अपनी क्षमता का अहसास भी नहीं होता। आपने स्वयं अपने जीवन में कभी न कभी अनुभव किया होगा कि जब लक्ष्यप्राप्ति हमारे लिए जीवन-मृत्यु का प्रश्न बन जाता है, तो

हम असंभव लगने वाले लक्ष्यों को प्राप्त कर लेते हैं। मैंने एक बार एक कहानी पढ़ी जो इस प्रकार थी-

कहानी एक यूरोपियन देश की है, जहां सर्दियों में जमीन पर काफी ऊंची-ऊंची बर्फ जम जाती है और बच्चे उस बर्फ के ऊपर खेलते हैं। एक बार दो छोटे-छोटे आठ-नौ साल की आयु के बच्चे वहां खेल रहे थे। वे बर्फ के गोले बना-बनाकर एक-दूसरे के ऊपर फेंक रहे थे। तभी अचानक एक जगह बर्फ की सतह थोड़ी-सी नर्म थी और उनमें से एक बच्चा उसमें धंस गया तथा नीचे से उछलकर बर्फ का एक बड़ा-सा टुकड़ा उस गड्ढे के मुंह पर ढक्कन की तरह बंद हो गया। बर्फ काफी सख्त थी। दूसरे बच्चे ने वहां एक पेड़ से करीब तीन इंच मोटी टहनी को किसी प्रकार से तोड़ा और उसे बर्फ पर मारने लगा और तब तक मारता रहा, जब तक वह बर्फ टूटकर वहां गड्ढा न बन गया। तब उसने अपने साथी को वहां से निकाल लिया। तब तक दूसरे बच्चे कुछ बड़े लोगों को बुला लाए और एंबुलेंस भी आ गई। बच्चा बच गया, परंतु वहां पर लोगों को इस बात का विश्वास ही नहीं हो रहा था कि एक आठ साल का बच्चा किस प्रकार पेड़ से इतनी मोटाई की टहनी तोड़ सकता है और इस प्रकार से अपने साथी को बचा सकता है। अतः यदि हमारे सामने लक्ष्य न हो, तो हमें अपनी क्षमताओं का पता ही नहीं चलता।

बिना लक्ष्य के जीवन बिना राडार के जहाज की तरह है, जिसका पता ही नहीं कि कब किस तट पर लगेगा या कि कहीं डूब जाएगा। अक्सर जब किसी व्यक्ति को कहा जाता है कि जीवन में उन्हें कुछ और करना चाहिए या वे कुछ और कर सकते हैं, तो अक्सर एक बहाना सुनने को मिलता है कि समय नहीं है। वास्तव में कमी समय की नहीं है, कमी एक ऐसी ताकत है कि जो हमें आगे बढ़ने में अपने-आपको झोंक देने में सहायक होती है। एक उत्प्रेरक होती है। और, वह ताकत है- हमारा लक्ष्य। मेक्सवेल माल्टन ने कहा है- 'जीवन एक साइकिल की तरह है, जिसके पैडल पूरी शक्ति से दबाने का और अपनी कनपटियों पर लगने वाली ठंढी हवा का अहसास अद्वितीय है।' लेखक जे.सी. पैने ने कहा है-"आप मुझे एक स्टॉक क्लर्क दे दीजिए, जिसके जीवन में लक्ष्य हो, मैं आपको एक ऐसा व्यक्ति दे दूंगा, जो इतिहास रच देगा। दूसरी ओर आप मुझे एक अति योग्य व्यक्ति दे दीजिए, जिसका कोई लक्ष्य न हो, मैं आपको एक स्टॉक क्लर्क दे दूंगा"।

बिना लक्ष्य हम कहीं नहीं पहुंचते। सर एडमंड हिलेरी और तेनसिंह ऐसे ही दुनिया के सबसे ऊंचे पर्वतशिखर पर नहीं पहुंच गए थे। उसके लिए उन्होंने बहुत मेहनत की, अपनी जान की बाजी लगा दी और तब उन्हें अपने लक्ष्य की प्राप्ति हुई। इंदिरा नूई जो कि पेप्सी की सी.ई.ओ. हैं, वे इस पद पर केवल इसलिए नहीं हैं कि वे हर रोज समय पर कार्यालय जाती थीं और आठ घंटे कार्य करती थीं। सच्चाई यह है कि पेप्सी के सामने जब भी कठिन समय आया, इंदिरा नूई ने बहुत ही हिम्मत से उन कठिनाइयों का सामना किया और कठिन लक्ष्यों को प्राप्त किया।

मैंने अपने जीवन के चौदह वर्ष गोवा में बिताए। वहां जो घूमने के लिए पर्यटक आते हैं, उनके लिए एक आकर्षण है-'क्रूज टू नो व्हेयर 'cruise to nowwhere'। यह एक प्रकार का छोटा-सा क्रूज है, जिस पर पर्यटक तीन घंटे तक समुद्र की सैर करते हैं, खाते-पीते हैं, नाचते-गाते हैं, लेकिन पहुंचते कहीं नहीं हैं। कारण यह है कि उसका अपना कोई लक्ष्य नहीं होता। इसी प्रकार बहुत से लोग जीवन में आपको ऐसे मिलेंगे, जिनके जीवन का कोई उद्देश्य नहीं है। जिसके जीवन का कोई लक्ष्य नहीं है, वह मरा हुआ है। केवल उसे जलाना या दफनाना बाकी है। वे उस क्रूज की तरह ही हैं, जो चक्कर तो बहुत लगाता है, पर कोई लक्ष्य न होने के कारण पहुंचता कहीं नहीं।

महाभारत का एक प्रसंग है कि गुरु द्रोणाचार्य कौरवों और पांडवों को शस्त्र विद्या सिखाते थे। उन्होंने एक मिट्टी की चिड़िया बनाकर एक पेड़ पर रख दी। सभी विद्यार्थियों से कहा कि इस चिड़िया की आंख में निशाना लगाना है। सभी अपने-अपने धनुषबाण लेकर तैयार हो गए। गुरु द्रोण ने युधिष्ठर को बुलाकर पूछा-'तुम्हें क्या दिखाई दे रहा है।' उसने उत्तर दिया- 'मुझे पेड़ और उस पर रखी चिड़िया दिखाई दे रहे हैं।' गुरुदेव ने सभी शिष्यों को बुलाकर व बारी-बारी यही प्रश्न किया और सबके उत्तर एक जैसे थे कि उन्हें जंगल, पेड़, पौधे अपने साथी, चिड़िया आदि सब दिखाई दे रहे हैं। अन्त में उन्होंने अर्जुन को बुलाया और पूछा कि तुम्हें क्या दिखाई दे रहा है? अर्जुन ने कहा-'गुरुदेव! मुझे तो केवल चिड़िया की आंख दिखाई दे रही है, इसके अलावा मुझे कुछ भी दिखाई नहीं दे रहा है।' गुरुदेव ने उसे निशाना लगाने को कहा और तीर सीधा चिड़िया की आंख में जाकर लगा। आशय यह कि जब लक्ष्य हमारे सामने स्पष्ट होता है, तो सफलता मिलना लगभग तय होता है।

एक बार एक कुत्ते ने एक खरगोश को देखा। खरगोश को देखकर उसके मुंह में पानी आ गया। वह खरगोश को पकड़ने के लिए उसके पीछे दौड़ा। खरगोश उससे बचने के लिए झाड़ियों में घुसते हुए दौड़ने लगा। दौड़ते-दौड़ते खरगोश अपने बिल में घुस गया। कुत्ता उस बिल के पास बैठ गया। कुछ देर के बाद चार कुत्ते और आ गये। पहले कुत्ते को देखकर वे भी वहीं बैठ गए। कुछ देर बाद और दस कुत्ते आ गए तथा इन पांच कुत्तों को देखकर वे भी वहीं बैठ गए। कुछ देर में धूप निकल आई और गर्मी होने लगी। गर्मी होते ही दस कुत्ते वहां से उठकर भाग गए और पांच कुत्ते बैठे रहे। थोड़ी देर में धूप और तेज हो गई, फिर धूप तेज होने पर चार कुत्ते भी भाग गए, वहां एक कुत्ता ही बैठा रह गया, क्योंकि उसके सामने लक्ष्य स्पष्ट था। दूसरों ने तो खरगोश को देखा ही नहीं था।

स्पष्ट लक्ष्य आपके सामने हो, इसके लिए आवश्यक है कि उन लक्ष्यों को सदैव अपनी आंखों के सामने रखने के लिए लिख लिया जाए। जब हम किसी बात को लिखित में देते हैं, तो हम उसके प्रति वचनबद्ध होते हैं। आप देखें कि हम किसी के मौखिक वायदे पर भले ही विश्वास न करें, लेकिन लिखित और हस्ताक्षरित वायदे पर बड़े से बड़ा विश्वास कर लेते हैं। लिखित लक्ष्य भी अपने आपमें स्वयं से किया गया एक वादा होता है, जिसके प्रति हम अंदर से वचनबद्ध होते हैं। एक स्कूल के अध्यापक ने अपने विद्यार्थियों को कहा कि अगर तुम अपने लक्ष्यों को प्राप्त करना चाहते हो तो उन्हें लिख डालो। कक्षा में केवल कुछ ही विद्यार्थियों ने अपने लक्ष्यों को लिखा। स्कूल छोड़ने के बाद भी अध्यापक ने अपने विद्यार्थियों से सम्पर्क बनाए रखा। 20 वर्ष बाद जब अध्यापकजी सेवानिवृत होने लगे, तो उन्होंने सभी पुराने विद्यार्थियों को बुलाया। अनेक छात्र उनसे मिलने आए। बातचीत के दौरान इस बात का खुलासा हुआ कि 3% विद्यार्थी 97% विद्यार्थियों से अधिक कमा रहे थे। यह चमत्कार है, लक्ष्यों के लिखित होने का।

शायद बहुत-से लोगों को यह मालूम न हो कि दुनिया में 67% लोगों के लक्ष्य ही नहीं होते, 23% लोगों के अस्पष्ट लक्ष्य होते हैं, 7% लोग जिनके लक्ष्य होते हैं, वे ही आपको हर स्थान पर महत्वपूर्ण पदों पर मिलेंगे। 3% लोग दुनिया के सफलतम व्यक्तियों की श्रेणी में आते हैं, क्योंकि उनके लिखित लक्ष्य होते हैं। एक बहुत ही आम-सी बात है कि यदि हम बाजार से सामान लेने जाते हैं तो एक सूची बनाकर ले जाते हैं। यदि हमें 15-20 चीजें लानी हैं और हमने सूची नहीं बनाई, तो बहुत प्रबल संभावना है कि हम उनमें से कुछ चीजें भूल

जाएं। मगर सूची बनाकर यदि बाजार ले गए हैं, तो ऐसा होने की संभावना बहुत ही कम है।

मेरी कक्षा में पिछले सत्र में जनवरी-मई 2007 में एक विद्यार्थी निदेशक लेखा डाक कार्यालय से थीं। वे हमेशा समय से कक्षा में आती थीं। मैं जो भी होमवर्क देता था, उसे वे प्रतिदिन कर के लाती थीं। लेकिन उन्हें पता नहीं, क्यों इस बात का विश्वास नहीं था कि वे अच्छे अंकों से पास हो जाएंगी। जब मैं उन्हें कहता था कि जो मैं बता रहा हूं, आप नियमित रूप से करती जाइए, आप निश्चित रूप से 75% से अधिक अंक पा जाएंगी। वे कहती थीं कि अगर मैं केवल पास भी हो गई, तो भी भगवान को बहुत धन्यवाद दूंगी। जब परीक्षा होने में कुछ ही दिन बचे थे, तो वे कहने लगीं कि सर! मुझे आपसे कुछ बात करनी है। हम दोनों तथा मेरे एक अन्य विद्यार्थी फिर से कक्षा में बैठ गए। तब वे मुझसे कहने लगीं कि सर! मेरा पास होना संदिग्ध है, मुझे बहुत डर लग रहा है। आप कृपया मुझे सलाह दें कि मुझे परीक्षा देनी चाहिए कि नहीं? मैंने उनको समझाया कि आप अच्छे ढंग से कक्षाओं में पढ़ी हैं, आपने हमेशा अपना गृहकार्य अच्छे ढंग से किया है, अतः मुझे पूर्ण विश्वास है कि आप अच्छे अंकों से पास होंगी! आप निश्चिंत होकर परीक्षा दीजिए। मैंने कहा कि मैं आपका अध्यापक हूं और मैं आपके बारे में आपसे ज्यादा जानता हूं। अतः आप मुझ पर और अपने आप पर विश्वास रखिए। खैर समझाने-बुझाने के बाद वे परीक्षा देने के लिए तैयार हो गईं। प्रतिवर्ष जब परीक्षा समाप्त होती है, तो मैं सभी विद्यार्थियों से पूछता हूं कि आपकी परीक्षा कैसी हुई। जब वे मैडम परीक्षा देकर बाहर आईं, तो मैंने उनसे भी पूछा कि आपकी परीक्षा कैसी हुई? वे बोली-'सर! मुझे मालूम नहीं, मैंने क्या लिखा और क्या नहीं लिखा।' खैर! परीक्षा परिणाम आने तक मेरी उनसे मुलाकात ही नहीं हुई।

एक दिन मैं कार्यालय पहुंचा, तो मेरे कुछ विद्यार्थियों ने मुझे बताया कि परीक्षा परिणाम इंटरनेट पर आ गया है। सबने अपने-अपने अंक बताए। सब लोग प्रसन्न थे। तब मैंने उनसे पूछा कि कक्षा में सर्वाधिक अंक किसे मिले, तो उन्होंने कहा- मैडम को! मुझे भी आश्चर्यमिश्रित हर्ष हुआ और मैंने उन्हें बुलाकर शुभकामनाएं दीं। वे मुझसे पूछने लगीं कि क्या आपको विश्वास था कि मैं प्रथम स्थान पर आ जाऊंगी। मैंने कहा कि यह तो मुझे विश्वास था कि आप अच्छे अंकों से पास हो जाएंगी। प्रथम आएंगी- ऐसा मैंने नहीं सोचा था। तब उन्होंने मुझसे कहा-'सर! मैं आपको एक बात बताना चाहती हूं, जो मैंने किसी को नहीं

बताई।' मैंने पूछा-'वह क्या है?' वे कहने लगीं-'सर! जिस दिन पहली कक्षा हुई थी, उस दिन कक्षा में आपने कहा था कि आपको जितने अंक चाहिए, उतने अंक एक बड़े कागज पर लिखकर अपने कमरे की दीवार पर चिपका दीजिए और रोज उसे देखते रहिए। उसके अनुसार योजना बनाकर काम कीजिए, आपको वह लक्ष्य जरूर प्राप्त होगा। मैंने इस बात पर विश्वास नहीं किया। आपने फिर एक बार कक्षा में सबको याद दिलाया और मैंने चुपचाप उसे लिखकर चिपका दिया। हालांकि मुझे पास होने का भी विश्वास नहीं था, परन्तु कैसे ये सब हो गया, मैं नहीं जानती''

इतनी शक्ति होती है- लिखने में। मेरे पास इस प्रकार के बहुत से उदाहरण हैं। लक्ष्यों का लिखित होना अत्यन्त आवश्यक है। सभी देशों की सरकारें अपने देश के नागरिकों के लिए जो योजनाएं बनाती हैं, यदि वे लिखित न हों, तो शायद ही पूरी हो पाएं। जब दो सरकारों के बीच समझौता होता है, तो उसे लिखा जाता है। लिखना मानसिक प्रतिबद्धता को बढ़ा देता है। बहुत सारी पुस्तकों में यह बात लिखी गई है। मैं अपनी हर कक्षा में अपने विद्यार्थियों से यही बात कहता हूं, परन्तु शायद ही कुछ लोग ऐसे होंगे, जो अपने लक्ष्यों को लिखते होंगे। कारण क्या है? डर! कुछ लोगों को लगता है कि यदि लिख दिया और सफल न हुए तो? असफलता का डर सबसे बड़ा डर होता है। यदि असफलता का डर न हो, तो बहुत सारे लोग बहुत सारे लक्ष्यों को प्राप्त कर सकते हैं। कुछ लोगों में आत्महीनता की भावना होती है और वे समझते हैं कि उनके जीवन में किसी बड़े लक्ष्य की प्राप्ति हो ही नहीं सकती, इसलिए वे लिखना तो क्या इस विषय में किसी से बात तक करना पसंद नहीं करते। इसमें हमें एक बात का ध्यान रखना चाहिए कि हम अपने लक्ष्यों के बारे में उन लोगों से बात न करें, जो आप पर विश्वास नहीं करते हैं और चाहते हैं कि आप उन लक्ष्यों को न प्राप्त करें। इसलिए लक्ष्यों को लिखना चाहिए। स्पष्ट लक्ष्य हमारी आंखों के सामने सदैव होना चाहिए।

OOO

16

परिवर्तन के लिए तैयार न होना

बात बहुत पुरानी है। एक शहर में किसी अमीर आदमी का सामान नीलाम हो रहा था। नीलामी करने वाला एक-एक चीज को उठाता, उसकी तारीफ करता और रख देता। लोग उसकी बोलियां लगाने लगते। एक से बढ़कर एक नायाब चीजें थीं और एक से बढ़कर एक उत्साह से लोग बोलियां लगा रहे थे। कुछ देर बाद उस नीलामी करने वाले ने एक वायलिन उठाया और कहा कि इस बेहतरीन वायलिन के लिए कितनी बोली लगाते हैं। भीड़ में से कोई आवाज नहीं आई, तब उसने खुद ही कहा-5000 रुपये। कोई आवाज नहीं-3000 रुपये! 1000 रुपये! 500 रुपये। अच्छा 50 रुपये के बारे में क्या विचार है। उस व्यक्ति ने हंसते हुए कहा। तभी भीड़ में से एक वृद्ध व्यक्ति आगे आया। उसने धीमी आवाज में कहा-'क्षमा कीजिए! क्या मैं आपका कुछ समय ले सकता हूं?' धीरे-धीरे वह मंच तक पहुंचा। उसने नीलामी करने वाले के हाथ से वायलिन लिया और साफ किया। उसने धीरे-धीरे उन सभी तारों को सुर में किया, उनमें थोड़ा बदलाव किया और वायलिन बजाना शुरू किया। मधुर संगीत का झरना फूट पड़ा। अलौकिक माधुर्य। लोग अवाक! स्तब्ध! मौन! विलक्षण स्वरलहरी फूट रही थी।

लगभग आधा घंटा वह वायलिन बजाता रहा और फिर उसने अचानक बंद किया तथा झुककर श्रोताओं का अभिवादन किया! एक क्षण मौन रहने के बाद हाल तालियों की गड़गड़ाहट से गूंज उठा। लोग उस वृद्ध व्यक्ति की ओर देख रहे थे। उस कलाकार ने वायलिन नीलामी करने वाले के हाथ में दिया और आहिस्ता-आहिस्ता कदम रखते हुए उस हाल से बाहर चला गया। और जैसे ही लोगों ने तालियां बजाना बंद किया, नीलामी करने वाले

ने कहा कि आप इस अद्वितीय वायलिन की क्या कीमत लगाते हैं? पीछे से आवाज आई 5000 रुपए! 7000 रुपए! 10000 रुपए! 15000 रुपए! 20000 रुपए! 25000 रुपए! पच्चीस हजार एक! पच्चीस हजार दो! पच्चीस हजार तीन! और वह वायलिन पच्चीस हजार रुपये में बिक गया।

इस कहानी से यह शिक्षा मिलती है कि जीवन में थोड़ा-सा परिवर्तन हम लोगों के जीवन का मूल्य कई गुना बढ़ा देता है। जिस वायलिन को कोई पचास रुपये में लेने के लिए तैयार नहीं था, वही वायलिन पच्चीस हजार रुपये में बिक गया–थोड़े परिवर्तन के बाद। तो क्यों न हम भी परिवर्तन को पहचानें एवं उसके लिए तैयार रहें। अक्सर होता यह है कि हम लोग बदलाव के लिए तैयार नहीं होते हैं और जब वह आता है, तो हम लोग कहीं पिछड़ जाते हैं या कहीं खो जाते हैं।

बदलाव प्रकृति का नियम है। ऋतुएं बदलती हैं और जैसे ही ऋतु बदलती है, फल-सब्जियां सब बदल जाते हैं। परंतु चूंकि हम इसके लिए तैयार रहते हैं, इसलिए हम लोगों को कोई कठिनाई महसूस नहीं होती है, परंतु जब वह बदलाव धीरे-धीरे होता है और स्थायी या लंबे समय के लिए होता है और हम उसके लिए तैयार नहीं होते हैं, तो कठिनाई आती है। आज हम इस बात को अच्छी प्रकार जानते हैं कि भारत की अर्थव्यवस्था अब तक कृषि पर आधारित है। आज भी भारतीय जनसंख्या का बहुत बड़ा भाग उसी पर निर्भर है, परंतु आज भी हम देखते हैं कि हमने या हमारे किसानों ने (कारण बहस के विषय हो सकते हैं) अभी इस बदलाव को नहीं अपनाया है। आज भी हमारे देश में हल और बैल से खेती हो रही है। सिंचाई के साधनों में कोई भी परिवर्तन नहीं हुआ। और भी बहुत से परिवर्तन जो कृषि में हुए हैं, हमने उन्हें नहीं अपनाया, फलतः आज कृषि क्षेत्र एक पिछड़ा हुआ क्षेत्र है।

समय के साथ-साथ परंपराएं बदली हैं। आम आदमी का पहनावा बदला है। हमारे समाज में सतीप्रथा और बालविवाह करना और विधवा-विवाह न करना आदि ऐसी परंपराएं थीं, जिनका बदलना आवश्यक था। स्वामी दयानंद, राजा राममोहन राय आदि ने इन परंपराओं को बदलने या समाप्त करने का प्रयास किया, आज काफी हद तक वे बदल भी गई हैं, लेकिन जो अभी भी उसके लिए तैयार नहीं हैं, उन्हें पिछड़ा हुआ समझा जाता है। आज धोती-कुर्ता पहनने वाले को ग्रामीण या नेता समझा जाता है। आज के सभ्य समाज का पहनावा बदल गया है। भाषा का मिला-जुला रूप चल रहा है। भाषा की शुद्धता बदल रही है। मुहावरे

एवं कहावतें बदल रही हैं। दो दिन पहले मैं एक टी.वी. कार्यक्रम देख रहा था। कार्यक्रम एक नृत्य प्रतियोगिता का था। जब एक जोड़ी ने अच्छा नृत्य प्रस्तुत किया, तो एक जज ने कहा कि आप लोगों ने कमाल कर दिया। मैं इससे ज्यादा क्या कहूं, बस-आप लोगों ने ''रायता फैला दिया''।

हालांकि रायता एक खाने का पदार्थ है और उसको फैला देना कहीं से भी मुझे कमाल की बात नजर नहीं आती, परंतु हिंदी का प्राध्यापक होते हुए भी इन बदलावों को अपनाना पड़ता है। 'बाट लगाना' बहुत ही आम मुहावरा हिंदी में हो गया है। शायद ही किसी हिंदीभाषी को पता होगा कि 'बाट' क्या होती है और कैसे लगाई जाती है। पर सब इसका प्रयोग कर रहे हैं। यदि आप नहीं समझते हैं, तो पिछड़े हैं। यद्यपि एक भाषाविद् होने के नाते मैं भ्रष्ट भाषा का प्रयोग करने से पिछड़ा कहलाना पसंद करता हूं, परंतु भाषा में आने वाले परिवर्तनों को मैं रोक नहीं सकता और भाषा को भी धीरे-धीरे इन्हें स्वीकार करना ही होगा।

आप मेरी बातों से शत-प्रतिशत सहमत होंगे कि आज मनोचिकित्सक और मनोवैज्ञानिक लोग माता-पिता को यह सुझाव देते हैं कि जब उनके बच्चे किशोर अवस्था में जाने लगें, तो उनके अंदर होने वाले शारीरिक और मानसिक बदलाव के बारे में उन्हें सूचित करें और इस बात के लिए उन्हें तैयार करें कि वे इन बदलावों को सहजता से लें। बहुत बार ऐसा होता है कि जिन बच्चों को इस प्रकार के बदलावों की जानकारी नहीं होती, उन्हें भावनात्मक रूप से काफी कठिनाइयों का सामना करना पड़ता है। भारतीय समाज में संयुक्त परिवारों की परंपरा थी, जो आज पूर्णतया छिन्न-भिन्न हो गई है। पहले केवल पुरुष कमाता था, आज महिला भी उसके साथ काम करती है। सामाजिक ढांचा पूरी तरह बदल गया है, परंतु आज भी जो लोग पुरानी सोच के साथ काम कर रहे हैं, वे पिछड़े कहे जाते हैं और निश्चितरूप से आर्थिक और सामाजिक रूप से पिछड़ रहे हैं। आर्थिक रूप से स्वयं के परिवार को सशक्त बनाना है, तो सबको कार्य करना होगा अन्यथा उपभोक्तावादी संस्कृति की सभी वस्तुएं या यूं कहें कि जीवन में सुख के साधनों का अभाव रहेगा। आज की बदलती हुई आर्थिक परिस्थिति के साथ यदि अपने आप को नहीं बदला गया, तो किस दिन गरीबी रेखा आपके सिर के ऊपर से होकर गुजर जाएगी, पता ही नहीं चलेगा।

राजनैतिक अखाड़े में आमूल-चूल परिवर्तन हो रहे हैं। नई पीढ़ी के नेताओं ने धोती-कुर्ता छोड़कर पैंट-कमीज पहनना शुरू कर दिया है। पहले नेता मूल्यों की राजनीति करते थे, आज किसी भी मूल्य पर राजनीति करते हैं। अगर आप

पुराने नेताओं की तरह राजनीति करते रहे, तो आप अप्रासंगिक हो जाएंगे। गांधीजी का नाम जरूरी है, नीतियों की बात करेंगे तो आउट डेटेड हो जाएंगे। राजनीति का बाजारीकरण हो रहा है। यदि आपका प्रचार हाइटेक नहीं है, तो आपकी पार्टी को वोट नहीं मिलेंगे। उसके लिए हथकंडे बदल गए हैं। आध्यात्मिक स्तर पर बदलाव हो रहे हैं। प्रवचन हाइटेक हैं। यदि आपको टी.वी. पर प्राइमटाइम नहीं मिलता, तो आप उच्चकोटि के संत हैं, इस पर शक है। आश्रम वातानुकूलित है। संत पुष्पकविमानों में विहार करते हैं, बदलाव को यदि नहीं अपनाते और अपने करघे पर बैठकर कबीर की तरह अपनी चदरिया को बचाए हुए हैं, तो आपको संत नहीं बगुला भगत कहा जाता है। यहां मैं इस बात पर चर्चा नहीं कर रहा हूं कि गलत क्या है या सही क्या है? यह अलग चर्चा हो सकती है। यदि धार्मिक बातें टी.वी. के माध्यम से अधिक लोगों तक पहुंच सकती हैं, तो उसमें गलत क्या है? परंतु क्या त्यागी संत, जो समाज के लिए आदर्श होने चाहिए, उनके लिए भोग-विलास की सामग्री उचित है। हमारा विषय यह नहीं है। विषय यह है कि हम बदलाव के लिए तैयार नहीं होते, तो असफल होते हैं।

आज शिक्षा के क्षेत्र में क्रांतिकारी बदलाव हुए हैं, परंतु जिन विद्यार्थियों ने अपने आपको इन बदलावों से नहीं जोड़ा, उनकी सफलता का प्रतिशत निश्चित रूप से उन विद्यार्थियों से कम है, जिनके पास अद्यतन जानकारी उपलब्ध है। आज शिक्षा के साथ-साथ, शिक्षा के बाद नौकरी करने की अवधारणा पूरी तरह से बदल रही है। आज से 28-30 वर्ष पूर्व जब हम लोगों ने बी.ए. की परीक्षा पास की थी, तो हमारा पहला उद्देश्य अच्छी सरकारी नौकरी प्राप्त करना था। परंतु धीरे-धीरे बदलाव आया। मेरे दोनों बच्चों ने स्पष्ट रूप से कहा कि वे सरकारी नौकरी नहीं करना चाहते। कारण? जो तनख्वाह सरकारी अधिकारी को पच्चीस साल की नौकरी के बाद मिलती है, वह आज एक इंजीनियर को नियुक्ति के एक वर्ष के अंदर मिलने लगती है। जो प्राइवेट कंपनियां अपने कर्मचारियों को सुविधाएं देती हैं, हम लोगों ने सरकारी नौकरी में उसकी कल्पना स्वप्न में भी नहीं की।

आज कितने ही सरकारी अधिकारी प्राइवेट कंपनियों में जा रहे हैं। हमारे देश में डाक्टर का पद न केवल सम्मानजनक रहा है अपितु आर्थिक रूप से भी डाक्टर आम आदमी से अच्छी स्थिति में माने जाते थे। परंतु मेरे एक मित्र जो स्वयं एक सरकारी अस्पताल में डाक्टर हैं, अपने बेटे को डाक्टर नहीं बनाना चाहते। जब मैंने पूछा कि आप ऐसा क्यों चाहते हैं? तो उन्होंने बताया कि आज एक बारहवीं पास बच्चा एक बी.पी.ओ. में नौकरी करता है और दस हजार

रुपये महीना आराम से कमा लेता है। दूसरी ओर एक डाक्टर जिसे प्रतियोगी परीक्षा पास करनी होती है, तब पांच वर्ष कठिन परिश्रम से डाक्टर बनता है। तत्पश्चात् दो वर्ष घोर परिश्रम करके वह स्नातकोत्तर परीक्षा पास करता है, परंतु उसके पश्चात् भी यदि एक कम शिक्षित विद्यार्थी को अधिक पारिश्रमिक मिलता है, तो निश्चित रूप से बदलती परिस्थितियों में यह सोचा जाने लगा है कि इस बदलाव में अपने आपको अद्यतन कैसे रखा जाए। मेरे एक अन्य मित्र जो स्वयं एक मुख्य चिकित्सा अधिकारी हैं, उनकी बेटी ने डाक्टरी की परीक्षा अच्छे अंकों से पास की है। वे एक दिन मुझसे इसी बात पर चर्चा कर रहे थे कि बदलते परिवेश में एक विकल्प यह रखा जाए कि वह चिकित्सालय प्रबंधन में स्नातकोत्तर की डिग्री प्राप्त करे और प्रबंधन में जाए। परंतु आज के इस दौर में इतनी पढ़ाई करने के बावजूद भी जो लोग स्वयं बदलाव के लिए तैयार नहीं होते, उन्हें असफल ही कहा जाएगा।

आज का सिनेमा क्या साठ या सत्तर के दशक का सिनेमा है। क्या आज उस समय की फिल्मों की कहानियों पर फिल्म बनाई जाए तो सफल होंगी? कतई नहीं? इसलिए जिन लोगों ने बदलाव नहीं किया या जो बदलाव के लिए तैयार नहीं थे, वे इस दौड़ से बाहर हो गए। हिंदी के पाठक इस बात से भलीभांति परिचित होंगे कि हिंदी साहित्य के कई प्रसिद्ध लेखक और कवि हिंदी फिल्मों में कहानियां और गीत लिखने आए, परंतु वे फिल्मी बदलाव के लिए तैयार नहीं थे, अतः असफल हो गए। सत्तर के दशक तक भी जो लोग हिंदी पत्रिकाएं पढ़ते थे, उन्हें अच्छी तरह याद होगा कि दो पत्रिकाएं 'साप्ताहिक हिंदुस्तान' और 'ध र्मयुग' बहुत प्रसिद्ध थीं। उन पत्रिकाओं का अपना एक स्तर था। धीरे-धीरे पाठकों की रुचि में बदलाव आया। यह बदलाव लाया गया और स्तरीय पत्रिकाओं ने शायद सस्तेपन से समझौता नहीं किया और धराशायी हो गईं। 'हंस' जैसी पत्रिका जिसमें किसी लेखक का लेख छप जाता था, तो स्वयं को भाग्यशाली समझता था। क्या आज उसके पाठकों की संख्या सर्वाधिक है? नहीं!

बाजार ने आम आदमी के जीवन के स्तर को ही नहीं पूरी परिभाषा को ही बदल दिया है। अगर आप बाजार में आए बदलाव के साथ अपने को नहीं बदल पाए, तो आप असफल हैं। आपको विज्ञापनों के दो-तीन उदाहरण देता हूं। बहुत पहले एक विज्ञापन आता था-गांव से खालिस घी मंगवाते थे। मोहन घी खाया तो ऐसा शुद्ध कि गांव से नाता ही टूट गया। धीरे-धीरे नगरों और शहरों में आकर बसने वाले लोगों को विज्ञापन और बाजार ने गांव से नाता तोड़ दिया।

जिन्होंने नहीं तोड़ा, वे गांव के गंवार कहलाए और शहरी कहलाने की दौड़ में गांव का वह प्रेम-भाईचारा खो बैठे। एक विज्ञापन आता था-अरे! वह पीएसपीओ नहीं जानता? यानि आप बाजार में आए नए बदलाव से परिचित नहीं हैं तो आप असफल हैं। एक विज्ञापन में एक व्यक्ति जिसके पास ब्लैक एंड ह्वाइट मोबाइल फोन है, इसलिए अपने आपको शर्मसार महसूस करता है कि उसके पास रंगीन मोबाइल नहीं है और आधुनिकता की दौड़ में वह पिछड़ गया है।

यदि आपने किसी विशेष ब्रांड के कपड़े नहीं पहने, तो आप असफल हैं। आज व्यवहार सीखने के लिए आपको प्रशिक्षण दिया जाता है। आपको समाज में सफल होने के लिए छुरी-कांटे का प्रयोग कैसे करना है, उठना-बैठना कैसे है, मुस्कुराते हुए कितना मुंह खोलना है आदि यदि आप यह सब काम प्राकृतिक ढंग से कर रहे हैं, तो आप असफल हो जाते हैं। आज संयुक्त परिवार के स्थान पर 'न्यूक्लियर फैमिली' का चलन है। और, शायद समय की आवश्यकता भी है। परंतु आज भी जो लोग अपने बच्चों को इसलिए बाहर नहीं जाने देना चाहते कि हमारा तो संयुक्त परिवार है, तो क्या वह परिवार उन्नति कर पाएगा। बदलाव के लिए तैयार होना ही होगा। मैं एक ऐसे शख्स को जानता हूं, जो अपने मेहनती होने के कारण एक सरकारी संगठन में प्रतिष्ठित पद पर हैं। परंतु उनका बेटा केवल इसलिए गांव के एक प्राइवेट स्कूल में पढ़ाकर अपना गुजारा कर रहा है कि वे नहीं चाहते कि उनके संयुक्त परिवार से कोई व्यक्ति अलग हो जाए। अतः कुल मिलाकर बात यह है कि बदलाव के लिए तैयार न होना असफलता का एक बहुत बड़ा कारण है। अब प्रश्न यह है कि लोग स्वयं को बदलते क्यों नहीं है? इसके कई कारण हैं।

सबसे पहला कारण यह है कि बदलाव एक अत्यंत कष्टप्रद प्रक्रिया है। हम सब जानते हैं कि सुबह जल्दी उठना, व्यायाम करना कितना आवश्यक है। केवल आधा घंटा पहले उठकर अपने शरीर को जीवनभर स्वस्थ रख सकते हैं। परंतु यह छोटा-सा बदलाव अपने जीवन में कितने लोग लाते हैं। हर रोज एक घंटा अस्पताल की लाइन में भी तो अंततः लगाना ही होगा। परंतु नहीं, बदलाव कष्टप्रद है। वास्तव में आज का युग ऐसा है कि यदि हमसे कुछ पैसे लेकर कोई हमारे लिए व्यायाम कर सके या सैर कर सके, तो बदलाव के लिए तैयार हैं। बदलाव की सबसे बड़ी विडंबना है कि बदलाव का दरवाजा हमारे भीतर से खुलता है, बाहर से नहीं।

बदलाव हमें स्वयं करना पड़ता है। हमें स्वयं बदलना पड़ता है। कोई दूसरा हमारे लिए नहीं बदल सकता। इसलिए अपने काहिलपन और सुस्ती के कारण हममें से बहुत से लोग बदलाव के लिए तैयार नहीं होते और असफल हो जाते हैं।

कई बार हम लोग बदलना भी चाहते हैं, तो हम लोगों की प्रतिक्रियाओं से डरते हैं। लोग क्या कहेंगे? पर हमें याद रखना चाहिए कि समय के साथ-साथ यदि हम बदले नहीं, तो फिर भी कुछ न कुछ अवश्य कहेंगे। यदि भीतर से हम बदलाव करें, तो निश्चितरूप से सफलता में सहायक होगा। बदलाव प्रकृति का नियम है। यदि बदलाव न हो तो हर चीज नीरस और उबाऊ हो जाती है। अत: हमें बदलाव के लिए अपने आपको तैयार रखना चाहिए। जो लोग बदलाव के लिए तैयार नहीं होते वे शिकायत करते रहते हैं, रोते रहते हैं कि हम लोग काम करते-करते थक गए हैं, परंतु जीवन में हमें वह नहीं मिला, जिसके हम हकदार थे। कारण केवल वही है कि बदलाव के लिए आप तैयार नहीं थे। यदि आप को लगता है कि दूसरे लोग आगे जा रहे हैं और आप वहीं खड़े हैं, तो कौन रोक रहा है आपको? आप भी समय के साथ बदलाव करें तथा उन्नति में शामिल हो जाएं। एक बात हम लोगों को याद रखनी चाहिए कि दूसरे लोग हमें अस्थायी रूप से रोक सकते हैं और हमें स्थायी रूप से आगे बढ़ने से कोई रोक सकता है, तो वह स्वयं हम हैं।

बदलाव के लिए तैयार न होने का एक अन्य बड़ा कारण यह होता है कि बदलाव से पहले हम एक आरामदायक स्थिति में होते हैं। उस आरामदायक स्थिति को हम लोग छोड़ना नहीं चाहते। यदि हमें एक नौकरी मिल गई है, जिसमें हमारा और हमारे परिवार का मात्र गुजारा हो रहा है, तो भी हम बदलाव नहीं चाहते, उसी परिस्थति में अपने आपको एडजस्ट करते रहते हैं। यदि एकदम बदलाव हो जाए, तो हम लोग फिर भी कुछ प्रतिक्रिया स्वरूप स्वयं को बदल देते हैं, परंतु बदलाव की एक प्रकृति है कि वह धीरे-धीरे होता है और हमें तब महसूस होता है, जब वह पूर्ण रूप से हो चुका होता है और हम स्वयं इतिहास हो चुके होते हैं। मुझे याद है कि जब आरंभ में हमारे देश में कम्प्यूटर आया और कुछ कंपनियों ने अपने यहां कम्प्यूटर पर काम करना शुरू किया, तो बहुत लोगों ने इसका विरोध किया। यह कहा गया कि इससे बेरोजगारी भयंकर रूप धारण कर लेगी। परंतु लोगों ने सीखा और काम आसान व शीघ्र होने लगा। परंतु आज भी बहुत से लोग ऐसे हैं, जिन्हें कम्प्यूटर चलाना नहीं आता और सीखना भी नहीं चाहते। निश्चितरूप से कुछ वर्षों के पश्चात् वह अनपढ़ लोगों की श्रेणी में आ जाएंगे।

कुछ लोग इसलिए भी बदलना नहीं चाहते कि वे कहते हैं-

उम्र गुजरी है सारी बुतपरस्ती में–
अब इस उम्र में क्या खाक मुसलमां होंगे।

अब हम बूढ़े हो गए हैं, अब क्या बदलेंगे। नहीं, ऐसा नहीं है। बिल गेट्स ने कहा है-"परिवर्तन वैकल्पिक नहीं है"। परिवर्तन अपरिहार्य है। आप तैयार हैं या नहीं यह आपको सोचना है। यदि नहीं तैयार हुए, तो दुर्लभ प्रजाति में परिवर्तित हो जाएंगे। परिवर्तन तो तब भी होगा ही।

समझ का छाता तानने से क्या होगा–
नासमझी ने जब अपनी छाती तान रखी है।

भारत के प्रसिद्ध शायर डॉ. शेरजंग गर्ग की ये पंक्तियां मैं अक्सर अपनी कक्षाओं में भी सुनाता हूं। बहुत ही सटीक बात उन्होंने कही है कि यदि नासमझी अपनी हठधर्मी पर आ जाए, तो आप कितना ही समझाएं, सामने वाले की सोच को बदल पाना असंभव होता है। परन्तु एक बात निश्चित है कि हम यह सोच कर यदि सफलता की सड़क पर चलें कि यह सड़क सीधी चलती जाएगी और इसमें कभी कोई मोड़ या बदलाव नहीं होगा, तो ऐसा होना असंभव है। सफलता के लिए हमें बहुत बार अपने आप को बदलना पड़ता है। जो लोग परिवर्तन को स्वीकार नहीं करते, उनकी सफलता सदैव संदेहास्पद है।

बदलाव प्रकृति का नियम है और हम तभी उस चीज को स्वीकार करते हैं, जब हमारे पास कोई चारा नहीं रहता। बच्चे के मुंह के दांत नहीं होते, फिर भी उसका चेहरा गोल-मटोल और सुन्दर लगता है। उसी सुन्दरता को बनाए रखने के लिए हम जीवनभर शृंगार करते हैं। पता नहीं कैसी-कैसी दवाइयां और पदार्थों का प्रयोग करते हैं। किन्तु जब प्राकृतिक बदलाव आना आरम्भ होता है और दांत निकलने लगते हैं, तो लाख प्रयास करने के बाद भी चेहरा पोपला हो ही जाता है। प्रकृति समय-समय पर फल, फूल, सब्जी, ऋतुओं में बदलाव करती रहती है। यह सब हमारे काबू से बाहर की बात है, इसलिए हम उसे उसी रूप में स्वीकार कर लेते हैं। गर्मियां गई तो छाता निकाल लिया और बरसात गई तो स्वेटर। बहुत बार ऐसा होता है कि बदलते परिवेश के साथ हम लोग चल नहीं पाते और स्वयं को दुर्लभ प्रजाति में रूपान्तरित कर लेते हैं। अन्ततः हम उपहास या व्यंग्य का पात्र बनने के बाद ही उन चीजों को स्वीकार करते हैं। वास्तव में कारण यह है कि हमारे पास पुरानी चीजें रहने से हम प्रसन्न होते हैं। हमारे लिए जो वस्तु जितनी महत्वपूर्ण होती है, हम उससे उतनी ही चिपके रहना चाहते हैं।

बदलाव का दरवाजा सदैव अन्दर से खुलता है। बदलाव के लिए तैयार न होने का अर्थ है- इक्कीसवीं सदी में बैलगाड़ी चलाना। ईशोपनिषद में लिखा है कि संसार परिवर्तनशील है। मनुष्य परिवर्तनशील नहीं है। उसे परिस्थितियों के अनुसार बदलना होता है। जो समय की आवश्यकता के अनुसार बदलता नहीं, वह इतिहास हो जाता है या फिर अपना जीवन नष्ट कर लेता है।

वाल्मीकि ऋषि पहले रत्नाकर डाकू के नाम से जाने जाते थे और एक दिन जब एक साधु ने उनसे पूछा कि क्या तुम्हारे घरवाले जिनके लिए तुम ये सभी पाप कर रहे हो, इन पापों के भगीदार होंगे और, वहीं से रत्नाकर डाकू का मन बदल गया और कालान्तर में वे महर्षि वाल्मीकि बन गए। रत्नाकर डाकू शायद किसी राजा के सैनिकों की तलवार का शिकार हो जाता, किन्तु वाल्मीकि तो भारत के जन-जन के हृदय में अमर हो गए। पत्नीप्रेमी तुलसी को मानसिक बदलाव ने महाकवि तथा सन्त बना दिया। कालिदास के मानसिक परिवर्तन ने उन्हें एक अनपढ़ गंवार से महाकवि कालिदास बना दिया। महात्मा बुद्ध राजकुमार सिद्धार्थ का परिवर्तित रूप था। मानवजीवन की सच्चाइयों ने उनके मन को झकझोर दिया और आज उनके अनुयायी उन्हें भगवान बुद्ध कहकर पुकारते हैं।

परिवर्तन का सबसे बड़ा उदाहरण, जो पिछली एक शताब्दी में दिखाई दिया है, वह है भारत के साबरमती के सन्त महात्मा गांधी का। इंग्लैंड से वकालत की डिग्री लेने के बाद दक्षिण अफ्रीका में जब उन्होंने वकालत शुरू की, तो उन्हें काफी कटु अनुभव नस्लवाद के हुए। उन्होंने अपने आपको बदला, अंग्रेजी शासन के विरुद्ध खड़े हुए और भारत आकर उन्होंने पूरे भारत का दौरा किया। भारत का दौरा करने के बाद उन्हें लगा कि यदि भारत को स्वतंत्र होना है, तो यहां के लोगों को बदलना होगा और उन्होंने देशवासियों को बदलने का काम स्वयं के बदलने से आरंभ किया। सूट-बूट पहनने वाला एम.के. गांधी एक लंगोट पहनकर भारत के जन-जन का बापू हो गया। इतना बड़ा परिवर्तन कदाचित ही इतिहास ने कभी देखा हो। जो लोग अंग्रेजों के सामने खड़े होने मे थर-थर कांपते थे, उनको निडर सत्याग्रहियों में रूपान्तरित कर बापू ने दुनिया का सबसे बड़ा करिश्मा कर दिखाया। वही लोग अहिंसापूर्वक निडर होकर अंग्रेजों की लाठियों और गोलियों का सामना करने को तैयार हो गए।

इस बदलाव की आवश्यकता को गांधीजी ने अपने भारतभ्रमण के दौरान भांप लिया था और यही कारण था कि पूरा देश उनके पदचिह्नों पर चलने के लिए तैयार हो गया। जो लोग बदलाव की आवश्यकता का आभास कर लेते हैं और

जब बदलना अनिवार्य हो जाए, उससे पहले ही बदल जाते हैं, उनकी उपलब्धियां सदैव महान होती हैं। हालांकि इसका विपरीत भी सही है कि जो लोग बदलाव के आभास के पश्चात भी नहीं बदलते, वे कभी आगे नहीं बढ़ते।

जीवन में यदि सफलता पानी है, तो बदलना आवश्यक है। हालांकि बदलाव अपरिहार्य है और उन्नति ऐच्छिक है। एक बहुत ही सरल और साधारण-सी बात है कि यदि पूरी सड़क पर पत्थर, गड्ढे और कांटे हों, तो हम सड़क के बदलने की प्रतीक्षा नहीं कर सकते, हमें स्वयं को बदलते हुए जूते पहनने होंगे। हालांकि हमारे पास दूसरा विकल्प यह भी है कि हम एक अच्छी सड़क बनने का इन्तजार करें और हो सकता है कि वह कभी हो भी जाए, परन्तु प्रश्न यह है कि तब तक हम कितने पीछे हो जाएंगे, जीवन की दौड़ में?

आज विश्व में आर्थिक मंदी का दौर है, जो आज से ठीक एक साल पहले तक जबरदस्त आर्थिक उन्नति का दौर था। जो देश अपने-आपको बदल नहीं पा रहे हैं, वे आर्थिक मंदी की मार बुरी तरह से झेल रहे हैं। जिन देशों ने अपनी नीतियां उसी प्रकार बनाई हैं, वे इससे कम प्रभावित हुए हैं। यदि हम समय के साथ नहीं बदलते, तो जीवनभर हमें न बदलने का पछतावा रहता है और जब सपनों और उत्साह के स्थान पर व्यक्ति के मन में पछतावा घर कर लेता है, तो उसके बाद उसका आगे बढ़ने का अवसर लगभग समाप्त हो जाता है। इसके लिए आवश्यक यह है कि हम अपने मन से डर को दूर कर दें। अगर बदले तो यह हो जाएगा, वह हो जाएगा आदि। आवश्यकतानुसार बदलाव के लिए तैयार रहिए, कुछ नहीं होगा। डर मन से निकाल देने से हम आजाद महसूस करते हैं। पुराने विश्वास हमें आगे नहीं बढ़ने देते। हमें सफल होने के लिए समय की आवश्यकतानुसार छोटे-छोटे बदलाव करते रहना चाहिए, क्योंकि छोटे-छोटे बदलाव ही बड़े बदलाव में सहायक होते हैं, जो जीवन में हमारी सफलताओं के लिए आवश्यक हैं।

ooo

17

यात्री बनना

मुंबई में पावभाजी या बड़ापाव एक ऐसा खाना है, जिससे शायद न तो कोई मुंबईकर अछूता होगा अपितु बाहर से मुंबई आने वाले भी इसका स्वाद लेना नहीं भूलते। मुंबई की जुहू चौपाटी पर एक पावभाजी का ठेला लगाने वाला व्यक्ति था। वह खास मसाले बनाता था, जिससे उसकी पावभाजी का स्वाद अद्वितीय था। उसका व्यवसाय बहुत अच्छा चलता था। धीरे-धीरे पैसा आने लगा और उसने और बड़ा ठेला लगाना शुरू कर दिया तथा एक-दो लोगों को काम करने के लिए भी रख लिया। उसका नाम इतना फैल गया कि मुंबई घूमने के लिए आने वाले उसी का नाम पूछते। उसने मुंबई आने वाले सभी रास्तों पर अपने विज्ञापन लगवा दिए। धीरे-धीरे उसका व्यवसाय इतना बढ़ गया, कि उसने वहां चौपाटी पर एक बड़ी दुकान खोल दी और काफी पैसा कमाने लगा। वह हर रोज लाखों रुपए का सामान खरीदता और उससे कहीं अधिक उसकी बिक्री हो जाती। यह सिलसिला सालों चलता रहा।

इस बीच उसका लड़का एक अच्छे बिजनेस स्कूल से एम.बी.ए. की डिग्री लेकर आ गया। पिता बहुत प्रसन्न था कि अब तो बेटा भी उसकी मदद करेगा तथा व्यवसाय और भी चमक उठेगा। बेटे ने आते ही व्यवसाय का अध्ययन किया और पिता को बताया कि विश्व में मंदी का दौर है। अमुक-अमुक देशों की अर्थव्यवस्थाएं चौपट हो गई हैं। विश्वबाजार में भयंकर उथल-पुथल मची है, रुपए और डालर की कीमत को लेकर काफी अनिश्चितता है। विश्व बैंक की रिपोर्ट के अनुसार एशिया के देशों पर भी इसका असर पड़े बिना नहीं रह सकता, अतः आवश्यक है कि व्यवसाय में इस समय पैसा सोच-समझकर लगाया जाए। उसने कम सामान खरीदना शुरू कर दिया। बिक्री कम हो गई, लाभ भी कम

हो गया। धीरे-धीरे लाभ भी कम होने लगा और एक दिन ऐसा समय आया कि व्यवसाय बंद हो गया और दोनों पिता-पुत्र घर में खाली बैठ गए।

एक दिन पिता ने अपने पुत्र से कहा कि कितना अच्छा हुआ कि मैंने तुम्हें बाहर पढ़ने भेजा। इसी का परिणाम था कि तुमने पहले ही बता दिया कि विश्व की अर्थव्यवस्था मंदी के दौर से गुज़र रही है। आज लगता है कि हालात सचमुच बहुत खराब हैं। अच्छा हुआ हमने अपना धंधा बंद कर दिया, नहीं तो आज हम लोग बरबाद हो गए होते।

यह घटना कोई मजाक नहीं है। यहां जीवन का एक महत्वपूर्ण पाठ पढ़ाया गया है कि जो लोग अपने निर्णय स्वयं न लेकर केवल दूसरों की समझ पर भरोसा करके ही निर्णय लेते हैं, उनका असफल होना तय है। वे लोग ऐसे ही होते हैं कि उंगली पकड़कर चलने वाले बच्चे। ये लोग निर्णय लेने में अक्षम होते हैं और दूसरों के द्वारा लिये गए निर्णय को ही ठीक समझते रहते हैं। संसार में दो प्रकार के लोग होते हैं-एक वे जो ड्राइवर की तरह होते हैं और दूसरे वे जो यात्री की तरह होते हैं। ड्राइवर का अर्थ है- जिम्मेदारी लेना और यात्री का अर्थ है- बगैर किसी जिम्मेदारी के आराम से बैठना। परंतु जो जीवन-यात्रा में केवल यात्री बनकर यात्रा करते हैं, उनकी उपलब्धियां भी नगण्य होती हैं। वे लोग यह तो तय कर सकते हैं कि उन्हें यात्रा किस दिन और किस समय शुरू करनी है, पर वह वास्तव में उस दिन और उसी समय शुरू होगी, यह बात किसी और के द्वारा तय की जाती है और जो तय करता है- वह होता है ड्राइवर। मान लीजिए यात्रा समय पर शुरू हो भी गई, तो यात्रा की दिशा तय करने का काम भी ड्राइवर ही करता है। बस किस रास्ते से होकर जाएगी, कब रुकेगी? कहां रुकेगी? यात्री को यह सब तय करने का कोई अधिकार नहीं होता। यात्री का अपनी परिस्थितियों पर कोई नियंत्रण नहीं होता बल्कि वह स्वयं परिस्थितियों के नियंत्रण में होता है।

यात्री को यात्रा में जो कष्ट होगा, वह तो होगा ही, इसके अतिरिक्त उसे यात्रा की कीमत अदा करनी होगी। रास्ते में भी खाना वहीं खाया जाएगा, जहां ड्राइवर चाहेगा न कि यात्री, और पैसे केवल यात्री को अदा करने होंगे। यात्री को मार्गों का ज्ञान तो होता ही नहीं है। क्योंकि वह गाड़ी नहीं चलाता, इसलिए वह अपने गंतव्य पर पहुंच भी जाए, तो भी उसे भविष्य के लिए मार्गों का पता नहीं लगता। 'शार्टकट' का तो सवाल ही पैदा नहीं होता। वह केवल मार्ग में आने वाले दृश्यों को देखकर प्रसन्न होता रहता है। यात्रा के विषय में निर्णय केवल

ड्राइवर का होता है। जो लोग केवल यात्री बनकर जीवन का मजा लेना चाहते हैं, वे बेफिक्र होते हैं और चूंकि वे कोई जिम्मेदारी नहीं लेना चाहते, तो उन्हें जिम्मेदारी का अहसास ही नहीं होता।

अक्सर आपने देखा होगा कि जब हमारे यहां कभी राजनैतिक रैलियां होती हैं, तो भीड़ का व्यवहार एक अलग प्रकार का होता है। पढ़े-लिखे लोग भी अनपढ़ों की तरह व्यवहार करने लगते हैं। इसलिए 80% लोग यात्री बनकर जीवन गुजारते हैं और 20% ड्राइवर बनकर जीवन का लुत्फ उठाते हैं। कहां मुड़ना है, यह ड्राइवर तय करते हैं। कहां मुड़ना चाहिए था यात्री इसी में मजा लेते हैं। वे केवल दूसरे के कार्यों पर दूसरों की उपलब्धियों पर अपने विचार प्रकट करते रहते हैं और क्योंकि स्वयं की कोई उपलब्धियां नहीं होती, इसलिए ऐसे लोगों में असंतोष और अप्रसन्नता एक अत्यंत साधारण बात है। वे इसे महसूस नहीं करते। मैंने बहुत से सरकारी कर्मचारी देखे हैं, जो इस बात में गर्व महसूस करते हैं कि वे अपने कार्यालय में कोई काम नहीं करते। वे इस बात पर भी गर्व अनुभव करते हैं कि वे समय पर कार्यालय नहीं जाते या दो-तीन दिन में एक बार कार्यालय जाते हैं और उपस्थिति लगा देते हैं।

मैं ऐसे लोगों को कभी भी जिम्मेदार लोग नहीं समझता। सही है कि आप कार्यालय में कोई काम नहीं करते, किंतु क्या आपने कभी सोचा कि कार्यालय ने आपको जिम्मेदारी देने लायक कभी समझा ही नहीं। सही है कि आप समय से कार्यालय नहीं जाते या दो-तीन दिन में एक बार जाते हैं। परंतु क्या आपने सोचा कि आपके जाने न जाने से कोई फर्क नहीं पड़ता अर्थात् कार्यालय में आपका कोई महत्व ही नहीं है। यह गर्व की नहीं शर्म की बात है। इसके लिए आप चिंतित नहीं हैं। वहां आपको कोई निर्णय नहीं लेना है। आपके बारे में निर्णय किसी और को लेना है और यह उनकी जिम्मेदारी है। परंतु आपको कितना पैसा मिलेगा। आपका वेतन कितना बढ़ेगा। आप कौन-सी जगह बैठेंगे, आपको कौन-सी सुविधा मिलेगी, यह निर्णय किसी ऐसे व्यक्ति को करना है, जो जिम्मेदार है, जो ड्राइवर है।

यहां यात्री से ड्राइवर बनने का अर्थ है गैरजिम्मेदार से जिम्मेदार बनना, बच्चे से वयस्क बनना, लड़के से पुरुष बनना तथा इच्छुक से विजेता बनना। परंतु इसके लिए हमें अपनी यात्री बनने की प्रक्रिया को बदलना होगा। स्वयं उत्तरदायित्व लेना होगा। मेरी पहचान में कई लोग ऐसे हैं, जो गालिब से प्रेरणा पाकर शायरी तो नहीं कर पाए, किंतु शराब उनसे ज्यादा पीने लगे। एक दिन मेरे एक स्वयंभू

मित्र कहने लगे कि "**छुटती नहीं है जालिम मुंह से लगी हुई**", तब मैंने सोचा कि इस प्रकार के लोग इन चीजों का सहारा लेकर कितनी आसानी से अपने उत्तरदायित्व से मुक्त हो जाते हैं। जो लोग शराब पीते हैं या कोई भी नशे की लत है, उनसे यदि पूछा जाये कि क्या आपको यह आदत शुरू करने के लिए किसी ने बाध्य किया था। किसी ने यह तो नहीं कहा कि यदि आप नशाखोरी नहीं करेंगे, तो आपको गोली मार दी जाएगी। क्या किसी दूसरे व्यक्ति ने शराब पीनी शुरू की और लत आपको लग गई? (यहां शराब पीने से मेरा मंतव्य उन लोगों से है, जो एल्कोहलिक हो गए हैं) जब आपके लिए कोई व्यक्ति शराब पीना शुरू नहीं कर सकता, तो आपके लिए छोड़ कैसे सकता है?

यदि आप अपनी गाड़ी किसी और के हाथ में देंगे, तो निश्चित है कि वह इतना सावधान कदापि नहीं हो सकता, जितना कि आप अपनी गाड़ी के बारे में हो सकते हैं। आपको हमेशा दुर्घटना का डर रहेगा, इसके कारण आप चिंतित रहेंगे, आपका तनाव बढ़ेगा और ऐसी स्थिति में सफलता की आशा तो हम नहीं ही कर सकते हैं। चालक बनने का अर्थ है- अपनी जिम्मेदारी को स्वीकार करना, तमाशा देखना नहीं तमाशा करना। विजय चाहने वाले नहीं बल्कि विजेता बनना। चालक बनने का अर्थ है- निर्णय की स्वतंत्रता से। स्वतंत्रता बहुत पोषक वस्तु होती है। स्वतंत्रता से काम करने से आपकी क्षमता दोगुनी हो जाती है। क्या हमारे लिए कोई खाना खा सकता है ताकि हम स्वस्थ हो जाएं। क्या हमारे लिए कोई और पढ़ सकता है ताकि हम विद्वान हो जाएं? असंभव है। यदि ये उपलब्धियां चाहिए, तो चालक स्वयं बनना होगा। आपने बहुत बार बहुत माता-पिता को कहते सुना होगा- 'मैंने इन बच्चों के लिए क्या-क्या सपने देखे थे!' ये वाक्य कहने की नौबत इसलिए आई कि जिन पर आपने सपने पूरे करने की जिम्मेदारी डाली, उन्होंने तो वे सपने देखे ही नहीं। आप अपने सपनों को तभी पूरा कर सकते हैं, जब आप उनके लिए स्वयं काम करें।

अन्ततः मैं पुनः यही बात दोहराना चाहता हूं कि किसी कार्य को करने का सबसे अच्छा तरीका है, उसे स्वयं करना। अपने जीवन की सफलता की गाड़ी का चालक बनना।

OOO

18

असफल लोगों की संगति

एक बार की बात है कि एक व्यक्ति बाजार में एक तोता खरीदने गया। तोता बेचने वाले के पास दो तोते थे। उस व्यक्ति ने पूछा कि तोता कितने का दिया? उसने कहा कि एक तोते की कीमत सौ रुपए है और दूसरे की एक हजार रुपए। उस व्यक्ति ने पूछा कि देखने में तो दोनों तोते एक जैसे दिखाई देते हैं किन्तु फिर भी उनकी कीमत में इतना अन्तर क्यों है? तोते बेचने वाले ने कहा कि आप दोनों तोते खरीद लीजिए, अन्तर आपको स्वयं पता चल जाएगा। उसे बड़ा कौतुहल हुआ और उसने दोनों तोते खरीद लिए। अगले दिन सुबह उसने क्या देखा कि एक तोता तो अपने पिंजरे में बैठकर राम-राम का जाप करने लगा और दूसरा तोता उठते ही गालियां देने लगा। वह व्यक्ति फिर तोते वाले के पास आया और सारी घटना सुनाकर इसका कारण पूछा। तोते वाले ने कहा- साहब! एक तोता तो मैंने एक साधु महाराज के आश्रम से लिया था, जो सुबह उठते ही राम-राम बोलता है और दूसरा एक कसाई के घर से लिया था, जो सुबह उठते ही गालियां देने लगता है। केवल वातावरण के कारण ही उन दोनों के व्यवहार में इतना अन्तर है, इसीलिए इन दोनों की कीमत में भी उतना ही अन्तर है।

कहने का अभिप्राय यह है कि व्यक्ति जैसे लोगों की संगति में बैठता है, वैसा ही हो जाता है। कहा भी है-

जैसी संगति बैठिए तैसो ही फल दीन।
कदली, सीप, भुजंग मुख स्वाति एक गुण तीन॥

अर्थात् स्वाति नक्षत्र की बूंद यदि केले के पत्ते पर गिर जाए तो कर्पूर बन जाती है। सीप में गिर जाए तो मोती बन जाती है और यदि सांप के मुंह में गिर जाए तो जहर बन जाती है।

यह हम लोगों को सदैव ध्यान रखना चाहिए कि हमारा पूरा व्यक्तित्व किसी न किसी चीज से किसी के संग से प्रभावित है। अगर आप भारत में रहते हैं, तो आपको भलीप्रकार ज्ञात होगा कि यहां हर प्रान्त का भोजन अलग है। रहन-सहन अलग है। इसलिए अपने अलग-अलग वातावरण के कारण लोगों में भिन्नताएं पाई जाती हैं। उस वातावरण की वजह से हम अलग-अलग तरह से व्यवहार तक करने लगते हैं। आप देखें कि अगर देशों की बात करें, तो अलग-अलग देशों में भोजन अलग-अलग है। मान लीजिए हम लोग भारत में पैदा नहीं हुए होते, तो हमारी भाषा अलग होती। हमारा पहनावा अलग होता, हमारा भोजन अलग होता। हमारा धर्म क्या होता-पता नहीं। यानि हम जिस देश में पैदा हुए होते, हमारा खान-पान, रहन-सहन, बोल-चाल वहां के वातावरण के अनुसार ही होता। हमारी बोल-चाल, उठना-बैठना हर चीज पर किसी न किसी का प्रभाव होता है। आपने अक्सर पढ़ा होगा कि हमारे देश के कौन-कौन से ऐतिहासिक भवन किस-किस स्थापत्य कला से प्रभावित हैं। यहां असफल लोगों के अलावा अच्छी या खराब चीजों का संग भी उतना ही महत्वपूर्ण है। यहां तक कि आप सफल और असफल लोगों के खान-पान, रहन-सहन, आचार-विचार, व्यवहार सबमें अन्तर पाएंगे। अगर आपको शारीरिक रूप से कुश्ती या अन्य किसी खेल में सफल होना है, तो जरूरी है कि आप पौष्टिक भोजन खाएं। इसी प्रकार स्वस्थ मन के लिए आवश्यक है कि अच्छी पुस्तकें और अच्छे लोगों का प्रभाव हमारे मन पर हो और यह तभी संभव है, जब हम लोग सफल लोगों की संगति में रहें, अच्छी पुस्तकों की संगति में रहें, अच्छे स्थानों पर रहें।

यहां तक कि हमारे मन पर या हमारी सफलता-असफलता में सही स्थान का भी महत्व होता है। आप सब जानते हैं कि जब हम किसी मंदिर में जाते हैं, तो भक्तिभाव स्वयं हमारे मन में होता है। यदि किसी सुन्दर बाग में जाएं, तो मन प्रफुल्लित होता है। बच्चों के स्कूल में जाएं, तो वात्सल्य पैदा होता है और श्मशान में वैराग्य के भाव आते हैं। एक महापुरुष जो हिमालय में काफी समय तपस्या कर चुके थे, उनका हमारे घर में पदार्पण हुआ। वे अपने ज्ञान के आधार पर बहुत सारी बातें बता रहे थे। उन्होंने मुझे बताया कि महाभारत के युद्ध के लिए कुरुक्षेत्र को चुनने का एक विशेष कारण था। कुरुक्षेत्र को स्वर्ग में रहने

वाले देवताओं का भी तीर्थस्थान माना जाता है। वह स्थान इतना पवित्र माना जाता था कि वहां पर धर्मपरायण पांडवों की विजय निश्चित थी। भगवान कृष्ण इस बात को जानते थे। अत: उन्होंने युद्ध के लिए वह स्थान चुनना उचित समझा। पाण्डव एक सफल व्यक्तित्व के साथ थे, अत: सफल हुए।

दूसरी ओर यदि हम महाभारत के दूसरे चरित्रों पर नजर डालें, तो कौरवों के असफल होने का सबसे बड़ा कारण असफल लोगों का संग ही था। इसी कारण एकमात्र सफल व्यक्ति भीष्म भी असफल हो गये। धृतराष्ट्र के विचार नीच थे। वह एक असफल व्यक्ति था। जन्म से तो अंधा था ही, कर्म से भी पुत्र-मोह में अंधा था। गांधारी आखें होते हुए भी अंधी थी, कर्ण ने दुर्योधन की संगति की, दोनों ही असफल थे। दुर्योधन के नीच विचार थे, जो असफलता का द्योतक है। कर्ण न तो विद्या प्राप्त करने में सफल हुआ न द्रौपदी को प्राप्त करने में, न कूटनीति में। वहां केवल एक ही व्यक्ति अपने कार्यकलापों में सफल था-भीष्म। परंतु इतने सारे असफल लोगों के साथ रहने का परिणाम क्या हुआ-शरशय्या। रामचरित मानस में अयोध्या में नीच मंथरा की संगति से कैकेयी को जीवनभर का वैधव्य और लांछन सहन करना पड़ा। उधर लंका में युद्ध के बाद केवल विभीषण बचा, जो राम के संग आ गया था। इन्द्र हमेशा ही अपनी चालों में विफल रहा है, उसके साथ चन्द्रमा पर भी दाग लग गया।

विशेषज्ञों के अनुसार सब कुछ हमारे वातावरण पर निर्भर करता है। असफल लोगों में साहस की अत्यधिक कमी होती है। आपने देखा होगा कि जो बच्चे पढ़ाई में कमजोर होते हैं, वे हमेशा कक्षा में पीछे बैठते हैं। असफल माता-पिता के बच्चे भी अक्सर उनके सान्निध्य में रहने के कारण जीवन में असफल हो जाते हैं। आप सब जानते हैं कि जिन लोगों की शादियां टूट जाती हैं, उनके बच्चे जीवन में किस प्रकार की असफलताओं से गुजरते हैं। कई बार जब माता-पिता स्वयं सफल नहीं हो पाते, तो वे अपने बच्चों को भी उन कामों से दूर रहने की सलाह देते हैं, जिनमें वे सफल नहीं हो पाए। जिन परिवारों में लोगों को बड़ी सफलताएं नहीं मिली होतीं, उन परिवारों में यदि कोई बड़ी सफलता की बात करता है, तो या तो उसका मजाक उड़ाया जाता है या फिर उस पर व्यंग्य किए जाते हैं।

अक्सर हम लोगों की आदत होती है कि हम किसी भी विषय पर किसी से भी सलाह लेने लगते हैं। अत: ध्यान रखें कि यदि किसी विषय पर किसी से सलाह भी लेनी है, तो यह सुनिश्चित कर लें कि वह व्यक्ति उस क्षेत्र का सफल व्यक्ति है। असफल लोगों से सलाह लेना इसी प्रकार से है, जैसे झोला

छाप डाक्टरों से कैंसर का इलाज पूछना। इन (असफल) लोगों का एक सबसे प्रिय शौक होता है-फ्रीलांस सलाहकार बनना। आप किसी कार्यालय में नौकरी करने जाएं, पहले दिन ही ये अपनी विशेषज्ञ सलाहों के साथ आपकी सेवा में उपस्थित हो जाएंगे। वे आपसे परिचय के बाद बताएंगे कि इस दफ्तर में ज्यादा काम करने की जरुरत नहीं है। बस थोड़ा-बहुत करो और निकल लो। इस दफ्तर में बड़े घाघ लोग हैं। फलां कुमार फलां सिंह और फलां खान से बच के रहना। किस-किस कन्या का दफ्तर के किस-किस मजनू के साथ 'चक्कर' किस स्तर तक पहुंच गया है, इसकी 'अप-टू-डेट' जानकारी ये आपको इंटरनेट से भी तेज रफ्तार से देते हैं।

दफ्तर की ब्रेकिंग न्यूज' को लोगों तक पहुंचाने का भगीरथ उत्तरदायित्व ये लोग ही अपने झुके हुए कन्धों पर उठाते हैं। कौन महिला कर्मचारी बॉस के साथ चाय पीती है और यहां तक कि इस मामले पर बॉस की पत्नी की प्रतिक्रिया तक सभी कर्मचारियों को उपलब्ध कराने का काम ये लोग निशुल्क किया करते हैं। जब आप इनसे पदोन्नति के बारे में पूछते हैं, तो इनका विरक्त भाव सामने आता है। एक तो ये पैसे को ज्यादा महत्व नहीं देते (उनके अनुसार), दूसरे तीस साल से केवल इसीलिए उसी पद पर हैं कि हमने किसी की चमचागिरी नहीं की। ये अपने आपको नींव का पत्थर समझते हैं, जो भले ही नीचे पड़ा हो, परन्तु उसे इस बात का गर्व है कि पूरा भवन उस पर टिका है। हां, अकेले में कभी बात करें तो तरक्की न होने का रोना रोते रहते हैं। असल में हम किसी भी सोच वाले दल में हों, हमें हमेशा लगता है कि हम सही सोच वाले दल में हैं। वास्तव में अधिक काम करने वालों को चमचा कहना उनका मजाक उड़ाना या फब्तियां कसना, उनकी अपनी असफलताओं के कारण पैदा हुए विचारों का प्रस्तुतीकरण होता है।

पूरा समाज इस प्रकार के लोगों से भरा पड़ा है। हमारा समाज एक केकड़ा समाज है। एक केकड़ा कभी भी पसन्द नहीं करता कि दूसरा केकड़ा जरा-भी ऊपर जाए। नीचे वाला तुरंत उसकी टांग खींच लेता है। इसमें अक्सर हमारे अपने लोग भी शामिल होते हैं। आजकल तो फलां के पास पैसा आ गया है। हम जैसे लोगों से अब क्यों बात करेगा? एक पद क्या मिल गया, उसका मुंह ऊपर की तरफ हो गया है। सीधे मुंह बात ही नहीं करता। वास्तव में यह उनकी आत्महीनता का परिचायक है, जो उनकी उन्नति होने के कारण बढ़ती रहती है। इनमें ऐसे लोग अधिक हैं, जो हर समय गप-शप का ठिकाना ढूंढते रहते हैं।

एक अन्य प्रजाति के लोग हैं, जिन्हें मैं टाइमपाइस करने वाले लोग कहता हूं। कई लोग मेरी कक्षा में आते हैं और मेरे पढ़ाने के ढंग की प्रशंसा करते हुए बताते हैं कि 'सर! आप बहुत अच्छा पढ़ाते हैं, एक-डेढ़ घंटा अच्छा टाइम पास हो जाता है।' अब मेरा विचार है कि जो लोग टाइम को 'पास' करते हैं, 'टाइम' उनको फेल कर देता है।

आपकी कॉलोनी में ऐसे लोग मिल जाएंगे, जो सुबह-सुबह बिना कोई सूचना दिए आपके घर पर आ धमकेंगे, (आपके आत्मीयजनों के अलावा)। आपका न तो उनसे ज्यादा परिचय है, न सम्बन्ध। तो भी वे टाइम पास करने आपके यहां आ जाएंगे। 'बैठे-बैठे बोर हो रहे थे, सोचा चलो शर्माजी के पास टाइम पास करते हैं।' एक सज्जन को तो मुझे मजबूरन कहना पड़ा कि भाई साहब! मैं अपनी पुस्तक पर काम कर रहा हूं, अतः मेरे पास समय का अभाव है, सो यदि आप किसी और को कृतार्थ कर सकें, तो आपकी बड़ी कृपा होगी। अक्सर आपने अनुभव किया होगा कि अधिकतर लोगों से जब आप उनका हाल-चाल पूछते हैं, तो अक्सर एक जवाब मिलता है-'बस! टाइम पास हो रहा है।' यह इन लोगों के लिए एक उपलब्धि है। क्योंकि आज के जमाने में जब आदमी के पास टाइम की कमी है, उस दौर में ये लोग किस दरियादिली से टाइम पास कर रहे हैं, यह रईसी नहीं तो और क्या है।

बातचीत हमारे वातावरण का बहुत बड़ा हिस्सा है। हम किस प्रकार की बातचीत में हिस्सा लेते हैं, इससे हमारी सफलता-असफलता सीधे रूप से जुड़ी है। ये लोग 'किसी से कहना नहीं' से शुरू करते हैं और आपको ऐसी-ऐसी सूचनाएं देते हैं, जिनके लिए सी.बी.आई., रॉ या कई बार तो इंटरपोल भी सर पटक चुकी होती है। स्थानांतरण या पदोन्नति की सूची इनकी उंगलियों पर होती है, सूचना के इस तंत्र को सफलता के हथियार के रूप में प्रयोग किया जाता है। करीना कपूर और शाहिद कपूर की मित्रता में दरार के चर्चे तो आपको टी.वी. से पता चल गए होंगे, परन्तु झगड़ा क्यों हुआ? डायलॉग दर डायलॉग क्या बात हुई, यह केवल इन्ही के चैनल पर उपलब्ध होती है।

एम.एस. धोनी और दीपिका पादुकोण के बारे में ताजातरीन जानकारी, छठे वेतन आयोग की वे सिफारिशें जो अब तक किसी को पता नहीं, इनके द्वारा आपको सहज ही उपलब्ध हो जाती हैं। दुःख की बात यह है कि ये लोग इन्हीं सब बातों में खुशी ढूंढते हैं और असफल हो जाते हैं। बहुत बार इनमें हमारे अपने लोग भी होते हैं। हम उनसे प्रेम तो कर सकते हैं, परन्तु उनकी अधिक संगति

से बचना चाहते हैं। जब गम्भीरता से आप इन्हें कुछ ऐसा करने को कहते हैं, जिससे उनकी उन्नति हो, तो उतनी ही गंभीरता से वे आपको बताते हैं कि वे ऐसा नहीं कर सकते। यही असफलता है। वास्तव में 'मैं नहीं कर सकता'-ऐसा नहीं है। सच्चाई यह है कि आप दूसरा रास्ता चुनना ही नहीं चाहते।

असफलता की कीमत सफलता की कीमत से हमेशा अधिक होती है। अतः असफल लोगों की न बात मानें न अधिक संग करें। यदि नितान्त अपने हैं, तो उनकी सफल होने में सहायता करें, उनसे स्नेह रखें, पर इतनी संगति न रखें कि आपकी सफलता प्रभावित हो। कई बार माता-पिता भी हमारे अनिष्ट की आशंका से हमें कोई कार्य न करने की सलाह देते हैं। इन लोगों की बातों को अपवाद स्वरूप ग्रहण करें। अन्यथा रास्ते से हट जाएं।

एक बार एक खेत की मेंड़ पर आमने-सामने से दो व्यक्ति आ रहे थे। मेंड़ पर एक ही आदमी के चलने लायक जगह थी और ये दोनों एक-दूसरे के विरोधी थे। जब वे बिल्कुल आमने-सामने आ गए तो एक ने कहा-"मैं मूर्ख लोगों के लिए रास्ता नहीं छोड़ता"। दूसरे ने कहा-"मैं छोड़ देता हूं, आप जा सकते हैं।"

यदि ऐसी स्थिति आ जाए, तो रास्ता छोड़ दीजिए।

यदि हम किसी विशेष क्षेत्र में सफलता चाहते हैं, तो जरूरी है कि हम उस क्षेत्र के सफलतम लोगों की संगति में रहें। यदि हमें आध्यात्मिक क्षेत्र में सफल होना है, तो तुलसीदासजी ने कहा है कि थोड़ी देर की संगति भी आपको सफल बना सकती है। वे कहते हैं-

एक घड़ी, आधी घड़ी, आधी में पुनि आध।
तुलसी संगत साधु की, मिटै कोटि अपराध॥

जब मैं नौंवी कक्षा में पढ़ता था, तो हिन्दी की पांच पुस्तकें होती थीं। उसमें एक पुस्तक थी-गद्य संकलन। उस पुस्तक में लेखों का संग्रह था। उसमें एक लेख था जिसका नाम था- 'साहित्य की महत्ता'। उस लेख की एक बात मुझे बहुत अच्छी लगती थी- 'जिस प्रकार स्वस्थ शरीर के लिए अच्छे भोजन की आवश्यकता होती है, उसी प्रकार स्वस्थ दिमाग के लिए अच्छे साहित्य और अच्छे विचारों की आवश्यकता होती है।' अच्छे विचारों के लिए आपको अच्छे लोगों की संगति में जाना होगा। वही सफल लोग भी होते हैं। जिस प्रकार की संगति में हम रहते हैं, उसी प्रकार के बन जाते हैं। कहा भी गया है-

जैसी संगति बैठिए, तैसो ही फल दीन।
कदली सीप भुजंग मुख, स्वाति एक गुण तीन॥

स्वाति नक्षत्र की बूंद यदि केले के पत्ते पर गिर जाए, तो कर्पूर बन जाती है, यदि सीप में गिर जाए तो मोती बन जाती है और यदि सर्प के मुंह में गिर जाए तो जहर बन जाती है। इसलिए उन्हीं लोगों का संग आवश्यक है, जहां आप भी मोती बन जाएं। हमारे ग्रन्थों में कहा गया है कि बड़े लोगों का संग किसके लिए लाभकारी नहीं होता? छोटा-सा कीड़ा भी फूल की संगति से भगवान के सिर तक पहुंच जाता है।

सफल लोगों की संगति का एक सबसे बड़ा लाभ यह होता है कि वे कभी भी आपको निरुत्साहित नहीं करते। बड़े लोग कभी भी बड़े विचारों पर हंसते नहीं, मजाक नहीं उड़ाते बल्कि वह कार्य करने में आपकी सहायता करते हैं। उदाहरण के लिए आप एक ऐसे मित्र के पास जाइए, जिसके पास कार नहीं है। उसे बताइए कि आप पांच लाख की कार खरीदने जा रहे हैं। वह न केवल आपको बुद्धिहीन बताएगा, आपके अपव्यय और आर्थिक मंदी से लेकर संसार की नश्वरता और कार एक फालतू खर्च है, जैसे विषयों पर अपनी मजबूत पकड़ को सिद्ध कर देगा। हो सकता है आपके जाने के बाद वह दो चार मित्रों के साथ मिलकर आपका मजाक उड़ाने का लोभ भी संवरण न कर पाए। किन्तु दूसरी ओर आप एक ऐसे मित्र के पास जाएं, जिसके पास पहले से पांच लाख रुपए की गाड़ी हो, तो वह आपको न केवल गाड़ी खरीदने के लिए प्रेरित करेगा, अपितु गाड़ी रखने के लाभ बताएगा और अच्छी गाड़ी का चयन करने में आपकी मदद भी करेगा। जो लोग कहते हैं कि आप सफल हो सकते हैं, ध्यान रखिए वे सफल लोग हैं। उनकी सलाह मानकर चलना श्रेयस्कर है और जो लोग नकारात्मक सोच वाले हैं, उनकी सलाह को चुनौती मानकर चलिए। सफल लोगों की संगति में रहने का एक बड़ा लाभ यह है कि वे आपकी सफलता से न तो जलते हैं, न उन्हें प्रतियोगिता का डर होता है, क्योंकि वे उस क्षेत्र के पहले से सफल लोग हैं। बहुत से लोग अपनी स्वयं की कमियों के कारण सफल नहीं हो पाते और वे मानवीय कमियां हर उस चरित्र में ढूंढते हैं, जो सफल होना चाहता है। इसलिए जरूरी है कि किसी भी क्षेत्र के सफल लोगों के साथ रहा जाए। मान लीजिए आपको भारत का एक नामी वकील बनना है। इसके लिए कानून पढ़ना और उसकी पूरी जानकारी होना तो आवश्यक है ही, यह भी आवश्यक है कि आप किसी अच्छे और सफल वकील के सहायक बनें और उसे न्यायालय में बहस करते देखें।

जीवन में आवश्यक है कि हम जो भी कार्य करें, इस बात का ध्यान रखें कि उसे वैसे करें जैसे सफलतम लोग कहते हैं। उसके लिए यदि आपको कुछ कीमत चुकानी पड़े, तो भी तैयार रहना चाहिए। जब हम सफल लोगों के साथ रहते हैं, तो हमें अच्छी चीजों की जानकारी मिलती है। यह मेरा व्यक्तिगत अनुभव है कि जब हम प्रथम श्रेणी में यात्रा करते हैं, तो उसी श्रेणी के लोगों से मुलाकात होती है और आपको उनके अनुभवों का बहुत लाभ होता है। इसके अलावा अब कुछ कंपनियां जब संभावित उम्मीदवारों का साक्षात्कार करती हैं, तो उन्हें नियुक्ति-पत्र देने से पहले वे उस उम्मीदवार की पारिवारिक पृष्ठभूमि के बारे में भी पता करती हैं कि इस व्यक्ति ने अपना अधिक समय किस प्रकार के लोगों के साथ बिताया है और उसका कम्पनी के अन्य कर्मचारियों पर क्या प्रभाव होगा। यह बात सही है कि आपके खास मित्रों को जानने से ही आपके बारे में बहुत कुछ पता चल जाता है। आपका भविष्य इस बात पर निर्भर करता है कि आपने अपने जीवन के पिछले पांच साल किन लोगों और किन पुस्तकों के साथ गुजारे हैं।

आपने अक्सर देखा होगा कि जब हमारी क्रिकेट टीम अच्छा प्रदर्शन करती है और किसी नए खिलाड़ी का प्रदर्शन अच्छा होता है या किसी नए खिलाड़ी को टीम में शामिल किया जाता है, तो हमेशा अपने साक्षात्कार में नए खिलाड़ी कहते हैं कि वे इस बात से रोमांचित हैं कि उन्हें सचिन तेंदुलकर के साथ बैठने का मौका मिलेगा। सफल लोगों की संगति में रहने से आपको अपना और उनका अन्तर स्पष्ट नजर आता है और आपको मालूम हो जाता है कि आपको कहां सुधार करना है। यही नहीं, उनसे आपको यह भी पता चल जाता है कि हमें अपने में सुधार कैसे करना है। सफल लोगों के साथ रहने का एक बड़ा लाभ यह है कि उनके पास विचार होते हैं और बड़े विचार होते हैं। सफल लोग सफलता का मंत्र जानते हैं। असफल लोग जिन कामों को बेकार समझते हैं, सफल लोग उन्हें पूरी गंभीरता से करते हैं। मेरे बहुत-से पहचान के लोग ऐसे हैं, जो किताबें पढ़ने को केवल टाइम पास मानते हैं, किन्तु जितने भी सफल लोगों से मैं मिला हूं, उनमें कम से कम अपने विषय को पढ़ने का बहुत शौक है। सफल लोगों को देखकर हम लोग प्रोत्साहित होते हैं और जब हम सफल लोगों की संगति में रहते हैं, तो हमें स्वयं समझ आ जाता है कि यदि इनकी तरह करें तो सफल हुआ जा सकता है।

❍❍❍

19

निरंतरता की कमी

एक व्यक्ति को एक बार स्वर्ग देखने का अवसर प्राप्त हुआ। जब वह स्वर्ग में पहुंचा, तो एक विशेष व्यक्ति उसे स्वर्ग दिखाने के लिए नियुक्त किया गया। वह व्यक्ति जब स्वर्ग देख रहा था, तो अचानक उसे एक ऐसा कमरा दिखाई दिया, जिस पर ताला लगा हुआ था। उसने सोचा कि स्वर्ग में तो सारी सुविधाएं सबके लिए उपलब्ध हैं, मांगने की आवश्यकता ही नहीं, इच्छा करते ही इच्छा पूर्ण हो जाती है, इसलिए यहां कोई चोरी-चकारी नहीं कर सकता। फिर भी इस कमरे पर ताला क्यों लगा हुआ है? वह सोचता रहा और उसकी उत्सुकता बढ़ती रही। अन्ततः उसने अपने 'गाइड' से पूछा कि यहां किसी भी कमरे के दरवाजे पर ताला नहीं है, तो फिर इस कमरे में ऐसी क्या विशेष बात है जो इस पर ताला लगाया गया है? 'गाइड' ने उत्तर दिया कि इस कमरे में वे वस्तुएं बन्द हैं, जिन्हें लोग बार-बार प्रार्थना करके भगवान से मांगते थे और भगवान ने उन्हें ये वस्तुएं देना स्वीकार भी कर लिया था। तब इस व्यक्ति ने पूछा कि यदि ऐसी बात है, तो भगवान ने इन वस्तुओं को उन लोगों के सुपुर्द क्यों नहीं किया? गाइड ने कहा कि इससे पहले कि भगवान उन तक ये वस्तुएं पहुंचाता, उन्होंने प्रार्थना करना छोड़ दिया। अगर वे निरतंर प्रार्थना करते रहते, तो निश्चित रूप से भगवान उनकी मुंह मांगी मुराद उनको देने ही वाले थे।

इस कहानी का भावार्थ यह है कि हममें किसी भी काम को करने की निरंतरता की कमी नहीं होनी चाहिए। जब किसी कार्य की निरंतरता भंग हो जाती है, तो वांछित परिणाम प्राप्त नहीं होते। जब किसी मार्ग पर लोग कुछ समय के लिए यदि चलना छोड़ दें, तो उस रास्ते पर घास-फूस उगने लगती है। यदि निरंतर रूप से अच्छी बातें सोचना छोड़ दें, तो अपने आप बुरे विचार पैदा होने लगते

हैं। निरंतरता की कमी किसी भी कार्य की सफलता में बहुत बड़ी बाधा होती है। वास्तव में निरंतरता ही जीवन है। कारण यह है यदि इस ब्रह्मांड की एक-एक वस्तु पर हम ध्यान दें, तो हमें अनुभव होगा कि कायनात का हर एक जर्रा, ब्रह्मांड का सूक्ष्म से सूक्ष्म अंश निरंतर गतिमान है। इस निरंतरता में बाधा आने का अर्थ है- प्रलय का संकेत। यदि पृथ्वी निरंतर गतिशीलता को त्याग दे तो क्या होगा? ऋतुओं का चक्र निरंतर चलने के स्थान पर कभी-कभी अचानक ही चलने या रुकने लगे तो? ग्रहों की गति में निरंतरता न हो तो विश्व का सारा कारोबार ठप हो जाए, वैज्ञानिकों की गणनाएं गलत हो जाएं, खगोलविदों की गणनाएं उलट-पुलट हो जाएं, भविष्यवाणियां होने की संभावना ही न बचे। मनुष्य का जीवन संकट में पड़ जाए। यदि नदी निरंतर बहना छोड़ दे, यदि हवा निरंतर चलना छोड़ दे। धमनियों में रक्त निरंतर बहना बन्द कर दे। हृदय निरंतर धड़कना बंद कर दे, सांस निरंतर चलना बंद कर दे, तो उस समय जीवन की कल्पना करना कैसा रहेगा? कदाचित उस अवस्था को हम 'जीवन' कह ही नहीं पाएंगे, क्योंकि यदि यह सब चल रहा है तो ही जीवन है। इनमें से कोई भी निरंतरता छोड़ दे, तो जीवन रहेगा ही नहीं।

यदि हम एक-छोटा-सा उदाहरण देखें कि हम सब लोग अपने पास एक घड़ी रखते हैं। जो भी लोग रख सकते हैं। कुछ लोग दो सौ रुपए की घड़ी रखते हैं और कुछ दो लाख की घड़ी रखते हैं। मेरे एक मित्र के पास एक रौलेक्स की घड़ी है, जिसकी कीमत लगभग पांच लाख रुपए है। यह घड़ी भी वही काम करती है, जो दो सौ रुपए की घड़ी करती है। इसके अतिरिक्त यह महंगी घड़ी कलाई की सुन्दरता भी बढ़ाती है। परन्तु मान लीजिए कि घड़ी की कीमत कोई भी हो, मगर घड़ी चल न रही हो तो क्या आप केवल इसलिए इसे पहनना चाहेंगे कि कलाई सुन्दर हो जाएगी। यदि लालच को छोड़ दें तो शायद रुकी हुई घड़ी पहनना कोई भी नहीं चाहेगा। कारण, उसमें निरंतरता समाप्त हो गई है। यहां तक कि जब किसी व्यक्ति की मृत्यु हो जाती है, तो उसके धर्मानुसार उसे या तो जला दिया जाता है या जमीन में दफना दिया जाता है। कितना भी प्रिय व्यक्ति हो उसे घर में कोई नहीं रखता। कारण-उसमें निरंतरता नहीं है। जरा सोच कर देखें कि एक सांस आती है, एक जाती है। इससे अधिक आक्सीजन हम एक बार में अपने अन्दर नहीं भरते। परन्तु जीवन ऑक्सीजन से नहीं निरंतरता से चलता है। अगर निरंतरता भंग हो गई, तो उस व्यक्ति के चारों ओर ऑक्सीजन होने के बावजूद वह जीवित नहीं हो सकता। निरंतरता चाहिए।

निरंतरता का अर्थ है-चलते जाना। जब आप कोई काम करते-करते थक जाएं-थक कर चूर-चूर हो जाएं, उसके बाद भी काम करते रहना निरंतरता है। हमारे यहां के कितने ही फिल्मी गानों के माध्यम से निरंतरता का संदेश अपने दर्शकों और श्रोताओं को फिल्मकार देते रहते हैं। उदाहरणार्थ-

एक रास्ता है जिन्दगी, जो थम गए तो कुछ नहीं....
रुक जाना नहीं, तू कहीं हार के....
जीवन चलने का नाम, चलते रहो सुबह शाम.... आदि

गीतों द्वारा हमारे गीतकार अपने श्रोताओं को प्रेरित करते रहे हैं। जैसा मैंने पहले कहा कि थकने के बाद भी चलते रहना ही निरंतरता है और सफलता की सबसे बड़ी कुंजी निरंतरता ही है। जेम्स जे. कोरबेट हैवीवेट चैंपियन थे। वे कहते थे कि "जब संघर्ष कठिन हो, तो आप एक राउंड और खेलने से चैंपियन बन जाते हैं।", यानि थोड़ा-सा और! छोड़ना नहीं! हारना नहीं! यदि पानी को 100 डिग्री सेल्सियस तक गर्म किया जाए, तो वह उबलने लगता है और यदि उसे एक डिग्री और गर्म कर दिया जाए, तो वह भाप में परिवर्तित हो जाता है। वही भाप एक पूरी ट्रेन को खींच सकती है, जबकि वह पानी ट्रेन को हिला भी नहीं सकता था। अगर थोड़ा और गर्म कर दिया जाए, तो परिणाम आश्चर्यजनक हो सकते हैं। जर्मनी फुटबाल टीम का गोलरक्षक "कान" तब तक गोल रोकने का अभ्यास किया करता था, जब तक उसके घुटनों से खून आना शुरू नहीं हो जाता था और यह कार्य उसने दिनों नहीं, वर्षों तक किया। परिणाम-विश्व का सर्वश्रेष्ठ गोलरक्षक बना।

हमें अक्सर लोगों द्वारा सलाह दी जाती है या यूं कहिए कि यह एक कहावत बन गई है कि जब लोहा गर्म हो तो चोट करें, परन्तु क्या यह बात अधिक उचित नहीं होगी कि चोट मार-मार कर लोहे को गर्म करें। इसका नाम है-निरंतरता। ऐसे लोग जो तुरन्त परिणाम चाहते हैं, उनमें निरंतरता की कमी होती है। ये वे लोग होते हैं, जो आज बीज बोकर अगले दिन खोद कर देखने लगते हैं कि पौधा कितना बड़ा हो गया है। इस प्रकार के लोगों को आपने अक्सर कहते सुना होगा-'बोर हो गए यार!' यदि दूसरा कोई व्यक्ति भी उन्हें लगातार कार्य करता दिखाई दे, तो उससे भी एक ही बात पूछते हैं-'आप बोर नहीं होते।' परन्तु जिनकी आंखें लक्ष्य पर हों, उन्हें बोर होने की फुर्सत कहां?

थामस एडीसन का एक सहायक था। एक दिन एडीसन ने उसे पांच हजार नमूने परीक्षण के लिए दिये। उसने खुशी-खुशी अपना काम शुरू कर दिया।

सुबह से दोपहर और दोपहर से शाम हो गई। वह मस्त होकर अपने काम में लगा हुआ था। शाम को एडीसन ने उससे पूछा कि कभी-कभी मैं तुम्हें इतने नमूने परीक्षण के लिए दे देता हूं, क्या तुम बोर नहीं होते? उसने कहा-'नहीं सर!' एडीसन ने पूछा-'तुम इतने प्रसन्नचित्त किस प्रकार रहते हो?' उसने उत्तर दिया, "सर! जब मैं शुरू करता हूं तो यह मानकर शुरू करता हूं कि इससे मुझे आपको और दुनिया को लाभ होगा। दूसरी बात-मैं यह सोचकर शुरू करता हूं कि आज का यह आखिरी नमूना है, जिसका मुझे परीक्षण करना है। जब वह हो जाता है, तो अगले को आखिरी समझता हूं। जब वह हो जाता है, तो अगले को आखिरी समझता हूं और उसका परीक्षण करना शुरू कर देता हूं और अन्त में मेरे हाथ में आखिरी नमूना होता है।" यह है-निरंतरता! आप यकीन मानें, जीवन में जितने लोग अपने लक्ष्यों को पाने में असफल होते हैं, उनमें बहुतायत उन लोगों की होती है, जिनमें निरंतरता नहीं होती।

हम लोगों में छोड़ने की बहुत बुरी आदत होती है। आप इस बात से अनुमान लगाएं कि मान लीजिए एक ऊंची मेज पर एक खिलौना रखा है। एक छोटा बच्चा उसे देखता है और उसे पाने का प्रयास करता है, परन्तु वह उसके हाथ की पहुंच से थोड़ा ऊपर है। वह इस प्रयास में बार-बार गिरता है, फिर उठता है फिर प्रयास करता है लेकिन वह खिलौना उसकी पहुंच से बाहर है। क्या आप बता सकते हैं कि वह बच्चा कितनी देर तक उस खिलौने को प्राप्त करने का प्रयास करेगा? आप सही सोच रहे हैं। वह बच्चा तब तक प्रयास करता रहेगा, जब तक उसको वह खिलौना प्राप्त नहीं हो जाता। वह रोएगा, चिल्लाएगा। भले ही कोई दूसरा व्यक्ति वह खिलौना उठाकर दे, किन्तु वह मानेगा तभी जब वह खिलौना उसे मिल जाएगा। बालहठ शायद इसी का नाम है। यानि यह छोटी-सी बात वह बच्चा भी जानता है कि प्राप्त होने तक छोड़ना नहीं। हममें से ज्यादातर लोग किसी काम को जितनी जल्दी छेड़ते हैं, उतनी ही जल्दी छोड़ते हैं। डेक्सटर येगर ने कहा कि हम लोग ग्रोन अप्स (grown ups) नहीं हैं, गिवन अप्स (given ups) हैं।

'निरंतरता' शब्द अपने आपमें एक बहुत व्यापक अर्थ छिपाए है। निरंतरता का अर्थ एक लम्बी प्रक्रिया से है। दुनिया के जितने भी सफल लोग हैं, उनके जीवन में झांकने से पता चलता है कि उनके पीछे मेहनत, लगन, त्याग की एक लम्बी प्रक्रिया है। जीवन की परीक्षा कब हो जाए मालूम नहीं, इसलिए तैयारी करते रहना ही सफलता है। आप कदाचित मेरी इस बात से सहमत होंगे कि पढ़ाई

करते हुए एक परीक्षा पास करने के लिए हम लोगों को सालभर तैयारी करनी पड़ती है। स्नातक की एक डिग्री के लिए पन्द्रह वर्ष लगातार मेहनत करनी पड़ती है। जिन विद्यार्थियों की तैयारी में निरंतरता नहीं होती, क्या उन्हें वह सफलता मिल पाती है, जो निरंतर तैयारी करने वाले विद्यार्थी को मिलती है। जिस प्रकार हम एक दिन ढेर सारा खाना खाकर जीवनभर की भूख नहीं मिटा सकते, जिस प्रकार हम एक दिन व्यायाम करके जीवनभर के लिए स्वस्थ नहीं हो सकते, उसी प्रकार एक दिन पढ़ाई करके विद्वान नहीं बना जा सकता। बहुत सारे लोग इस हकीकत को समझ नहीं पाते और असफल हो जाते हैं।

कई लोग मुझसे कहते हैं कि अगर इसके बाद भी सफलता न मिले और रुकावटें आएं तो क्या करें। यहां कई और बातें भी हैं, जिनका मिश्रण 'निरंतरता' के साथ आवश्यक है। एक व्यक्ति ने मुझे बताया कि वह पिछले 10 साल से लॉटरी के टिकट खरीद रहा है, परन्तु आज तक बम्पर ड्रा में उसका नाम नहीं आया। इस तरह की बातें बचकानी लगती हैं। मैंने केवल इतना कहा कि वही पैसा दस साल में आपने ठीक से निवेश किया होता, तो भले ही बम्पर न होता पर काफी कुछ हो गया होता। मैं जानता हूं कि कठिनाइयां आती हैं, आगे बढ़ना कई बार कठिन हो जाता है, फिर भी चलना ही तो निरंतरता है। सभी समुद्री जहाज चालक इस बात को जानते हैं कि जब जहाज आगे की ओर न जा रहा हो, तो उस जहाज को चलाना असंभव है, किन्तु सभी चालक इस बात से भी परिचित हैं कि उसे दिशा बदल कर भी चलाया जा सकता है।

वास्तव में सफलता किसी स्थान पर या किसी लक्ष्य पर पहले पहुंचने का नाम नहीं है अपितु अपने समय में वहां पहुंचने का नाम है। मैं एक उदाहरण के माध्यम से इसे और स्पष्ट करना चाहूंगा। मैं बचपन से एक प्रोफेसर बनना चाहता था। जब मैंने एम.ए. किया, उस समय यदि मैं यह सोचता कि मुझसे पहले तो कितने प्रोफेसर बन चुके हैं, अब इसका क्या फायदा? ऐसा नहीं है। पुनः मैं अपनी बात को रखना चाहूंगा कि सफलता किसी स्थान पर पहले पहुंचने का नाम नहीं है-अपने समय में पहुंचने का नाम है। कुछ समय पहले मैंने टीवी पर एक समाचार देखा कि एक व्यक्ति ने 70 वर्ष की आयु में दसवीं की परीक्षा पास की। शायद आपने भी इस प्रकार के समाचार देखे-सुने होंगे। ठीक है, उस व्यक्ति ने 50वीं बार परीक्षा दी और सफल हो गया। उसकी निरंतरता को सलाम! किन्तु यदि अपनी युवावस्था के समय उसे यह सफलता मिली होती, तो शायद उसके जीवन में अधिक लाभ पहुंचा सकती थी। सफलता इसी प्रकार

से है, जैसे शेयर बाजार में समझदारी से धीरे-धीरे पैसा लगाना। हम सब जानते हैं कि छोड़ देने का परिणाम निश्चित है-असफलता। फिर प्रयास क्यों न किया जाए, उसमें निरंतरता क्यों न रखी जाए। सफलता एक दिन की मेहनत से नहीं, दैनिक मेहनत से मिलती है। अतः जब तक सांस है, निरंतरता में कमी नहीं आने देनी चाहिए, क्योंकि सफलता की शत्रु है-निरंतरता में कमी।

एक विद्यालय में बोपदेव नाम का एक विद्यार्थी पढ़ता था। पढ़ने-लिखने में कमजोर था, इसके कारण अध्यापक भी कभी-कभी डांट देते थे। एक बार अध्यापक ने कक्षा में परीक्षा ली और बोपदेव को परीक्षा में शून्य मिला। अध्यापक ने उसको बहुत डांटा और दो-चार चपत भी लगा दिए। बोपदेव बड़ा उदास हुआ। उसे लगा कि अब तो हर रोज कक्षा में उसका अपमान होता है। जीने का न कोई लाभ है, न लक्ष्य। इसलिए आत्महत्या करने चल दिया। कुछ दूर चलने के बाद उसे प्यास लगी। अब तक वह गांव से बाहर आ चुका था। वहां एक कुएं पर महिलाएं पानी भर रही थीं। उसने जाकर उनसे पानी पिलाने का निवेदन किया।

एक महिला ने उसे कुएं की जगत पर चढ़ने के लिए कहा। वह ऊपर चढ़ गया और अपनी प्यास बुझा ली। तभी उसकी नजर कुएं के किनारों पर पड़ी। उसने देखा कि जगह-जगह निशान पड़े हुए हैं। उसने उन महिलाओं से पूछा कि इस पत्थर पर ये निशान कैसे हैं? एक महिला हंसते हुए बोली-'अरे बुद्धू! इतना भी नहीं पता। जब हम रस्सी से पानी का घड़ा खींचती हैं और फिर भरने के लिए डालती हैं, तो बार-बार रस्सी के आने-जाने से यह पत्थर कट गया है।' बोपदेव की आंखें खुल गईं। उसे समझ आ गया कि यदि मैं भी लगातार अभ्यास करूं, तो मैं भी पढ़ने-लिखने में तेज हो सकता हूं और वैसा ही हुआ। उस दिन से बोपदेव ने लगातार अभ्यास शुरू कर दिया और प्रसिद्ध वैय्याकरण बना।

अभ्यास या निरंतरता के द्वारा हम कठिन चीजों को भी अपने लिए सरल बना सकते हैं, इसीलिए किसी भी कार्य में सफलता के लिए निरंतरता आवश्यक है। कहा भी है-

करत करत अभ्यास के जड़मति होत सुजान।
रसरी आवत जावत ते सिल पर पड़त निसान॥

हम सब जानते हैं कि पूरी प्रकृति में यदि कोई बात समान दिखाई देती है तो वह है- निरंतरता। सूर्य, चंद्रमा, पृथ्वी आदि निरंतर चल रहे हैं। दिन के बाद रात

और फिर दिन निरंतर चल रहे हैं। ऐसा कभी नहीं हुआ कि कभी रात के बाद दिन न निकला हो या दिन के बाद रात न आई हो। नदी पर्वत से निकलती है और निरंतर चलती रहती है। उसकी बूंद-बूंद समुद्र तक पहुंचती है। रास्ते में कुछ भी आ जाए, उसकी धार को रोक नहीं पाता। इसी प्रकार समय निरंतर चलता रहता है और वैसे ही मानवजीवन भी। हम इन सब चीजों का आदर इसलिए करते हैं कि इनमें निरंतरता है। जहां यह निरंतरता समाप्त हुई, मनुष्य के लिए इन सब चीजों को सहन करना कठिन हो जाएगा। सांस चलने की निरंतरता में पांच मिनट का व्यवधान भी जीवन को समाप्त कर देता है।

जिस प्रकार पूरी प्रकृति में इस बात की समानता है, उसी प्रकार दुनिया भर के सफल लोगों में यदि किसी बात की समानता है, तो निरंतरता की। निरंतरता यदि आप के कार्य में नहीं है, तो सफल हो पाना असंभव है। लता मंगेशकरजी को विश्व में स्वर-साम्राज्ञी के नाम से जाना जाता है। गाने के प्रति उनकी लगन ऐसी थी कि उन्होंने निरंतर अभ्यास किया और न केवल 50000 से अधिक गीत गा चुकी हैं, बल्कि आज भी उनकी आवाज और कला का कोई सानी नहीं है। शेर और हिरण को अपने जीवन में निरंतर भागना पड़ता है। शेर को इसलिए कि शिकार नहीं मिला, तो जीवन समाप्त हो जाएगा और हिरण को इसलिए कि शेर का हाथ पड़ गया, तो जीवन समाप्त हो जाएगा।

इस प्रकार जितने भी सफल लोग हैं, निरंतरता उनके जीवन का अभिन्न अंग है। निरंतरता का अर्थ है-हठ करके परिश्रम करना, लगातार करना, या यूं कहें कि निरंतरता का अर्थ है-तब परिश्रम करना, जब आप परिश्रम करके थक चुके हों। एक दिन जिम जाकर कोई पहलवान नहीं बन सकता। सतत प्रयत्न की आवश्यकता होती है। एक दिन यदि पानी बरसता है, तो उसे बरसात कहते हैं, मगर उसे मौसम बनने के लिए महीनों बरसना पड़ता है। निरंतरता का स्थान कोई दूसरी वस्तु नहीं ले सकती। गुणों से सफलता नहीं मिलती। आपने बहुत से ऐसे गुणी लोगों को देखा होगा, जो असफल हैं। केवल ज्ञान से सफलता नहीं, मिल सकती। बहुत से ज्ञानी लोग आपको ऐसे मिल जाएंगे, जिनकी बात कोई सुनता नहीं। केवल शिक्षा के आधार पर सफल होना भी कठिन है। आपने बहुत सारे शिक्षित लोगों को देखा होगा, जिन्हें आज तक नौकरी नहीं मिली। आपको निरंतर अपना कार्य करते रहना है। सफलता अपने-आप आ जाएगी।

निरंतरता का अर्थ लम्बी दौड़ नहीं है। यह छोटी-छोटी दौड़ों का एक अनन्त सिलसिला है। जीवन स्वयं एक निरंतरता है, अनुभवों की शृंखला है। कहते हैं

कि जब लोहा गर्म हो जाए, तो उस पर हथौड़ा मारना चाहिए, किन्तु निरंतरता वह है, जो हथौड़े मार-मार कर लोहे को गर्म कर दे। जब हम किसी सुरंग में घुसते हैं, तो अंधेरा होता जाता है, किन्तु अगर चलते रहें तो सुरंग के दूसरे सिरे पर उजाला अवश्य मिलता है। इसीलिए हमारे यहां हठयोग की बात की गई है। मैं जानता हूं कि पानी-पानी चिल्लाने से प्यास तो नहीं बुझेगी, परन्तु किसी के कान में आपकी आवाज तो जा सकती है। मेरे गुरु महाराज कहते थे कि अपने मालिक का द्वार खटखटाते रहो। यदि आप भूखें हैं और घर में खाने के लिए कुछ भी नहीं है, तो क्या आप सो जाएंगे। जब लगातार उसका द्वार खटखटाएंगे, तो उसे खोलना भी होगा और खिलाना भी।

OOO

20

भौतिकवाद को नकारना

तंगदस्ती अगर न हो गालिब-
तंदरुस्ती हजार नेमत है।

मशहूर शायर मिर्जा गालिब की ये पंक्तियां आज भी उतनी ही प्रासांगिक हैं, जितनी उस समय थीं, जब गालिब ने ये पंक्तियां लिखी होंगी और भविष्य में भी उतनी ही प्रासंगिक रहेंगी। जब तक दुनिया का कारोबार चलेगा, तब तक धन की आवश्यकता बनी रहेगी। हमारे देश में रामराज्य की कल्पना का अर्थ है कि प्रत्येक व्यक्ति के पास पर्याप्त सुख के साधन उपलब्ध हों, पूरा समाज धन-धान्य से समृद्ध हो। जैसा मैंने इस पुस्तक के शुरू में कहा था कि सफलता की परिभाषा हर व्यक्ति के लिए अलग-अलग है। परन्तु एक बात सब प्रकार की सफलताओं में निहित है कि हर प्रकार की सफलता में कहीं न कहीं पैसा जुड़ा हुआ है। चाहे वह सफलता का व्यवसाय हो या परीक्षा का। व्यापार का हो या व्यवहार का। खेलों का हो या कैरियर का। पैसा इन सब में एक महत्वपूर्ण तत्व के रूप में विद्यमान रहता है। राजनीति हो या कूटनीति, पैसा एक वास्तविकता है।

मैं संतों, महापुरुषों की बात नहीं करता, जिन्होंने संसार को त्याग दिया और जंगलों में रहकर तपस्या करने लगे तथा वहीं के कंदमूल खाकर भगवद्भजन करने लगे। आज यदि आप संसार त्यागकर जंगलों में रहने भी जाएं, तो एक तो वन-विभाग आपको वहां रहने नहीं देगा और वन देखने भी जाएं, तो उसके पैसे देने होंगे। खैर! कहने का अभिप्राय यह है कि यदि एक व्यक्ति, जो समाज में रहता है, समाज के साथ उसका व्यापार व व्यवहार चलता है, उसके लिए धन का महत्व कम या ज्यादा तो हो सकता है, न हो, ऐसा संभव नहीं है। फिर भी आपने अपने आस-पास बहुत बार अनुभव किया होगा कि अक्सर लोग कहते हैं कि अमुक व्यक्ति पैसे के पीछे पागल है। और, यह बात अक्सर उन लोगों के मुंह से ज्यादा सुनाई देती है, जो स्वयं न मेहनत कर सकते हैं न अपने अन्दर

कोई ऐसा गुण पैदा करने का प्रयास करते हैं, जो उन्हें पैसा कमा कर दे सके। और जब हम दूसरों के पैसा कमाने पर इस प्रकार की प्रतिक्रिया व्यक्त करते हैं, तो समझिए कि यह हमारी असफलता का एक कारण है।

बहुत से लोग समाज में आपको कहेंगे कि आप तो पैसे के पीछे भाग रहे हैं। मुझे लोगों की इस बात पर बहुत हंसी आती है। इस दुनिया में सभी लोग पैसे के पीछे भाग रहे हैं, अन्तर केवल इतना है कि कुछ लोग हजारों के पीछे भाग रहे हैं, कुछ लाखों के पीछे और कुछ करोड़ों के। यदि आप आज अपने बच्चों की उच्च शिक्षा का खर्च वहन करने में असमर्थ हैं, तो क्या आप एक सफल पिता सिद्ध हो सकते हैं। यदि आप अपनी पत्नी की उचित एवं अनिवार्य मांगों को पूरा करने में असमर्थ हैं, तो क्या स्वयं को सफल पति कह सकते हैं या आप अपने उन वृद्ध माता-पिता की देखभाल करने में आर्थिक रूप से अक्षम हैं, जिन्होंने अपने जीवन की हर प्रसन्नता को आपकी मुस्कुराहटों से जोड़कर देखा, तो क्या स्वयं को एक सफल पुत्र समझ सकते हैं।

आज यदि आप पैसे के महत्व को नकारते हैं, तो आप स्वयं के लिए असफलता चुन रहे हैं। जैसाकि मैंने कहा कि सफलता से किसी न किसी रूप में पैसा अवश्य जुड़ा है। मैं जानता हूं कि पैसा ही जीवन में सब कुछ नहीं है, परन्तु यह बात कहना उन्हीं लोगों को ठीक लगता है, जिनके पास ढेर सारा पैसा है। अन्यथा जिन लोगों के पास जीवन की मूल आवश्यकताओं की पूर्ति के लिए भी साधन उपलब्ध नहीं है, उनसे पूछा जाए कि पैसे की कीमत क्या है। आज यदि पैसा जीवन में सब कुछ नहीं है, तो निश्चित रूप से बहुत कुछ है। हमारे यहां युगों से एक प्रसिद्ध कहावत सुनी जाती है कि **गरीब की जोरू सब की भाभी और अमीर की जोरू सब की दादी**। गरीब व्यक्ति को लोग अपना रिश्तेदार तक बताना पसंद नहीं करते। कवि गिरधर ने लिखा है-

साांई इस संसार में पैसे का व्यवहार।
जब लग पैसा गांठ में तब लग ताको यार॥
तब लग ताको यार, यार संग ही संग डोलैं।
पैसा रहे न पास यार मुख से नहीं बोलैं॥

स्वयं को धोखा देने के लिए हम कितनी ही आदर्शवादी बातें करें, परन्तु पैसा जीवन की एक बड़ी सच्चाइयों में से है। मैं पूर्णत: इस बात से सहमत हूं कि पैसा जितना आवश्यक है, उसका माध्यम शुद्ध और पवित्र होना भी उतना ही आवश्यक है। अन्यथा गलत ढंग से कमाया गया पैसा केवल बुराइयां ही

पैदा करता है। उपन्यास सम्राट मुंशी प्रेमचन्दजी ने लिखा है- 'गलत तरीकों से कमाया गया धन बाढ़ के पानी की तरह होता है, जो एक दम घर में भर जाता है। वह धीरे-धीरे निकल भी जाता है, परन्तु अपने पीछे ढेर सारी बीमारियां छोड़ जाता है।' इसलिए आवश्यक है कि इसका माध्यम परिश्रम और ईमानदारी ही हो, क्योंकि एकदम आया पैसा कितना खतरनाक हो सकता है।

इस विषय में मुझे एक बात याद आ रही है, जो मुझे मेरे एक मित्र ने गोवा में सुनाई थी।

एक 90 वर्षीय व्यक्ति था। उसे दिल का दौरा दो बार पड़ चुका था और डाक्टरों ने कहा कि यदि इसे तीसरा दौरा पड़ गया, तो इसका बचना मुश्किल है। उसके बच्चों ने उसे सलाह दी कि वह घर पर ही आराम करे, कहीं बाहर न जाए। घर पर उसके आराम की पूरी व्यवस्था कर दी गई। उसे फुटबाल के खेल में बड़ी रुचि थी। फुटबाल के विश्वकप शुरू होने से पहले एक समाचार-पत्र में एक पहेली आई कि यदि आप सही अंदाजा लगाएं कि विश्वकप कौन से देश की टीम जीतेगी, तो आपको एक मिलियन अमेरिकी डालर दिए जाएंगे। इस वृद्ध व्यक्ति ने जिसका नाम एल्फ्रेड था, इस प्रतियोगिता के लिए अपनी प्रविष्टि भेज दी।

एक महीने बाद जब विश्वकप समाप्त हुआ, तब वही टीम जीत गई, जिसका नाम एल्फ्रेड ने लिखा था। किन्तु ऐसे कई लोग थे, जिन्होंने सही उत्तर दिया था। अतः फैसला लाटरी डाल कर करना था। वहां भी एल्फ्रेड के भाग्य ने उसका साथ दिया और वह प्रथम पुरस्कार यानि एक मिलियन डॉलर जीत गया। इस बात की खबर आयोजकों ने उसे तार द्वारा भेजी। उसके बच्चों ने तार पाने पर खुशी तो व्यक्त की, परंतु समस्या यह थी कि यह बात एल्फ्रेड को कैसे बताई जाए। उन सबने विचार किया और इस नतीजे पर पहुंचे कि पास के चर्च से एक बूढ़े पादरी को बुलाया जाए, जो धीरे-धीरे एल्फ्रेड को यह समाचार इस प्रकार बताए कि उसे दिल का दौरा न पड़े। इस प्रकार सारी स्थिति समझने के बाद पादरी एल्फ्रेड से मिलने आया। पादरी ने एल्फ्रेड से जीवन की क्षणभंगुरता के बारे में बातें कीं और कहा कि अन्तिम समय में मोह-माया छोड़ देनी चाहिए।

फिर धीरे-धीरे पादरी ने पूछा-'एल्फ्रेड! यदि तुम्हें कहीं से एक हजार डॉलर मिल जाएं, तो तुम क्या करोगे?'

एल्फ्रेड ने कहा-'फादर! मैं अपने बच्चों के लिए उपहार खरीद दूंगा।'

फिर पादरी ने पूछा-'अगर दस हजार डालर मिल जाएं तो?'

एल्फ्रेड-'मैं परिवार के लिए एक अच्छी गाड़ी खरीदूंगा।'

पादरी-'यदि तुम्हें एक लाख डालर मिल जाएं तो?'

एल्फ्रेड-'फादर! मैं कुछ दान-धर्म करूंगा और बच्चों के लिए एक बड़ा घर खरीदूंगा।'

पादरी-'यदि तुम्हें कहीं से दस लाख (एक मिलियन) डालर मिल जाएं तो?'

एल्फ्रेड-'फादर! मैं सब चैरिटी के लिए आपको दे दूंगा।'
पादरी को दिल का दौरा पड़ गया और उसकी मृत्यु हो गई।

भौतिकवाद को नकारने वाले लोग या तो संत हो सकते हैं या फिर वे लोग जिन्हें पैसा कमाने में असफलता मिली है। अभी पिछले कुछ दिनों में मैंने सोचा कि न्यूज चैनलों पर आने वाले कितने समाचार पैसे से जुड़े होते हैं। मुझे यह देखकर आश्चर्य हुआ कि एक सप्ताह में मैंने जितने समाचार बुलेटिन देखे, उनमें लगभग हर समाचार में कहीं न कहीं पैसा जुड़ा था। अन्ततः मैंने सोचा कि ये समाचार बुलेटिन भी तो पैसे के लिए ही दिये जा रहे हैं। जिन समाचारों की मैं बात कर रहा हूं, वे शेयर बाजार और व्यापार की खबरों के अलावा हैं।

एक कार्यक्रम आधे घंटे का इसी विषय पर दिखाया गया कि रातों-रात अमीर बनने के लिए कितने लोग अपने गाढ़े पसीने की कमाई को दांव पर लगा कर कितने लोगों का जीवन बर्बाद करते हैं। एक समाचार में था कि भाई-भाई के बीच पिता की वसीयत को लेकर झगड़ा हो गया और एक भाई ने दूसरे की हत्या कर दी। एक समाचार में था कि एक महिला ने अपने पति के साथ मिलकर अपने परिवार के सात लोगों की हत्या कर दी, जिसमें एक छोटा बच्चा भी शामिल था। कारण-पैतृकसंपत्ति। मेरा कहने का तात्पर्य यह है कि आज जब दुनिया का प्रत्येक व्यक्ति धन कमाना चाहता है, तो इसे नकारना अपने-आप में अपनी असफलता का डंका पीटना है।

एक बार एक व्यक्ति गरीबी का जीवन जी रहा था। अचानक उसे कहीं से कुछ धन मिल गया और धीरे-धीरे उस धन से पैसा कमाकर वह अमीर बन गया। एक दिन सुबह वह सैर करने के लिए गया, तो रास्ते में

एक पंडितजी मिले। वे बोले-'सेठजी राम राम!' सेठजी ने कहा-'कह दूंगा पंडितजी!' थोड़ी दूर जाने पर एक और व्यक्ति मिला उसने कहा-'सेठजी नमस्कार!' सेठजी ने कहा - 'ठीक है कह दूंगा।' एक मौलवी साहब ने उन्हें सलाम कहा और एक पादरी ने गुड मॉर्निंग। सबके जवाब में सेठजी ने एक ही बात कही-'ठीक है, कह दूंगा।'

एक व्यक्ति जो सेठजी के पीछे-पीछे चल रहा था, उसे यह सुनकर बड़ा आश्चर्य हो रहा था कि सेठजी किसे कह देंगे। वह व्यक्ति उनके पीछे-पीछे उनकी दुकान तक गया। वहां जाकर उसने देखा कि सेठजी ने अपनी तिजोरी के पास जाकर कहा-'आज पंडितजी राम राम कह रहे थे, अमुक नमस्कार, अमुक सलाम और अमुक गुड मॉर्निंग कह रहा था।'

उस व्यक्ति से रुका नहीं गया और उसने अन्दर जाकर पूछा-'सेठजी मैं एक घंटे से आपको देख रहा हूं, क्या आप बता सकते हैं कि आपने ऐसा क्यों किया? सेठजी! ने कहा-'भाई! बिल्कुल साधारण-सी बात है। सुबह सैर करना मेरी बरसों पुरानी आदत है। आज से कुछ समय पहले, जब मेरे पास पैसे नहीं थे, तब भी जब मैं घूमने जाता था, ये सभी लोग मुझे मिलते थे, परन्तु कभी मुझसे बात नहीं करते थे, अभिवादन करना तो दूर की बात है। जब से मेरे पास पैसा आया है, तब से इन लोगों ने यह सब शुरू किया है। इसलिए मैं समझता हूं कि ये लोग मुझे नहीं, मेरे पैसे को सलाम करते हैं। इसलिए जब मैं सैर करके आता हूं, तो इस पैसे को बता देता हूं कि कौन-कौन उसे सलाम कर रहा था।'

इसलिए एक ऐसी वस्तु, जिससे जीवन के अधिकाधिक कारोबार चलते हैं, उसे नकारना असफलता का कारण नहीं तो क्या कहा जाएगा। उपर्युक्त उदाहरण से मैं केवल एक ही बात कहना चाहता हूं

दुश्मन भी दोस्त बनते हैं जब ज़र पास होता है।
टूट जाता है गरीबी में, जो रिश्ता ख़ास होता है।।

कुछ लोगों का तर्क होता है कि अगर आपके पास पैसा ज्यादा है, तो अक्सर बच्चे बिगड़ जाते हैं। इस बारे में मेरा अक्सर एक ही जवाब होता है कि आप कृपया मुझे 10 उदाहरण दें, जिनके बच्चे पैसे अधिक होने के कारण बिगड़ गए हैं, जबकि मैं आपको 50 ऐसे उदाहरण दे सकता हूं, जिनके बच्चों ने पैसा होने के कारण अच्छी शिक्षा प्राप्त की और जीवन में सफल हुए। वास्तव में इस

प्रकार की सोच ही लोगों को असफल बनाती है। मेरा तो विचार है कि धन का अभाव ही मनुष्य को गलत रास्ते पर डालता है न कि धन की अधिकता। आज सभी देशों में जेलें इसलिए नहीं भरी हैं कि जो लोग वहां बंद हैं, उनके पास धन की अधिकता थी। सच्चाई यही है कि अधिकतर अपराध जो हुए हैं, वे धन के अभाव में हुए हैं। किसे अपराधी बनना पसंद है। धन का अभाव ही मुख्य रूप से अपराध का कारण है।

इसका अर्थ यह कतई नहीं कि यदि आपके पास धन नहीं है, तो आप गलत काम करें। हमारे शास्त्रों ने हमें धर्म, अर्थ, काम और मोक्ष का उपदेश दिया है। इन चारों शब्दों का क्रम यदि ध्यानपूर्वक देखें, तो 'अर्थ' धर्म के बाद आता है। अर्थात् अर्थोपार्जन करना आवश्यक है, किन्तु उसे धर्म की छाया में किया जाना चाहिए। आज समाज में कितनी जगहें ऐसी हैं, जहां प्रतिभाएं हैं लेकिन सुविधाएं नहीं हैं। अच्छे स्कूल, कॉलेज, अस्पताल, पीने का पानी जैसी बुनियादी सुविधाएं उपलब्ध न होने का कारण धन का अभाव ही है। क्या इस प्रकार की अर्थव्यवस्था किसी भी देश में सफल अर्थव्यवस्था कही जा सकती है? कदापि नहीं। हमें न केवल आवश्यकताओं की अपितु कभी-कभी इच्छाओं की पूर्ति के लिए भी धन की आवश्यकता होती है। बहुत लोग मुझे कहते हैं कि इच्छाओं की पूर्ति नहीं करनी चाहिए, परंतु मेरा विचार है कि जीवन में बहुत बार ऐसा होता है कि इच्छाएं मजबूरियां बन कर सामने आती हैं, तब उनको पूरा करने का उपाय करना ही पड़ता है।

अन्यथा भी जीवन में सम्मान से जीने के लिए धन की आवश्यकता होती है। आज अमेरिका विश्व में नं. एक क्यों है? आर्थिक स्थिति ही है। आज भारत विश्व के अग्रणी देशों में आ रहा है, कारण? आर्थिक स्थिति तेजी से सुधर रही है। वैसे भी गरीब व्यक्ति अमीर की दया का पात्र तो हो सकता है, श्रद्धा का पात्र कभी नहीं हो सकता। अतः भौतिकवाद को नकारना न केवल मानसिक असफलता है अपितु जीवन के हर क्षेत्र की सफलता को प्रभावित करता है।

OOO

खण्ड-ब

सफलता के साधक तत्त्व

सफलता के साधक तत्व

कदाचित हर मनुष्य एक अवस्था तक पहुंचते-पहुंचते अपने जीवन में बहुत सारी सफलताएं-असफलताएं देख चुका होता है। उनमें से कुछ उसके अपने अनुभव होते हैं और कुछ उसके आस-पास के लोगों के, जिनसे वह किसी न किसी स्तर पर जुड़ा होता है। जब हम अपनी आंखों के सामने किसी को संघर्ष करते और सफल होते देखते हैं या समय बर्बाद करते और असफल होते देखते हैं, तो भले ही वह सफलता या असफलता हमारी निजी न हो, पर अनुभूत अवश्य होती है। और यह जीवन प्रतिपल अनुभवों की ही एक श्रृंखला है। अतः एक अवस्था, जिसे 50 से 75 के बीच कह सकते हैं, तक पहुंचते-पहुंचते पता लग जाता है कि अमुक की असफलता के क्या कारण थे और अमुक के क्या? मैंने इस पुस्तक के प्रथम भाग में जो भी सफलता में बाधक तत्व बताए हैं, वे सब मैंने स्वयं अनुभव किए हैं। कहानियां चाहे मेरे जीवन की हों या किसी आस-पास रहने वाले व्यक्ति के जीवन की। अब मान लीजिए किसी के जीवन में ये बाधक तत्व नहीं हैं, तो क्या उसकी सफलता निश्चित है? जी नहीं!

यहां एक बात अत्यंत महत्वपूर्ण है कि **बरसात का न होना फसल पकने के लिए पर्याप्त नहीं है, धूप का होना भी आवश्यक है।** अतः केवल इतना ही पर्याप्त नहीं है कि हम सफलता के बाधक तत्वों से बच जाएं अपितु यह भी आवश्यक है कि हम साधक तत्वों पर भी ध्यान दें। दूसरे शब्दों में कहें, तो हमारे स्वास्थ्य के लिए परहेज तो आवश्यक है ही, अच्छा भोजन भी आवश्यक है। अतः इस पुस्तक के दूसरे भाग में मैं सफलता के लिए आवश्यक एक-एक चरण का जिक्र करूंगा। बहुत-सी बातें ऐसी होती हैं, जो किसी व्यक्ति के सफल होने के लिए आवश्यक होती हैं। सफलता किसी एक तत्व पर आधारित नहीं होती। जिस प्रकार से किसी भी सुस्वादु भोजन के लिए बहुत-सी चीजों को मिलाकर ही स्वादिष्ट बनाया जाता है, इसी प्रकार सफलता की रेसिपी में भी कई चीजों का होना आवश्यक है। दूसरी बात यह है कि सफलता इंचों में मिलती है, मीलों

में नहीं। जैसा मैंने शुरू में कहा कि यह एक प्रक्रिया है जो धीरे-धीरे होती है और कभी-कभी परिणाम आने में समय लग जाता है। हां, यह मेरा अपना पूर्ण विश्वास है कि यदि हम साधक तत्वों का सही ध्यान रखते हुए कार्य करते हैं, तो सफलता निःसंदेह है।

इन सब तत्वों का जिक्र शुरू करने से पहले यह बताना आवश्यक समझता हूं कि इन सबको शुरू करने से पहले आपका इनके प्रति आश्वस्त होना जरूरी है। मैं इनको केवल इसलिए लिख रहा हूं कि मैं इनके प्रति आश्वस्त हूं। मैंने एक नहीं, अनेक बार इनका प्रयोग किया है। अनेक लोागों ने अपने अनुभव के आधार पर इन तत्वों को खोजा है। समझदार और बुद्धिमान व्यक्ति वही है, जो दूसरे के अनुभव का लाभ उठाए। यदि कोई व्यक्ति कहता है कि आग में हाथ डालने से जल जाता है, तो यह कतई जरूरी नहीं है कि हम हाथ जलाने के बाद ही इस बात पर विश्वास करें। केवल आग की गर्मी से भी इसका अंदाजा लगाया जा सकता है। साइकिल चलाने के लिए पहिए की खोज दोबारा करना कतई आवश्यक नहीं है। अतः उन्हीं अनुभवों के आधार पर सफलता के लिए आगे दिए गए तत्व अत्यन्त महत्वपूर्ण हैं।

OOO

1

स्वप्न देखना

"भविष्य उन लोगों का है जो अपने सपनों की सुन्दरता में विश्वास करते हैं।"

–एलीनोर रुजवेल्ट

आमतौर पर हमारे समाज में या यूं कहें कि भारतीय समाज में सपनों का अर्थ उस घटना से है, जिसे सुबह उठकर भूल जाना चाहिए। सपनों का सीधा सा अर्थ है, जो पूरा न हो सके। 'अमुक व्यक्ति तो सपनों की दुनिया में रहता है।' सपने देखना बंद करो और कुछ काम करो। दिवा-स्वप्न या कल्पनालोक में घूमना, शेखचिल्ली और मुंगेरीलाल ऐसे चरित्र हैं, जो सपने देखने वालों का मजाक उड़ाने के ही काम आते हैं। हमारे समाज में सपनों का अर्थ ख्याली पुलाव से लगाया जाता है, परन्तु यह अवधारणा एकदम भ्रामक है। मेरा मानना है कि जो व्यक्ति स्वप्न ही नहीं देखता, उसकी प्राप्ति भी वैसी ही होती है। मेरे गुरु महाराज कहते हैं–'साक्षी बनो'। गीता में भगवान श्रीकृष्ण ने कहा कि 'द्रष्टा बनो'। यद्यपि अध्यात्म की दृष्टि से इसका अर्थ थोड़ा भिन्न है, परन्तु द्रष्टा ही अन्ततः कर्ता हो जाता है और कुछ भी करने में सक्षम होता है। तब वह भगवान शंकराचार्य की तरह **अहं ब्रह्मास्मि** कहने का अधिकार प्राप्त कर लेता है। रामचरित मानस में तुलसीदासजी ने लिखा है–

जाकी रही भावना जैसी, प्रभु मूरत देखहिं तिन तैसी।

यहां यह अवश्य कहा गया कि चित्र भावना के अनुसार बनता है, परन्तु चित्र बनाना तो आवश्यक है, अपने मस्तिष्क में। इसके अतिरिक्त गीता में भगवान ने कहा कि मुझे जो जिस रूप में भजता है, मैं उसे उसी रूप में प्राप्त होता हूं। दूसरे शब्दों में यूं कहें कि जो जिस प्रकार के स्वप्न देखता है, उसी प्रकार की परिणति होती है। स्वप्न और ख्याली पुलाव में अंतर है। लॉटरी का टिकट खरीदकर

उसपर अपने भविष्य-निर्माण के सपने देखना स्वप्न नहीं, ख्याली पुलाव कहा जाएगा। सुपरमैन बनना अपने-आप में एक ख्याली पुलाव ही है। प्रसिद्ध लेखक नेपोलियन हिल ने लिखा है- **''स्वप्न उच्चतम उपलब्धियों का नक्शा है।''**

इसके लिए मैं एक अत्यन्त सरल एवं साधारण-सा उदाहरण आपके समक्ष रखता हूं। हम सबके पास एक घर है। यह घर जब अपने अस्तित्व में आया यानि पृथ्वी पर खड़ा हुआ, उससे पहले कहां था? आपका उत्तर होगा कि कोई भी मकान जो पृथ्वी पर बना है, बनने से पहले किसी कागज पर नक्शे के रूप में था। परन्तु महत्वपूर्ण यह है कि कागज पर आने से पहले यह घर कहां था? कदाचित आप सब मुझसे सहमत होंगे कि कागज पर नक्शे के रूप में आने से पहले यह किसी मस्तिष्क के किसी कोने में था। हमारे पिता, दादा या परदादा ने इसका स्वप्न देखा होगा। यदि उन्होंने स्वप्न ही न देखा होता, तो साकार होने का प्रश्न ही पैदा नहीं होता। इसका एक अभूतपूर्व उदाहरण है-ताजमहल।

मुगल बादशाह जहांगीर के बेटे खुर्रम (शाहजहां) का विवाह अर्जुमंदबानो से हुआ। उसकी सुन्दरता के कारण उसे मुमताज महल कहा जाता था। 18 वर्षों के वैवाहिक जीवन के बाद मुमताज महल का देहान्त हो गया। मुमताज के देहान्त से पहले शाहजहां ने उससे वायदा किया था कि वह मुमताज की याद में एक ऐसा मकबरा बनवाएगा, जिसके लिए दुनिया अनन्तकाल तक उसे याद करेगी। शाहजहां ने अलग-अलग देशों से शिल्पकारों को बुलवाया। ताजमहल की हल्की-सी रूपरेखा शाहजहां के मस्तिष्क में थी, परन्तु कागज पर उतारना उसके बस की बात न थी। सभी कलाकारों में से उस्ताद ईसा अफंदी का नक्शा शाहजहां को पसंद तो आया, किन्तु वह हू-ब-हू उस नक्शे जैसा नहीं था, जो शाहजहां के दिमाग में था। ईसा अफंदी की एक प्रेमिका थी। एक दिन शाहजहां ने उसकी प्रेमिका को बुलवा भेजा और बादशाह के सामने पर्दे के पीछे से ईसा अफंदी से उसकी बात करवाई गई। उसके बाद बादशाह ने अपने एक तीरंदाज को बुलाया और ईसा अफंदी के सामने ही पर्दे के पीछे खड़ी उसकी प्रेमिका को तीर मारने के लिए कहा। तीरंदाज ने वैसा ही किया। पर्दे के पीछे से उसकी प्रेमिका की चीख उभरी और शांत हो गई। ईसा अफंदी दुख के सागर में डूब गया। शाहजहां ने उससे कहा कि अगर तुम्हें अपनी महबूबा की याद में मकबरा बनाना हो, तो वह कैसा होगा? तब ईसा अफंदी ने जो नक्शा बनाया, उसे शाहजहां ने पसंद किया और 20 वर्षों के परिश्रम

के बाद ताजमहल के रूप में वह पृथ्वी पर अवतरित हुआ। क्योंकि स्वप्न बेमिसाल था, अतः परिणति भी बेमिसाल हुई।

इस सम्बन्ध में हेलन केलर का कहा गया एक अत्यन्त सुन्दर वाक्य मुझे याद आता है। उन्होंने कहा था, **''आपकी सफलता और खुशियां आपके अंदर ही हैं, बाहरी परिस्थितियां तो केवल संयोगवश हैं।''**

अतः सपना देखना आवश्यक है, क्योंकि उसकी पूर्ति का तरीका भी हमारे भीतर से ही आता है। यदि इसका सबसे बड़ा उदाहरण हम लोग देखना चाहते हैं, तो वह है–हमारी आजादी। हमारे स्वतंत्रता-सेनानियों ने एक सपना देखा–पूर्ण स्वराज का, आजादी का। वे चाहे महात्मा गांधी हों, नेहरू, सुभाष, भगतसिंह, रामप्रसाद बिस्मिल या अश्फाक उल्ला। स्वप्न सभी का एक था और वास्तव में उन्होंने अपने सपने को अपने खून से सींचा। शायद आज हम लोग उन कठिनाइयों का अनुमान न लगा पाएं, जो एक गुलाम मुल्क के लोग झेलते हैं, क्योंकि हमने स्वतंत्रता की हवा में ही पहली सांस ली है। 'हमने' से मेरा तात्पर्य मेरी पीढ़ी से है। यदि उन लोगों ने इस सपने को न संजोया होता, उसके लिए सर्वस्व त्याग न दिया होता, तो बहुत संभव है कि हमारी दशा गुलामों की होती।

सपनों में हमें ऊपर उठाने की अनंत शक्ति होती है। सपने हमें प्रतिकूलता में शक्ति देते हैं। व्यक्ति जीवनभर केवल एक स्वप्न के लिए संघर्ष कर सकता है। आज हममें से कितने ऐसे लोग हैं, जो एक सपने के लिए जी रहे हैं। आप स्वयं अनुमान लगा सकते हैं कि हमारे समाज में स्वर्ग पाने के लिए लोग जीवन भर क्या-क्या करते हैं। भारत को पुनः सोने की चिड़िया बनाने का सपना, हर हाथ को काम, हर पेट को रोटी, हर सिर को छत, हर तन को कपड़ा। ये सब सपने ही तो हैं, जिन्हें साकार करने के लिए मनुष्य कब से प्रयासरत है। आज किसी भी मनुष्य के पास वही वस्तुएं होती हैं, जिन्हें उसने कभी न कभी चाहा होता है। याद रखें कि **यदि हम अपने लिए सपने नहीं देखते, तो दूसरे हमारे लिए सपने देखते हैं और हम भेड़ों की तरह उनके पीछे चलते हैं।**

''अन्तर्मन से देखना वह कला है, जो अदृश्य को देख लेती है।''

–जोनाथन स्विफ्ट

हमारी संस्कृति में यह बात बार-बार आई है। स्वामी विवेकानंद ने अदृश्य को देखने की बात कही है। ध्यान और साक्षात्कार अन्तर्मन से ही किया जा सकता है। तो एक सीधी सी बात है कि यदि ईश्वरप्राप्ति इस माध्यम से हो सकता

है, तो ऐश्वर्य कहां रह जाता है? यकीन मानिए! जो अदृश्य को देख सकते हैं, वे असंभव को संभव कर सकते हैं। जो हम भौतिक आंखों से देख सकते हैं और आसानी से देख सकते हैं, वह विराट का एक बहुत छोटा भाग होता है। उदाहरण के लिए मान लीजिए आप समुद्र के किनारे पर खड़े हुए समुद्र को देख रहे हैं। क्या आप पूरे समुद्र को देख पा रहे हैं? निश्चित रूप से नहीं! क्योंकि जहां तक हमारी दृष्टि जा रही है, वह तो समुद्र का केवल एक भाग है। एक विशाल पर्वतश्रेणी को देखते हुए हम उसका केवल एक छोटा भाग ही देख पाते हैं। जब हम अन्तर्मन से देखते हैं, तो उसकी विशालता और बढ़ जाती है और वह असीम हो जाता है। कल्पना में वह देखने की शक्ति है, जो सतह के नीचे होता है। उसका चित्र बनाने की शक्ति है जो अनिवार्य है, किन्तु आंखों को वह अदृश्य है। देखते तो सभी हैं, किन्तु जो सफल होते हैं, उनकी सफलता का एक कारण यह होता है कि उन्होंने चीजों को अलग ढंग से देखा था। इस सम्बन्ध में एक अत्यंत रोचक घटना मुझे एक परिचित व्यक्ति ने सुनायी।

जब यह घोषणा हुई कि राष्ट्रमंडल खेलों की मेजबानी का दायित्व भारत को दिया गया है, तो इस बात की काफी चर्चा हुई। उससे कुछ दिन बाद की बात है। दिल्ली से लगभग 20 किमी. दूर हरियाणा-दिल्ली सीमा पर एक गांव है, जिसका नाम कुण्डली है। वहां एक नामी रियल एस्टेट कम्पनी के मालिक आए। उनके साथ एक व्यक्ति और था, जो हो सकता है, उनका सचिव या कोई और होगा। कम्पनी के मालिक एक ऐसी जमीन को खरीदना चाह रहे थे, जहां लोग कचरा डालते थे। जब वे उसे चारों ओर से घूम-घूम कर देख रहे थे, तो उन्होंने अपने साथ आए व्यक्ति से पूछा-'तुम्हें कुछ दिखाई दे रहा है?' उसने कहा-'साहब! यहां देखने के लिए इस कचरे के ढेर के अलावा क्या है? सो मुझे तो यहां कचरा ही दिख रहा है। आपको कुछ और दिख रहा हो, तो मुझे भी बता दें।' उन्होंने कहा - मुझे यहां एक पांच सितारा होटल दिख रहा है और यह भी दिख रहा है कि राष्ट्रमंडल खेलों में भाग लेने आई कई देशों की टीमें उसमें रुकी हुई हैं।'

यह अन्तर है, सपना देखने का। जिसका स्वप्न बड़ा होता है, उसकी उपलब्धि बड़ी होती है। उसी जगह पर किसी को कचरे का ढेर दिखाई देता है और किसी को पांच सितारा होटल। अतः आपका सपना बड़ा होना चाहिए।

'यदि सपना बड़ा हो तो तथ्य अहमियत नहीं रखते'

(If dream is big enough, facts don't count) –डेक्स्टर यागर

उर्दू के प्रसिद्ध शायर इकबाल ने लिखा है–

तेरे इश्क के इम्तहां और भी हैं।
सितारों से आगे जहां और भी हैं॥

मैं बार-बार इस बात पर बल दे रहा हूं कि सपने बड़े होने चाहिए, परंतु यह भी मैं आगे वर्णन करूंगा कि सपने वास्तविक होने चाहिए और उन्हें प्राप्त करना आपके जीवन का उद्देश्य बन जाना चाहिए। इसके लिए हमें कुछ और बातों का भी ध्यान रखना चाहिए।

1. सपनों की सूची बनाना

यह बहुत आवश्यक है कि जीवन में हम जो भी प्राप्त करना चाहते हैं, उन चीजों की एक सूची बना लेनी चाहिए। उस समय यह सोचने की आवश्यकता नहीं है कि ये सपने कब और कैसे पूरे होंगे। लिखने का एक सीधा-सा मकसद है कि इसके द्वारा हम अपने-आपको लिखित रूप से प्रतिबद्ध समझते हैं। मेरे एक मित्र ने बताया कि उन्हें 1991 में इस बात का पता चला कि सपनों की सूची बनाना कितना महत्वपूर्ण है, अत: उन्होंने अपने सपनों की सूची बनाई और उसमें लगभग 100 सपनों के बारे में लिखा तथा 1999 आते-आते यानि अगले 9 सालों में लगभग 70 सपने पूरे हो गए। उनसे यह सब सुनने के बाद 1999 में हमने भी अपने परिवार के साथ बैठकर एक सूची बनाई। आज 2007 की आखिरी शाम यानि 31 दिसम्बर 2007 तक 50% से ज्यादा इच्छाएं हमारी पूर्ण हो गई। अब हम पुन: अपने सपनों की सूची को अपडेट कर रहे हैं।

धीरूभाई अंबानी जो सभी भारतीयों के लिए एक सर्वश्रेष्ठ उदाहरण हैं, यदि सपने नहीं देखते, तो शायद इतनी बड़ी क्रान्ति भारत में न हुई होती और आज रिलायंस उद्योग विश्व में सबसे अमीर न होता। हमारे पूर्व राष्ट्रपति ए.पी.जे. अब्दुल कलाम एक गरीब परिवार में पैदा हुए और मिसाइल बनाने के सपने देखे। राइट बन्धुओं ने सपना नहीं देखा होता, तो शायद मनुष्य की उड़ने की इच्छा अधूरी रह जाती। आज मनुष्य चांद पर घर बनाने की बात सोच रहा है। कभी चांद पर जाना भी एक सपना था।

2. अपने सपने की सार्वजनिक घोषणा करना

बहुत बार यह देखा गया है कि हम किसी चीज को चाहते हैं और मन मसोस कर रह जाते हैं। हम अपनी इच्छाओं को किसी के सामने प्रकट नहीं करते। यदि आप सपना अवश्य पूरा करना चाहते हैं, तो उसे अपने मित्रों, सहकर्मियों रिश्तेदारों और परिवार वालों को अवश्य बता दें। यदि आप अपने बच्चों को बता दें, तो आप यकीन मानिए, उसका पूरा होना निश्चित है। जैसाकि मैंने पहले जिक्र किया कि यह पुस्तक लिखना मेरा काफी समय पुराना सपना था, जिसे मैंने परिवार वालों को बताया था। यदि मैंने किसी को नहीं बताया होता, तो शायद मैंने इसे लिखना शुरू भी नहीं किया होता। जब आप अपने सपने की सार्वजनिक घोषणा कर देते हैं, तो आपके लिए यह एक चुनौती बन जाता है तथा उसे प्राप्त करने के लिए आप मानसिक रूप से प्रतिबद्ध हो जाते हैं। इसके अतिरिक्त हम अन्दर से कहीं यह भी सोचते हैं कि यदि हमने इस सपने को पूरा नहीं किया, तो लोग हमारी हंसी उड़ाएंगे।

3. सपने पूरा होते हुए देखना

सपने को पूरा होने से पहले ही अपने अन्तर्मन में उसे पूरा होते हुए देखना चाहिए। यदि आप किसी कार्य में सफल होना चाहते हैं, तो उस कार्य को शुरू करने से पहले अपने-आपको उस कार्य में सफलता प्राप्त करते हुए देखना भाव जगत में आवश्यक है। मान लीजिए आपका सपना है-एक कार खरीदने का। उसके लिए आप कार के शो-रूम में जाइए। अपनी पसंद की कार को देखिए। उसका रंग पसंद कीजिए, उसमें बैठ कर देखिए, उसे छू कर देखिए, चला कर देखिए। उसके बाद जब तक आप उसे खरीद कर घर नहीं ले आते, तब तक निरंतर अपनी कल्पना में स्वयं को उस गाड़ी को चलाते हुए देखिए। आप निश्चित मानिए कि आपका स्वप्न पूरा होने में देर नहीं लगेगी।

4. सपने की रक्षा करना

सपना पूरा करने या सफलता प्राप्त करने के लिए आवश्यक है कि हम अपने सपने की रक्षा ठीक उसी प्रकार करें, जिस प्रकार से हम अपने बच्चों की करते हैं। यह आवश्यक भी है। समाज में ऐसे बहुत-से लोग मिलेंगे, जिनका दृष्टिकोण नकारात्मक होता है और दूसरों को भी न केवल नकारात्मक सलाह देते हैं अपितु परिणामों के विषय में भी आपको डराते रहते हैं। ये लोग सपनों की चोरी करते हैं। इन लोगों से स्वयं को हमेशा दूर रखना चाहिए। गोवा में हमारे

एक मित्र थे-डेसमंड। डेसमंड हमेशा मुझसे कहता था कि अगर आपके स्कूटर का एक पहिया कोई चोरी कर रहा हो, तो आप क्या करेंगे। मैं कहता था कि मैं उसकी पिटाई करूंगा। तब वह कहता था कि हम लोग उन लोगों की अभी पिटाई क्यों नहीं करते, जो हमारे सपनों की चोरी करते हैं। हम लोगों को अनिष्टकारी परिणामों से डराते हैं। मुझे एक पढ़ी हुई घटना याद आती है।

एक व्यक्ति एक कंपनी में काम करता था। कंपनी उसके घर से अधिक दूर नहीं थी, इसलिए वह पैदल ही अपने घर जाता था। अक्सर घर लौटते हुए उसे रात हो जाती थी। उसके घर के रास्ते में किसी घर में एक बुलडॉग था, जो उसे देखते ही उसके पीछे भाग लेता था। उसके कारण इस व्यक्ति को भी घर तक भाग कर जाना होता था। यह कुत्ता रोज इस व्यक्ति को डराता और दौड़ाता था। एक दिन उसने सोचा कि मैं कब तक इस कुत्ते से डरकर भागता रहूंगा। मुझे इससे डरने की बजाय इसका सामना करना चाहिए। अगले दिन जब वह अपनी कंपनी से निकला, तो वह उस कुत्ते का सामना करने के लिए तैयार था। वह बहुत ही संभलकर और अपने-आपको मन में दृढ़ बनाते हुए अपने घर की ओर जा रहा था कि कुत्ता उसकी ओर झपटा और वह भागने लगा। तुरंत उसके दिमाग में आया कि मुझे तो भागना नहीं था बल्कि इस कुत्ते का सामना करना था। कुत्ते का सामना करने के लिए वह रुका और कुत्ते की तरफ मुड़ा। कुत्ता भी अपने स्थान पर रुक गया और वहीं से जोर-जोर से भौंकने लगा तथा उस कुत्ते ने अपना पूरा मुंह खोलकर इस व्यक्ति को डराना चाहा। इस व्यक्ति के आश्चर्य की सीमा नहीं रही, जब उसने देखा कि उस बुलडॉग के मुंह में दांत ही नहीं थे, तब उसे लगा कि मैं बेकार ही उससे डरता था।

मेरे कहने का अभिप्राय यह है कि जो लोग हमें डराते हैं, वे इस बुलडॉग की तरह होते हैं, जिनके दांत नहीं होते। अतः याद रखें कि किसी भी सफलता के लिए स्वप्न देखना आवश्यक है। यदि आप किसी चीज को स्वप्न में भी नहीं सोच सकते, तो यथार्थ में उसका प्राप्त होना असंभव है।

ooo

2

लक्ष्य से भावनात्मक रूप से जुड़ना

अक्सर मैंने नववर्ष की शुभकामनाओं के साथ लोगों को एक-दूसरे से पूछते सुना है कि आपका इस वर्ष का संकल्प क्या है। सामने वाला कहता है कि इस साल मैंने सुबह हर रोज सैर करने का संकल्प किया है। इसके लिए नए जूते खरीदे गए, जुराबें, टी-शर्ट, शर्ट्स आदि या फिर पूरा ट्रैक-सूट। एक सप्ताह के बाद पता चला कि जनवरी का महीना है, सर्दी ज्यादा है, सुबह उठना नहीं हो पाता, इसलिए घूमने का काम आउटसोर्स करके किसी और को दे दिया है और स्वयं अभी सोने के प्रोजेक्ट को पूरा करने में जी-जान से लगे हैं। एक सर्वेक्षण के अनुसार 1 जनवरी से 15 जनवरी तक हैल्थ-क्लबों में आहार-विशेषज्ञों की दुकानों में संख्या बढ़ने लगती है और सिगरेट, गुटखा आदि की बिक्री में कमी आने लगती है। परन्तु 15 जनवरी आते-आते बाजार का सूचकांक पुनः वहीं आ जाता है। हैल्थ-क्लबों की ओर दौड़ने वाली भीड़ पुनः हैल्थ-सेंटरों की ओर मुड़ती है। पान, सिगरेट, गुटखा छोड़नेवाले फिर उन वस्तुओं का सेवन करने लगते हैं।

मेरी पहचान के एक व्यक्ति थे। एक बार नए साल के दिन हमारे एक मित्र ने उनको चुनौती दे डाली कि आप शराब पीना नहीं छोड़ सकते। उनको बहुत बुरा लगा और झगड़े पर उतारू हो गए। मैंने उनसे कहा कि आप नाराज क्यों होते हैं? अगर आपको इतना बुरा लगा है, तो आप शराब को छोड़ क्यों नहीं देते। वे कहने लगे ठीक है, आज से शराब बिल्कुल बंद। कुछ दिन के बाद एक दिन फिर मुझे मिल गए। उनके हाथ में थी शराब की बोतल। मैंने कहा-'आपने तो पीना छोड़ दिया था'। वे बोले-'नहीं! किसी की बातों को इतना भी सीरियसली नहीं लेना चाहिए कि इतने पुराने सम्बन्ध टूट जाएं।' मैंने कहा - 'सम्बन्ध क्यों टूटेंगे? अगर आप अपने मित्र की बातों को सीरियसली लेंगे, तो उन्हें खुशी होगी। वे बोले-'उन्हें तो खुशी होगी, पर जिनके साथ पीता हूं, उनसे तो सम्बन्ध टूट ही जाएंगे ना!'

यहां मेरा यह सब कहने का तात्पर्य यह है कि अक्सर हम लोग अपने लक्ष्य तो निर्धारित कर लेते हैं, किन्तु हम उससे अपने-आपको भावनात्मक रूप से नहीं जोड़ते, बल्कि भावावेश में हम उसके साथ जुड़ जाते हैं। परिणाम यह होता है कि भावनाओं का आवेश कम होने तक, हमारा उत्साह झाग की तरह बैठ चुका होता है और हम जहां से चले थे, वहीं पहुंच चुके होते हैं। लक्ष्य को पूर्ण करने का मजा तभी है, जब हम उससे भावनात्मक रूप से जुड़े हों।

अपने लक्ष्य से भावनात्मक रूप से जुड़ने का उदाहरण एकलव्य से अच्छा शायद ही कोई हो। एकलव्य एक भील बालक था। उसे धनुषबाण चलाने का शौक था। उसे कोई अच्छा गुरु नहीं मिला था। एक दिन उसने देखा कि एक आचार्य कुछ राजकुमारों को धनुर्विद्या का ज्ञान दे रहे थे। ये आचार्य कोई और नहीं अपितु स्वयं आचार्य द्रोण थे जो कौरव और पाण्डव राजकुमारों को धनुष-बाण चलाना सिखा रहे थे। एकलव्य कुछ देर छिपकर उनका अभ्यास देखता रहा। जब अभ्यास समाप्त हो गया, तो वह गुरुदेव द्रोण के पास गया और उनके चरणस्पर्श किए। गुरुदेव ने उसका परिचय तथा वहां आने का कारण पूछा। एकलव्य ने कहा कि मैं एक भील बालक हूं तथा आपसे धनुर्विद्या सीखना चाहता हूं। आचार्य बोले- 'मैं केवल राजकुमारों को ही धनुर्विद्या सिखाता हूं'। यह कहकर उन्होंने एकलव्य को निराश लौटा दिया। किन्तु जो अपने लक्ष्य से भावनात्मक रूप से जुड़े होते हैं, उनके निर्णयों को बदलने में कदाचित प्रकृति भी असमर्थ होती है और उसकी सहायता करने लगती है।

एकलव्य का निश्चय अटल था। उसने गुरु द्रोण की एक मिट्टी की प्रतिमा बनाई और उसे स्थापित करके पूजा की तथा उसे गुरु मानकर उसने उनके सामने अभ्यास करना आरंभ कर दिया। एक दिन एक कुत्ता वहां आकर भौंकने लगा, जिससे एकलव्य के अभ्यास में खलल पड़ने लगा। एकलव्य ने बाण चलाए और उस कुत्ते का मुंह बाणों से भर दिया। वास्तव में वह कुत्ता राजकुमारों के शिविर से आया था। जब कुत्ता वापस शिविर में पहुंचा, तो सब लोग आश्चर्यचकित रह गए कि कुत्ते को घायल किए बिना, उसके मुंह को बाणों से भर देने वाला धनुर्धर कौन है? वे कुत्ते के साथ उस जगह गये और जाकर देखा कि एकलव्य वहां दत्तचित्त होकर अभ्यास में लगा था। चूंकि वह अपने लक्ष्य से भावनात्मक रूप से जुड़ा था, इसलिए वह अपने समय का महान धनुर्धर बना।

वास्तव में ईश्वर ने हमें ऊपर उठने के लिए ही बनाया है। पशु-पक्षियों के कोई लक्ष्य नहीं होते। उन्हें विकास नहीं करना होता। यह सुविधा केवल मनुष्य को दी गई है, परन्तु आवश्यक है कि अपने लक्ष्यों से भावनात्मक रूप से जुड़ें। जिस प्रकार हम अपने बच्चों का पालन-पोषण करते समय अन्य किसी बात का ध्यान नहीं रखते, इसी प्रकार अपने सपने का पोषण करते हुए लक्ष्य की प्राप्ति करनी चाहिए।

इस सम्बन्ध में एक अन्य उदाहरण चातक पक्षी का है। चातक केवल स्वाति नक्षत्र की बूंद ही ग्रहण करता है अन्यथा प्यास से प्राण त्याग देता है। चकोर पक्षी चन्द्रमा रूपी लक्ष्य को प्राप्त करने के लिए रात भर उड़ता है। यहां मैं भावना के उदाहरण दे रहा हूं न कि भ्रमित होने का। अन्य अध्यायों में इस बात पर भी चर्चा करूंगा कि लक्ष्यों के साथ भावनात्मक रूप से जुड़ना जितना आवश्यक है, लक्ष्यों का वास्तविक होना, प्राप्य होना उससे भी आवश्यक है। गोस्वामीजी ने रामचरितमानस में स्पष्ट लिखा है-

जेहि के जेहि पर सत्य सनेहू।
सो तेहि मिलै न कछु संदेहु॥

सीताजी सच्चे मन से भवानी मां की पूजा करने गयीं और उन्हें भगवान राम वर के रूप में प्राप्त हुए। पार्वतीजी को कितने लालच सप्तर्षियों ने दिखाए, परन्तु उन्होंने शिव से कम पर समझौता नहीं किया और अन्ततः भगवान शिव की प्राप्ति उन्हें हो गई।

स्वयं गोस्वामीजी जब रामचरितमानस की रचना कर रहे थे, तो कितनी कठिनाइयों का सामना करके भी उन्होंने अपने लक्ष्य को प्राप्त किया। जब उनसे पूछा गया कि आपने मानस की रचना किसलिए की, तो उनका एक ही उत्तर था-स्वान्तः सुखाय। अपने मन के सुख के लिए। यही है, भावनात्मक रूप से जुड़ना। आप सब जानते हैं कि चौदह साल लक्ष्मणजी भगवान राम की सेवा में वन में रहे। यह भी सत्य है कि लक्ष्मणजी चौदह वर्षों तक सोए नहीं। कहते हैं, एक बार सीताजी ने लक्ष्मणजी से कहा कि भैय्या! आप थोड़ी देर विश्राम कर लीजिए। लक्ष्मणजी ने कहा कि माता सुमित्रा ने चलते समय मुझसे कहा था कि तुम्हारा एक ही लक्ष्य होना चाहिए कि स्वप्न में भी तुम्हारा ध्यान राम के चरणों से न हटे। अतः मैंने निर्णय किया। जागृत अवस्था में तो मेरा ध्यान प्रभु के चरणों में ही रहता है, यदि मैं सोऊंगा ही नहीं, तो स्वप्न में भी मेरा ध्यान भगवान के चरणों से नहीं हटेगा। यह होता है, अपने लक्ष्य से भावनात्मक रूप से जुड़ना।

कहते हैं कि एक बार बादशाह अकबर ने संगीत सम्राट तानसेन से पूछा कि क्या तुमसे अच्छा भी कोई गा सकता है। तानसेन ने उत्तर दिया-'जहांपनाह! मेरे गुरु श्री हरिदासजी जितना अच्छा गाते हैं, मैं तो उनके चरणों की धूल के समान भी नहीं।' बादशाह बोले-''तानसेन! मैं तुम्हारी गुरुभक्ति की प्रशंसा करता हूं और यह भी समझता हूं कि तुम अपने गुरु का कितना आदर करते हो।' तानसेन ने कहा-'जहांपनाह! सच्चाई यही है।' अकबर ने कहा-'हम उनका गाना सुनना चाहते हैं।' तानसेन ने कहा-'जहांपनाह! मेरे गुरुदेव किसी को गाना नहीं सुनाते, वे केवल अपनी आत्मा की संतुष्टि के लिए तथा ईश्वर को सुनाने के लिए ही गाते हैं। इसलिए हमें उनका गाना छिपकर सुनना होगा।' बादशाह अकबर इसके लिए तैयार हो गए। अगले दिन सुबह मुंह-अंधेरे ही उठकर वे दोनों स्वामी हरिदास का गायन सुनने के लिए चले गए और स्वामीजी की कुटिया के पास जाकर झाड़ियों में छिप गए।

स्वामी हरिदास ने स्नान-ध्यान करने के बाद भजन गाना शुरू किया। स्वर लहरियां धीरे-धीरे शान्त वातावरण को संगीतमय करने लगीं। धीरे-धीरे पशु-पक्षी भी वहां आकर बैठने लगे। आर्त भक्ति अपनी पराकाष्ठा पर थी। अचानक बादशाह अकबर के मुंह से निकला-'सुभानअल्लाह!' वे इतनी जोर से बोले कि स्वामीजी का ध्यान टूटा और उन्होंने पूछा-'कौन है वहां?' तानसेन और अकबर बादशाह दोनों झाड़ियों से निकलकर स्वामीजी के सामने हाथ जोड़ कर खड़े हो गए और बोले-'स्वामीजी! कृपया थोड़ा और गाइए'। स्वामीजी ने कहा-'आप बादशाह हैं, गाने के लिए मैं गा भी दूं, किन्तु मैं दिल से नहीं गा पाऊंगा, क्योंकि जब मैं दुनिया के बादशाह के लिए गाता हूं, तभी मेरे दिल से और मेरी आत्मा से संगीत निकलता है। इसलिए बादशाह मुझे क्षमा करें।'

बड़े-बड़े वैज्ञानिकों की कहानियां आपने सुनी होंगी। न्यूटन के विषय में प्रसिद्ध है कि उनके एक मित्र उनके पास आकर बैठ गए, किन्तु वे इतने व्यस्त थे कि उन्हें इस बात का एहसास ही नहीं था कि उनके पास कोई आकर बैठा हुआ है। काफी देर हो गई, तो उनकी पत्नी उनके लिए खाना लेकर आई और उन्हें व्यस्त देखकर खाना उनके पास रखकर चली गई। मित्र ने सोचा कि खाना उनके लिए लाया गया है, अतः उन्होंने खाना खा लिया। बाद में जब न्यूटन अपने काम से निवृत हुए, तो उन्होंने देखा कि पास में खाने के खाली बर्तन रखे हुए

हैं। वे अपने पेट पर हाथ फिराकर, अपने मित्र से बोले-'देखो, मैं भी कितना भुलक्कड़ हूं, मैंने खाना खा लिया और मुझे याद ही नहीं है।' इसी प्रकार हमारे भूतपूर्व राष्ट्रपति डॉ. अब्दुल कलाम भी जब अपने राकेट पर काम कर रहे थे, तो अक्सर खाना-पीना और सोना तक भूल जाते थे। याद रहता, तो केवल-लक्ष्य।

भारत के एक अन्य हरफनमौला खिलाड़ी मोहिंदर अमरनाथ, जिनको विश्वकप मैच के सर्वश्रेष्ठ खिलाड़ी का पुरस्कार मिला था। टीवी पर एक इंटरव्यू के दौरान उन्होंने बताया था कि जब हमारी टीम विश्वकप खेलने गई थी, तो हमने सोचा था यदि सेमीफाइनल तक पहुंच गए, तो बहुत बड़ी बात हो जाएगी। यह सोचकर कुछ खिलाड़ियों ने सेमीफाइनल के बाद कुछ दर्शनीय स्थल देखने का कार्यक्रम भी बना लिया था। जब फाइनल में हमारी बल्लेबाजी समाप्त हुई, तो हम केवल 183 रन ही बना पाए। उस समय 60-60 ओवर का मैच होता था। औसतन लगभग 3 रन बनाने थे, जो वेस्टइंडीज जैसी विश्व विजेता टीम के लिए बाएं हाथ का खेल था। जब हम लोग ड्रेसिंग रूम में पहुंचे, तो कपिलदेव ने कहा कि 'हालांकि 183 रन संघर्ष करने लायक टोटल नहीं है, पर हम इसे बना सकते हैं।' यही वह वाक्य था, जिसने पूरी टीम को भावनात्मक रूप से लक्ष्य से जोड़ दिया और देखते ही देखते वेस्टइंडीज की टीम ताश के पत्तों की तरह बिखर गई और भारत विश्वचैंपियन बन गया। यह था, लक्ष्य से भावनात्मक रूप से जुड़ना।

मान लीजिए आप अपने एक छोटे-से बच्चे के साथ किसी तालाब पर गए हैं। बच्चा 3-4 सल का है। बच्चे का पैर किसी कारण फिसला और पानी में गिर गया। क्या आप बच्चे को बचाने के लिए कूदेंगे? अवश्य! किन्तु आपको तो तैरना नहीं आता। तो क्या हुआ? उस समय हमारा लक्ष्य है बच्चे को बचाना और हम उस लक्ष्य से भावनात्मक रूप से जुड़े हैं, अतः आवश्यक है कि हम लक्ष्य से उतना प्रेम करें, जितना अपने बच्चों से करते हैं।

अतः लक्ष्यप्राप्ति के लिए अत्यन्त आवश्यक है कि हम अपने लक्ष्य से भावनात्मक रूप से जुड़ें। शारीरिक आंखों से दृष्टिकोण संकुचित हो जाता है, भावनात्मक रूप से लक्ष्य अधिक स्पष्ट दिखाई देता है।

3

निर्णय लेना

जीवन हमारे द्वारा लिये गए निर्णयों की एक श्रृंखला है। बहुत-से लोग कहते हैं कि अनुभवों का नाम ही जीवन है। मुझे लगता है कि जीवन में हमने जो-जो निर्णय लिये वे कितने सही थे, कितने गलत थे, यह अनुभव हमें 'निर्णय' लेने के पश्चात ही आता है। शायद ही दुनिया में कोई ऐसा व्यक्ति होगा (मेरे विचार से असंभव है), जिसके जीवन में कभी 'यदि' या 'परन्तु' जैसे शब्दों का प्रयोग न हुआ हो। मुझे मालूम है कि यदि मैंने कुछ और निर्णय लिये होते, तो शायद मैं किसी और पद पर होता। इस सम्बन्ध में बात करने पर कुछ लोग कहते हैं कि हम अपने जीवन के सभी निर्णय तो नहीं ले सकते। मैं भी सहमत हूं कि कुछ निर्णय ऐसे होते हैं, जो हमारे विषय में प्रकृति लेती है या भाग्य लेता है या सरकार लेती है। जैसे हम किस परिवार में पैदा होंगे और हमारे रिश्तेदार कौन होंगे, यह निर्णय प्रकृति करती है, हम नहीं कर सकते, किन्तु उन रिश्तेदारों से हमारा सम्बन्ध कैसा रहेगा या किस-किस से रहेगा, यह हमारा निर्णय होता है। जहां तक भाग्य की बात है, मैं इस बात को किसी पाठक पर थोपना नहीं चाहता। यह पूर्णरूपेण मेरी अपनी मान्यता, विश्वास और निर्णय है। कुछ निर्णय पूर्वजन्मों के आधार पर भाग्य लेता है। जहां तक सरकार के निर्णयों की बात है, तो हमारा स्थानांतरण कब और कहां होगा? हमारे वेतन में कितनी बढ़ोतरी की जाएगी, टैक्स कितना भरना होगा आदि हमारे बारे में सरकार तय करती है।

निर्णय लेने का विषय क्या इतना महत्वपूर्ण है कि इसके बिना सफलता की बात सोची भी नहीं जा सकती। यदि आपने अपने बारे में निर्णय नहीं लिया, तो आपको किसी और के निर्णयों को मानना होगा। यही नियति है। यदि यह इतना महत्वपूर्ण है, तो फिर लोग निर्णय क्यों नहीं लेते? मैं आपको एक बहुत मजेदार उदाहरण देता हूं। कदाचित आप भी मेरी बात से सहमत होंगे कि जिस शहर

में आप रहते है, कभी-कभी आपका पूरा जीवन बीत जाता है और आप उसके ऐतिहासिक स्थल नहीं देख पाते। मैं ऐसा इसलिए कह रहा हूं कि मैं अपने अब तक के जीवन के आधे वर्षों तक दिल्ली या आस-पास के शहरों में रहा हूं, परन्तु आज तक मैंने कुतुबमीनार नहीं देखा है। कारण? निर्णय नहीं ले पाए। बात केवल निर्णय करने की होती है। जैसा मैंने पहले कहा कि यदि यह इतना महत्वपूर्ण है, तो फिर लोग निर्णय क्यों नहीं लेते? या इस पर इतना ध्यान क्यों नहीं देते? कारण अत्यन्त गम्भीर है-

1. हमें निर्णय लेने की आदत ही नहीं है।
2. हम परिस्थितियों पर निर्णय छोड़ देते हैं।
3. हम दूसरों के निर्णयों से प्रभावित होते हैं।

सबसे पहली बात तो यह है कि बहुत ही कम लोगों को जीवन में निर्णय लेने की आदत होती है। हम किस नर्सिंग होम में पैदा होंगे, कौन-से कपड़े पहनेंगे, कौन-सी कॉलोनी में रहेंगे, किस स्कूल में पढ़ेंगे, कौन-से टीवी सीरियल देखेंगे, कौन-से गेम खेलेंगे, विज्ञान, कला या वाणिज्य लेंगे-ये सब निर्णय आम तौर पर माता-पिता ही करते हैं। पढ़ाई के बाद हम किस कम्पनी में नौकरी करेंगे, यह हमारी मर्जी पर नहीं, बल्कि कंपनी की मर्जी पर होता है। किस लड़की या लड़के से शादी होगी, (अधिकतर मामलों में) यह भी माता-पिता ही तय करते हैं और फिर घर में क्या होगा, इसका निर्णय माता-पिता करते हैं या पत्नी करती है। और, बाहर क्या होगा, इसका निर्णय बॉस करता है। इसका कारण है कि बहुमत निर्णय लेने में अक्षम है। आज सरकारी कार्यालय हो या कार्पोरेट ऑफिस। अधिकतर कर्मचारियों को पता होता है कि निर्णय किसी और को लेना है और उन्हें केवल निर्णय को मानना है। धीरे-धीरे स्थिति यह आ जाती है कि वे इस बात को सोचना भी छोड़ देते हैं कि कार्यालय द्वारा लिया गया यह निर्णय सही है या गलत।

अधिकतर लोग ऐसी परिस्थिति में, जब कार्यालय के बाहर भी होते हैं, तो उनको इस बात में ज्यादा संतुष्टि होती है कि निर्णय कोई और ले ले, तो ज्यादा उचित होगा। इस प्रकार वे अपने-आपको सभी निर्णयों से तो अलग कर ही लेते हैं, अपने जीवन में अपने निर्णयों से आने वाली सफलता की बात सोच भी नहीं पाते। इसी से जुड़ी बात यह है कि हम धीरे-धीरे अपने-आपको परिस्थितियों के हवाले करते जाते हैं। असफलता को अपनी नियति मानते रहते हैं। क्योंकि हम जानते हैं कि निर्णय परिस्थितियों के हाथ में है, जो होगा देखा जाएगा।

इसके अलावा मैंने अक्सर देखा है कि हमारे निर्णय दूसरों के निर्णयों से प्रभावित होते हैं। कई बार हम समाज के दबाव में निर्णय लेते हैं, कई बार अपने रिश्तेदारों के दबाव में। वास्तव में वे निर्णय हमारे निर्णय होते ही नहीं और उन निर्णयों के परिणाम भी उन लोगों के पक्ष में होते हैं, जिनके प्रभाव में वे निर्णय लिये जाते हैं। निर्णय लेना और सोच-समझकर निर्णय लेना अति महत्वपूर्ण है। एक शायर ने लिखा है-

तर्के तमाल्लुकात पल भर की बात थी-
पर हम जिंदगी भर सोचते ही रह गए॥

यह शेर उस मानसिकता का द्योतक है, जो इस स्थिति में होती है। जैसा इस शेर में कहा गया है, उसके अनुसार कुछ लोग जीवनभर निर्णय नहीं ले पाते। प्रेमचंदजी की प्रसिद्ध कहानी 'शतरंज के खिलाड़ी' को लें या फिर शेक्सपीयर के हेमलेट को। (to be or not to be) दोनों ही निर्णय की स्थितियां हैं और दोनों स्थितियों में निर्णय न ले पाने के कारण, कितने जीवन प्रभावित होते हैं। भीष्म पितामह ने सही समय पर सही निर्णय लिया होता, तो महाभारत न होता।

यदि आपको सफलता पानी है, तो निर्णय अभी करना होगा, परिस्थितियां चाहे जो भी हों। अमेरिकी राष्ट्रपति अब्राहम लिंकन ने कहा था- **''आपका सफलता पाने का निर्णय ही अन्य सब बातों से महत्वपूर्ण है।''** नारियल के पेड़ की चोटी पर चढ़ने के दो तरीके हैं। नारियल का बीज बो दो। पौधा उगने के बाद उस पर बैठ जाओ और तब तक बैठे रहो, जब तक वह पूरी ऊंचाई तक पहुंच न जाए या फिर ऊंचे पेड़ पर ही चढ़ना शुरू कर दो, निर्णय आपका है। बहुत सारे लोग मुझे कहते हैं कि अभी सही समय नहीं आया है। मैं कहता हूं कि यदि सही समय का इन्तजार है, तो सही समय आज और अभी है। यदि आपको उसमें कुछ कमी लगती है, तो उन कमियों को पूरा करने का निर्णय कीजिए और शुरू हो जाइए। बहुत से लोग वही करते हैं, जो दूसरे चाहते हैं। क्योंकि अपना निर्णय लेने से पहले वे ऐसे लोगों से सलाह लेते हैं, जिनको उस क्षेत्र की कोई विशेषज्ञता प्राप्त नहीं होती और दस लोगों से अलग-अलग सलाहें लेकर गलत निर्णय कर लेते हैं या कई बार यह भी सोचते हैं कि मैंने यदि ऐसा नहीं किया, तो फलां क्या सोचेगा। अरे! सोचने दीजिए! निर्णय अपना लीजिए। अगर उस विषय के विशेषज्ञ की सलाह है, तो अवश्य मानिए अन्यथा स्वयं सोच-समझकर निर्णय लीजिए। आपका सफल होने का निर्णय लेना ही सफलता है।

मुझे याद है, भारत के महान बल्लेबाज सुनील गावस्कर 29 शतक बना चुके थे। जिस दिन उन्होंने 30वां शतक बनाया, उसी दिन सुबह उन्होंने अपने-आपसे

और पत्रकारों से कहा था कि अब मुझे 30वां शतक बना लेना चाहिए। वे मैदान में गए और देखते-देखते वे विश्व के सबसे अधिक शतक जमाने वाले व्यक्ति हो गए। एक समय था, जब हमारा देश आर्थिक मंदी से जूझ रहा था, तो हमारे वर्तमान प्रधानमंत्री जो उस समय वित्तमंत्री बने, उन्होंने खुले बाजार की आर्थिक नीतियों का निर्णय लिया। उस समय उनके इस निर्णय का सभी ने यह कहकर विरोध किया कि उन्होंने देश को फिर से गुलाम बनाने का निर्णय किया है। किन्तु वे स्वयं इस विषय के विशेषज्ञ थे, इसलिए अपने निर्णय पर अडिग रहे और अगले दस साल में जैसा डॉ. मनमोहन सिंह ने कहा था देश ने आर्थिक क्षेत्र में बेमिसाल प्रगति की और आज यह कहा जा रहा है कि भारत आने वाले समय में विश्व की आर्थिक महाशक्तियों में शामिल हो जाएगा।

आज हम जहां हैं, जिस स्थिति में हैं, वह कभी न कभी जाने-अनजाने हमारे निर्णय का ही परिणाम है। मान लीजिए मैं शराब के नशे में गाड़ी चलाता हूं, मेरे साथ कोई दुर्घटना हो जाती है या फिर पुलिस मुझे पकड़ लेती है, तो यह भाग्य की बात नहीं है। यह मेरे शराब पीने और फिर गाड़ी चलाने के निर्णय का ही परिणाम मात्र है। या मैं किसी रास्ते चलते व्यक्ति को गाली दे दूं और वह मेरे सामने के दांत तोड़ दे, तो यह मेरा भाग्य न होकर मेरा निर्णय था। अक्सर आपने सुना होगा, एक ही कक्षा में पढ़ने वाले दो मित्रों में से एक बहुत बड़े पद पर पहुंच गया और दूसरे को नौकरी नहीं मिली। दोनों की परिस्थितियां भी समान थीं, परन्तु निर्णय भिन्न थे। आज यदि मैं एक सरकारी अधिकारी हूं और अनिल अंबानी एक उद्योगपति हैं, तो यह हम दोनों का निर्णय था। उन्होंने उद्योगपति बनने का निर्णय लिया और मैंने सरकारी नौकरी का।

जब भारत दूसरा परमाणु परीक्षण करने जा रहा था, तब संयुक्त राज्य अमेरिका की चेतावनी क्या तत्कालीन प्रधानमंत्री श्री बाजपेयी के निर्णय को बदल पाई। उन्होंने अमेरिकी पाबंदियों के सामने न झुकने का निर्णय लिया और पूरे देश ने उनका साथ दिया तथा सफलता पाई। इसके पूर्व 1974 में श्रीमती इंदिरा गांधी ने परमाणु परीक्षण का निर्णय लेकर पूरे विश्व को भारत के परमाणु शक्ति बनने का संदेश भेज दिया था।

शेर सबसे ताकतवर जानवर है, परन्तु यदि आज वह जिन्दा है, तो इसका कारण मनुष्य जाति का निर्णय ही है। निर्णय लेने की शक्ति पशुओं के पास नहीं है, चाहे उनमें मनुष्य से अधिक शारीरिक ताकत कितनी ही हो। यह सुविधा ईश्वर ने केवल मनुष्य को दी है। अतः यदि सफल होना है तो निर्णय कीजिए।

OOO

4

कर्म करना

मेरे एक मित्र मुझे बता रहे थे कि जब वे अपनी इंजीनियरिंग की पढ़ाई कर रहे थे, तो उनके दिमाग में कई बार डिजिटल थर्मामीटर बनाने की बात आई। बस आज शुरू करेंगे, कल करेंगे में एक दिन ऐसा आया कि डिजिटल थर्मामीटर तैयार होकर बाजार में आ गया और मेरे ये मित्र हतप्रभ रह गए। कारण स्पष्ट है कि जीवन में अधिकतर समय हम चीजों पर प्रतिक्रिया करते हैं, क्रिया नहीं करते। आपको हर साल कितने ही विद्यार्थी यह कहते मिल जाएंगे कि उस समय अगर मैं पढ़ा होता, तो आज फलां जगह मैं उस पद पर होता। अगर मैंने अमुक समय अमुक कोर्स कर लिया होता (जिसका समय भी और सुविधा भी थी), तो आज मैं यह होता या वह होता। यदि विचार मस्तिष्क में आते ही लोग उस पर काम करना शुरू कर देते, तो इस दुनिया के बहुत सारे लोग आविष्कारक हो गए होते। यह आभास हमें केवल तब होता है, जब किसी कार्य का श्रेय, कोई लाभ या कोई पद दूसरा ले जाता है, जिसे हमने काफी पहले सोचा था।

वास्तव में दो प्रकार के लोग दुनिया में अक्सर असफल हो जाते हैं। एक तो वे जो सोचते रहते हैं और काम नहीं करते और दूसरे वे जो काम तो बहुत करते हैं, परन्तु सोचते बिल्कुल नहीं। हममें से अधिकतर लोग किसी भी नए विचार को क्रियान्वित करने से डरते हैं। हम लोगों को बचपन से ही सुरक्षित रहने का ऐसा पाठ पढ़ाया जाता है कि थोड़ा-सा भी जोखिम हम लोग उठाना नहीं चाहते। जब तक कोई काम करना हमारे लिए आवश्यकता या मजबूरी नहीं बन जाता, तब तक हम उसे आमतौर पर नहीं करते। आप इस बात से सहमत होंगे कि हममें से बहुत-से लोग तब तक बिजली या टेलीफोन का बिल जमा नहीं करते, जब तक उसकी अंतिम तिथि नहीं आ जाती। वाहन की देखरेख तब तक ठीक से नहीं करते, जब तक उसे मैकेनिक के पास ले जाने की नौबत न आ जाए।

हम लोग अक्सर विश्वसनीय तथा प्रामाणिक विषयों पर ही काम करते हैं। मैं मानता हूं कि बन्दरगाह में जहाज सुरक्षित रहते हैं, किन्तु क्या जहाज इसीलिए बनाए जाते हैं? एक बात सदैव याद रखनी चाहिए कि बन्दरगाह में खड़े-खड़े जहाज को हमेशा जंग ज्यादा लगता है। अक्सर डर के कारण हम काम नहीं करते। परन्तु हमें मालूम होना चाहिए कि जो व्यक्ति तूफान के डर से अपनी नाव समुद्र में नहीं डालता, उसे यह याद रखना चाहिए कि तट पर खड़े रहकर भी तूफान से बचा नहीं जा सकता।

एक बार एक आदमी के पास बड़ा अच्छा कुत्ता था। वह कुत्ता अपने मालिक के घर के दरवाजे पर बैठकर पहरेदारी किया करता था, लेकिन एक बड़ी अजीब बात यह थी कि वह कुत्ता हर समय रोता रहता था। एक व्यक्ति हर रोज वहां से गुजरता था। उसे यह देखकर बड़ा आश्चर्य होता था। एक दिन कुत्ते का मालिक भी कुत्ते के पास खड़ा था, तभी वह व्यक्ति उधर से गुजरा। कुत्ते को रोता देखकर उससे रहा नहीं गया। उसने कुत्ते के मालिक से पूछा-'भाई साहब! यह कुत्ता आपका है क्या?' 'जी हां'! मालिक ने उत्तर दिया। परन्तु यह कुत्ता पूरे दिन रोता क्यों रहता है? व्यक्ति ने पूछा। कुत्ते के मालिक ने कहा-'जहां यह कुत्ता बैठा है, वहां एक कील गड़ी थी और यह कुत्ता उस कील पर बैठा है। इसलिए इसे जब वह कील चुभती है, तो यह रोने लगता है।' यह उत्तर सुनकर उस व्यक्ति को और भी आश्चर्य हुआ और उसने पूछा- 'अगर ऐसी बात है, तो यह उस कील पर से उठ क्यों नहीं जाता?' तो उस कुत्ते के मालिक ने कहा-'इतना दर्द इसे नहीं हो रहा है कि यह उठने को मजबूर हो जाए।'

कहने का तात्पर्य यह है कि हममें से अधिकतर लोग किसी न किसी प्रकार की कील पर बैठे हैं और वहीं बैठकर परिस्थितियों का या सरकार का रोना रोते रहते हैं, परन्तु वहां से उठते नहीं हैं।

मैंने कई साल पहले किसी पुस्तक में एक बहुत ही प्रेरणादायक कहानी पढ़ी थी। कहानी के अनुसार-

एक बार एक राजा ने अपने सभी बुद्धिमान मंत्रियों को बुलाया और कहा कि दुनिया की सबसे सयानी बात कौनसी है? इसको एक पुस्तक की शक्ल में मेरे पास लेकर आओ। सभी मंत्रियों ने राज्य के एक से एक विद्वान व्यक्ति को बुलाया और इस विषय पर काम शुरू कर दिया। सबने अपने-अपने मतानुसार सबसे सयानी बात को लिखा और उसे बहुत

सारी पुस्तकों के रूप में एक बैलगाड़ी में भरकर ले आए। तब राजा ने कहा कि मैं जानता हूं कि आप सब विद्वान लोग हैं और जो ज्ञान आप लोगों ने इसमें संजोया है, वह भी निश्चित रूप से अद्वितीय होगा। परन्तु मैं चाहता हूं कि हम आने वाली पीढ़ियों के लिए यह ज्ञान छोड़कर जाएं। किन्तु ये इतनी सारी पुस्तकें हैं कि मुझे डर है कि शायद ही लोग इतनी सारी पुस्तकों को पढ़ें। इसलिए आप इस ज्ञान को थोड़ा संक्षिप्त कर दें। विद्वानों ने पुनः बैठक की और एक-दूसरे को अपनी-अपनी पुस्तक के बारे में बताया। निष्कर्षतः उन्होंने सभी पुस्तकों के ज्ञान को एक ही पुस्तक में समेट दिया। पुनः राजा ने उन्हें एक पुस्तक से एक अध्याय में फिर अध्याय से पृष्ठ में, पृष्ठ से पैराग्राफ और पैराग्राफ से एक पंक्ति में लिखने को कहा। अन्त में उस ज्ञान का जो निचोड़ निकला, वह यह था कि जीवन में कर्म ही सबसे बड़ी चीज है। कर्म के बगैर कुछ भी प्राप्त करना संभव नहीं है। दुनिया का कोई तरीका, कोई दर्शन तब तक काम नहीं करता, जब तक हम स्वयं कर्म नहीं करते।

एक बार एक व्यक्ति बीमार हो गया और डॉक्टर के पास से दवा ले आया। दो-तीन दिन बाद अचानक डॉक्टर साहब उसे रास्ते में मिल गए। डॉक्टर ने पूछा-'बीमारी ठीक हुई कि नहीं!' मरीज बोला-'नहीं डाक्टर साहब! कोई फायदा नहीं हुआ।' डाक्टर ने पूछा-'दवा खा ली क्या?' मरीज बोला-'नहीं, दवा तो अभी जेब में ही पड़ी है।' सफलता की दवा हम सबकी जेब में है और उस दवा का नाम है-'काम'। दुनिया का हर व्यक्ति सफल होना चाहता है, परन्तु तब पीछे हट जाता है, जब उसे मालूम होता है कि काम का ही दूसरा नाम सफलता है।

अक्सर हम लोग सरकारी कार्यालयों का उदाहरण काम न करने के स्थान के रूप में देते हैं। हालांकि कुछ लोग वहां काम करते ही हैं। एक बार एक आदमी ने दूसरे से पूछा कि आप इस दफ्तर में कब से काम कर रहे हैं, तो पहले वाले का उत्तर था कि जब से इन लोगों ने मुझे हटाने की धमकी दी है। अक्सर जब तक हम लोगों को नौकरी नहीं मिल जाती, हम काम की तलाश में रहते हैं और जिस दिन हमें काम मिल जाता है, हम उसे नौकरी समझने लगते हैं। जिस दिन से हम नौकरी करना शुरू कर देते हैं, उस दिन से हम लोग काम करना छोड़ देते हैं। वास्तव में जब तक पूरी निष्ठा लगन, मेहनत, ईमानदारी और रुचि से काम न किया जाए, वह काम नहीं होता, केवल दायित्व का बोझ उस दिन या उस समय के लिए सिर से हटाना होता है।

कई लोग कहते हैं और अक्सर आपने पढ़ा या सुना भी होगा कि सफलता की कीमत चुकानी पड़ती है। मैं भी इस बात से सहमत हूं, किन्तु मैंने बहुत से लोगों को देखा है, जो किसी भी क्षेत्र में शिखर पर पहुंचे हैं, उन्होंने मेहनत के रूप में कीमत चुकाई, लेकिन शिखर पर पहुंचने के बाद वे अपनी मेहनत की कीमत उस प्रसन्नता और संतोष के रूप में वसूल कर रहे हैं जो अन्यथा संभव ही नहीं थी। हां, यह बात अवश्य है कि उनका दिमाग हर समय काम में नहीं लगा रहता अपितु काम हर समय के लिए उनके दिमाग में लग जाता है। मान लीजिए कि एक आदमी को दीवार में कील ठोकनी है लेकिन उसे हथौड़े का पता ही नहीं है, तो चाहे सारा दिन लगा रहे वह हाथ से कील नहीं ठोंक पाएगा। अगर वह कहे कि मैंने सारा दिन काम किया और परिणाम कुछ भी नहीं हुआ, तो यह एक निरर्थक क्रिया होगी। क्रिया सार्थक होनी चाहिए।

भगवान श्रीकृष्ण ने कहा कि 126 वर्ष की आयु में मेरे करने योग्य कुछ नहीं है, तो भी संसार को प्रेरणा देने के लिए मैं कर्म करता हूं। जब तक हम काम नहीं करते, तब तक उस चीज का ज्ञान हमें नहीं होता। कर्म से ज्ञान आ सकता है, किन्तु ज्ञान से कर्म नहीं हो सकता। आपको पैसा कमाने के दस तरीके मालूम हैं, पर एक भी तरीका आप इस्तेमाल नहीं करते, तो आपको ज्ञान तो है पर कर्म नहीं करने के कारण उसका कोई लाभ नहीं है। मील का पत्थर ज्ञान तो है, पर कर्म नहीं है। कई बार 'कर्म' ज्ञान को गलत सिद्ध कर देता है। उदाहरण के तौर पर 'बम्बल बी' एक तरह का कीड़ा होता है। विज्ञान के नियम के अनुसार वह उड़ नहीं सकता, क्योंकि उसके शरीर के भार के अनुपात में उसके पंख बहुत कमजोर होते हैं, किन्तु सारे ज्ञान को गलत सिद्ध करके यह कीड़ा उड़ता है, क्योंकि उसके पास ज्ञान नहीं, कर्म है। मुझे एक बड़ी मजेदार बात याद आती है।

एक बार एक किसान अपने खेत में मेहनत कर रहा था। किसान के खेत के पास एक छायादार पेड़ था। दोपहर के समय अपना काम निपटा कर, वह पेड़ के नीचे बैठकर खाना खाने लगा। उसी समय वहां आकर एक विद्वान व्यक्ति बैठ गया। किसान ने छः रोटियां खाईं और ऊपर से एक लोटा पानी पिया, जोर से डकार ली और लेट गया। विद्वान ने कहा कि तुम्हारा मरना निश्चित है। किसान ने पूछा-क्यों? विद्वान ने कहा कि शास्त्रों में लिखा है कि 'भोजनान्ते विषं वारि' अर्थात् भोजन के अंत में पानी विष का काम देता है। किसान ने पूछा कि फिर पानी कब पीना चाहिए?

विद्वान ने कहा- 'भोजनामध्ये अमृतं वारि' अर्थात् भोजन के मध्य में पानी अमृत का काम करता है। क्योंकि तुमने भोजन के अन्त में पानी पिया है, इसलिए तुम अब शीघ्र ही मर जाओगे। किसान ने अपने झोले से 6 रोटियां और निकालीं और उन्हें भी खा गया। फिर उसने विद्वान से पूछा कि अब तो पानी बीच में आ गया। विद्वान ने कहा-चिन्ता मत करो, ये सब ज्ञान तुम जैसे कर्मठ लोगों के लिए नहीं है। तुम तो अपने कर्म से ज्ञान को भी गलत सिद्ध कर सकते हो।

इसलिए भगवान श्रीकृष्ण ने गीता में कहा- **'कर्मण्येवाधिकारस्ते मा फलेषु कदाचन'** कर्म पर ही हमारा अधिकार है, अत: हमें अपना कर्म पूरी ईमानदारी व सत्यनिष्ठा से करना चाहिए। एक शायर ने लिखा है कि 'अगर जिन्दा हो, तो फिर जिन्दा नजर आना जरूरी है। क्योंकि कर्म न करने वाला मनुष्य जिंदा कहां है? अग्निवेशजी ने एक बार कहा था कि 'जिस आदमी में आलस्य है, भाग्य का रोना रोता रहता है, हिम्मत नहीं करता, पुरुषार्थ नहीं करता, वह मरा हुआ ही होता है।' एडविल लुइस कोल ने कहा था- 'आप पानी में गिरने से या कूदने से नहीं डूबते अपितु हाथ-पैर न मारने से डूबते हैं।' नाइकी कंपनी के तीन शब्द 'जस्ट डू इट' ने उस कंपनी के लिए जो जादू किया, शायद ही किसी और ने किया होगा। रामचरितमानस में वर्णित है कि जब लंका पर चढ़ाई करने के लिए श्री राम समुद्र से रास्ता मांग रहे थे, तो उन्होंने उदाहरण प्रस्तुत किया। उन्होंने देवताओं से सहायता मांगी तथा समुद्र से भी अनुनय विनय की। जब उससे काम बनता नहीं दिख रहा था, तो लक्ष्मण ने भगवान से कहा-

नाथ दैव कर कवन भरोसा।
सोषिअ सिन्धु करहिं मन रोषा।।
कादर मन कर एक अधारा।
दैव दैव आलसी पुकारा।।

काम छोटा या बड़ा नहीं होता, छोटे-छोटे काम करके ही हम बड़े बनते हैं। गांधीजी इसीलिए महान व्यक्ति थे, बड़े व्यक्तित्व थे कि वे छोटे से छोटा काम स्वयं करते थे। छोटे-छोटे काम बड़ा परिणाम देते हैं। छोटी-छोटी बचत बड़ी पेंशन दे सकती है। हम यदि इस बात पर ध्यान दें कि आधा घंटा अतिरिक्त काम करना, जिस समय में हम कुछ नहीं कर रहे, तो महीने में 15 घंटे और वर्ष में 180 घंटे हम अपने जीवन में क्रियात्मकता जोड़ सकते हैं। यदि हम जीवन में 40 साल काम करते हैं, तो तीन साल हमारे जीवन में ऐसे जुड़ जाते हैं, जिसमें

हमने केवल काम किया है। गणित के अध्यापक लाला धनीरामजी भारत के विख्यात गणितज्ञ थे। एक दिन कक्षा में वे पढ़ा रहे थे। उनका आदेश था कि कक्षा के समय किसी बाहरी व्यक्ति को कक्षा में आने की अनुमति न दी जाए। एक आदमी ने दरवाजा खटखटाया। लालाजी ने दरवाजा खोला, तो उस व्यक्ति ने कहा कि मुझे आपसे कुछ बात करनी है। लालाजी ने कहा कि कक्षा के बाद आना। वह व्यक्ति कुछ विवाद करने लगा। लालाजी ने क्रोधित होकर उसको बाद में आने को कहा और कहने लगे कि मेरा एक मिनट खराब कर दिया। यहां 60 विद्यार्थी बैठे हैं, एक घंटा खराब हो गया। अपने काम के प्रति इतनी निष्ठा मैंने कम ही लोगों में देखी है।

जब हम काम ही नहीं करते, तो उसके परिणाम की इच्छा तो व्यर्थ ही है। एक बार एक हाकी खिलाड़ी से पूछा गया कि आपका सबसे खराब शॉट कौन-सा था, तो उसने जवाब दिया कि मेरा सबसे खराब शॉट वह था, जो मैंने कभी लगाया ही नहीं। अभी-अभी अभिनव बिंद्रा भारत के लिए पहला ओलम्पिक स्वर्ण पदक जीत कर बीजिंग से लौटे हैं। उस पदक को प्राप्त करने के पीछे, उनकी कितने वर्षों की कड़ी मेहनत और अभ्यास लगा है।, इस बात का सहज अनुमान किया जा सकता है। कुश्ती के पदक विजेता सुशील कुमार से जब पूछा गया कि क्या वे फिल्में देखते हैं? तो उन्होंने कहा कि मुझे इसकी फुर्सत ही नहीं है। महात्मा गांधी ने चरखे का जो आदर्श स्थापित किया, वह इसलिए नहीं था कि उन्हें कपड़ा या सूत बनाना था। वे तो लगातार कर्मशीलता का उपदेश जनता को देना चाहते थे। 'जय जवान जय किसान' का नारा जो स्वर्गीय लालबहादुर शास्त्रीजी ने दिया, वह केवल एक नारा नहीं, अपितु देशवासियों को दी गई एक कार्ययोजना थी। धीरू भाई अंबानी, सुनील भारती मित्तल जैसों ने अपने काम के बल पर ही विश्व में ख्याति अर्जित की है।

अभिप्राय यह है कि काम का सफलता से सीधा सम्बन्ध है। थ्योदोर रुजवेल्ट ने कहा था, ''मेरे रिकार्ड में अत्यन्त चमकदार या सर्वोत्कृष्ट कुछ भी नहीं है सिवाय इस बात के कि मैं वे काम करता हूं, जिन्हें करना मैं अत्यन्त आवश्यक समझता हूं और जब मैं मानसिक रूप से किसी काम को करने के लिए तैयार हो जाता हूं, तो कर्म करता हूं।'' अन्ततः मैं यही कहूंगा कि जब आपको जानकारी की आवश्यकता हो, तो उसे प्राप्त करने की योग्यता तथा फिर कर्म करना ही जीवन में घटनाओं के घटने का तरीका है। यदि आप हवा और मौसम के ठीक होने का इंतजार करेंगे, तो न आप कुछ बोएंगे और न कुछ काटेंगे।

OOO

5

विशेषज्ञों और अन्य साधनों से जानकारी प्राप्त करना

एक बार एक व्यक्ति समुद्री यात्रा पर जा रहा था। यात्रा तीन दिन लम्बी थी। टिकट खरीदने में ही उसके सारे पैसे खर्च हो गए। जाना बहुत जरूरी था। उसके पास खाने के लिए भी पैसे नहीं बचे। उसने सोचा कि केवल तीन दिन की ही तो बात है। मेरे पास खाने का जो भी सामान है, उसे ही थोड़ा-थोड़ा खाकर आराम से मेरा काम चल सकता है। अतः मैं अपने केबिन में बैठकर ही अपना खाना थोड़ा-थोड़ा खाता रहूंगा। वह तीन दिन तक भोजन-कक्ष में गया ही नहीं। तीन दिन के बाद जब यात्रा समाप्त हुई और वह जहाज से उतरने लगा, तो जहाज का कप्तान स्वागत के लिए निकास-द्वार पर खड़ा था। इस व्यक्ति को देखकर कप्तान ने कहा-'अरे! आप भी इसी जहाज पर थे? पर मैंने पिछले तीन दिन में आपको कहीं नहीं देखा, यहां तक कि भोजन-कक्ष में भी नहीं।'

इस व्यक्ति ने कहा-'कैप्टन! मेरे सारे पैसे टिकट खरीदने में ही खर्च हो गए थे। मुझे लगा कि 'मैं यदि भोजन-कक्ष में जाकर खाने का बिल नहीं दे पाया, तो शायद लोग मेरा मजाक उड़ाएंगे, जो मुझे बिल्कुल अच्छा नहीं लगेगा, इसलिए मैं भोजन-कक्ष में भी नहीं गया और जो खाने-पीने का सामान मेरे पास था, तीन दिन तक उसी को खाकर काम चलाता रहा।' कप्तान ने कहा-'मित्र! मैं आपके आत्म-सम्मान की कद्र करता हूं, किन्तु आप केवल एक बार इस विषय में पूरी जानकारी तो ले लेते। यदि आप मेरे पास आ जाते, तो मैं आपको बताता कि खाना तो टिकट के साथ मुफ्त था।'

इस घटना का तात्पर्य यह है कि जीवन में बहुत बार ऐसा होता है कि हम जो सोचते हैं, उसके आधार पर ही कार्य करते हैं। जिस कार्य की हमें पूरी जानकारी न हो, उसके जानने वाले व्यक्ति या उस विषय के विशेषज्ञ से जानकारी प्राप्त करने से, परिणाम पर बहुत ही सकारात्मक प्रभाव पड़ता है और हमारी सफलता के अवसर अधिक हो जाते हैं। विशेषज्ञ का अर्थ है-ऐसा व्यक्ति जो किसी विषय के सम्बन्ध में न्यूनतम चीजों के बारे में अधिकतम जानता हो। उसके लिए आवश्यक है कि हममें जिज्ञासा हो। जिज्ञासा के बिना ज्ञान की प्राप्ति होना संभव नहीं। भारतीय-संस्कृति में गीता एक ऐसा ग्रंथ है, जो एक मोहग्रस्त अंधे की जिज्ञासा से आरम्भ होता है। धृतराष्ट्र संजय की सहायता लेता है और विशेषज्ञ स्वयं कृष्ण हैं।

यदि सफल होना है, तो अपनी जिज्ञासा को किसी समर्थ के चरणों में रख देना चाहिए। यदि ऐसा नहीं करेंगे, तो सन्देह उत्पन्न होगा और जब सन्देह होगा, तो सफलता मिल ही नहीं सकती। स्वामी विवेकानन्द ने तो यहां तक कहा कि सन्देह को लेकर घूमना मौत को लेकर घूमना है। यद्यपि स्वयं योगेश्वर कृष्ण ज्ञान दे रहे थे, तो भी धृतराष्ट्र की समझ में नहीं आया। इसलिए यदि हम किसी विशेषज्ञ की बात को सुनें, पर विश्वास न करें, तो भी सफल होना संभव नहीं है। कई बार ऐसा होता है कि विशेषज्ञ द्वारा बताई गई बात को न मानकर हम अज्ञानियों की बात को मान लेते हैं और दुखी होते हैं। बहुत बार आपने भी जीवन में ऐसे लोग देखे होंगे, जो डॉक्टर की सलाह न मानकर किसी ऐरे-गैरे की सलाह मानकर दुखी होते हैं। कई बार तो परिस्थिति ऐसी आ जाती है कि आपको विशेषज्ञ पर ही सन्देह होने लगता है। इस सम्बन्ध में मुझे एक घटना याद आती है, जो इस प्रकार है:

एक बार एक वैष्णव परिवार अपने गुरु महाराज के दर्शन के लिए उनके आश्रम में गया। दो चार दिन पूरा परिवार वहां रहा और गुरु के वचनों से अपने-आपको तृप्त किया। चौथे दिन उन्होंने गुरुदेव से जाने की आज्ञा मांगी। गुरु ब्रह्मज्ञानी संत थे। उनको लगा कि आज उनका जाना उचित नहीं होगा, अतः उन्होंने कहा- 'आप लोग यहां आए, तो मुझे भी पूरे परिवार से मिलने का सौभाग्य मिल गया। आपके आने से आश्रम में एक नई स्फूर्ति आ गई, रौनक हो गई। मैं चाहता हूं कि आप रुक सकें, तो एक दिन और रुककर चले जाइएगा।' तब वैष्णव परिवार के मुखिया ने कहा- 'गुरुदेव! व्यापार का बहुत नुकसान हो रहा है, इसलिए हम लोगों को

आज जाना ही होगा।' पुनः गुरुजी ने कहा कि 'देख लो! अगर रुक सकते हो तो एक दिन रुककर चले जाना!' तब भी उन्होंने बात नहीं समझी और जाने की जिद करने लगे, तो गुरुजी ने कहा कि- 'जैसी आपकी इच्छा!' जब वह वैष्णव परिवार वहां से गुरु के मना करने पर भी चल पड़ा, तो गुरुजी ने भी कहा ठीक है। वह परिवार आश्रम से थोड़ी दूर ही पहुंचा था कि रास्ते में एक गधा लोट लगा रहा था। परिवार के मुखिया ने कहा कि यह तो बहुत बड़ा अपशकुन हो गया। जब गधा रास्ते में लोट लगा रहा हो, तो कभी यात्रा नहीं करनी चाहिए। ऐसा सोचकर वह परिवार वापस लौट आया। उनको वापस आए देखकर गुरुजी ने पूछा-'आप लोग वापस कैसे आ गए? सब कुशल तो है?' उन्होंने उत्तर दिया,-''गुरुदेव! रास्ते में एक गधा लोट लगा रहा था और यह अपशकुन होता है, इसलिए हम लोग वापस आ गये।' गुरुजी ने कहा-'चलो अच्छा है कि आप वापस आ गए। हां, एक बात जरूर है कि कुछ लोग गुरु की बात नहीं मानते, गधे की बात मान लेते हैं।'

यद्यपि यह घटना एक रोचक घटना के रूप में अक्सर कही जाती है, किन्तु एक बहुत महत्वपूर्ण संदेश हमें मिलता है कि विशेषज्ञों से हमें न केवल जानकारी प्राप्त करनी चाहिए अपितु उनके अनुभव का लाभ उठाना चाहिए।

उत्तर भारत में एक बात बहुत प्रसिद्ध है कि महत्वपूर्ण कार्यों को करते समय अनुभवी लोगों को साथ रखना चाहिए। इस सम्बन्ध में एक कथा प्रचलित है-

एक बार एक गांव में किसी लड़के की शादी होनी थी। बारात वहां से 50 किलोमीटर दूर जानी थी। जब बारातियों की सूची बनने लगी, तो कुछ मनचलों ने कहा कि हम अपनी बारात में अबकी बार बूढ़े लोगों को नहीं ले जाएंगे, वे बहुत रोक-टोक लगाते रहते हैं। कुछ लोगों ने कहा कि ऐसा नहीं करना चाहिए। कहीं कोई ऐसी स्थिति आ गई, जहां अनुभवी व्यक्ति की आवश्यकता पड़ गई तो क्या होगा? तब यह निर्णय किया गया कि एक अनुभवी वृद्ध को ले तो चलेंगे लेकिन किसी को दिखने नहीं देंगे। इसके लिए एक ऐसा संदूक बनाया गया, जिसमें वह वृद्ध आराम से लेट सके और ठीक से हवा भी आती रहे।

जिस गांव में बारात जानी थी, वहां भी यह खबर पहुंच गई कि बारात में कोई भी वृद्ध नहीं होगा। उन्होंने इसे वृद्धों का अपमान समझा और युवकों को सबक सिखाने का निर्णय किया। जब बारात उस गांव में पहुंच गई, तो

लड़की वालों ने पूछा कि कितने बाराती आए हैं? जवाब मिला एक सौ। वधू पक्ष ने उन सबका स्वागत किया और उनके खाने के लिए दो क्विंटल लड्डू रख दिए। शर्त यह रखी गई कि यदि इन लड्डुओं को समाप्त कर दोगे, तो ही आगे की रस्में की जाएंगी। अब युवकों में दो-दो किलो लड्डू खाने की गुंजाइश नहीं थी। उन्होंने सोचा कि यह तो नई मुसीबत आ गई। अगर बगैर दुल्हन वापस जाना पड़ा तो अपमान होगा। अब क्या करें? संदूक से दादाजी को निकाला गया और पूछा कि क्या करें? दादाजी बोले - 'दो क्विंटल लड्डुओं को बीच में रख लो और सौ लोग उनके चारों ओर बैठ जाओ। बातें करते जाओ और लड्डू खाते जाओ। देखते-देखते लड्डू खत्म हो जाएंगे।' उन्होंने ऐसा ही किया और सचमुच देखते-देखते लड्डू खत्म हो गए। वधू पक्ष के लोग समझ गए कि इन लोगों के साथ कोई अनुभवी व्यक्ति भी आया है। उन्होंने कहा-'निकालो, कौन ऐसा अनुभवी तुम्हारे साथ आया है।' तब वे युवक लज्जित हो गए और दादाजी को बारात की अगुवाई करने के लिए कहा गया।

अनुभवी लोगों से सीखने और उनके अनुभवों का लाभ उठाने से सफलता मिलने में आसानी होती है। हां एक बात का अवश्य ध्यान रखना चाहिए कि अनुभव ऐसा होना चाहिए, जो आपके लिए लाभदायक हो। एक व्यक्ति बता रहा था कि मैंने अपने मित्र के साथ व्यापार किया था। अब हम दोनों अलग-अलग हो गए हैं। मैंने पूछा कि पहले उसके साथ व्यापार शुरू क्यों किया था? और अब अलग क्यों हो गए? वह बोला कि शुरू इसलिए किया था कि उसके पास अनुभव था और मेरे पास पैसा। मैंने पूछा कि अब क्या स्थिति है? वह बोला कि अब उसके पास पैसा है और मेरे पास अनुभव। अतः इसके लिए जरूरी है कि हम अपने दिमाग को वह अनुभव लेने के लिए तैयार करें। जिसका दिमाग नहीं है, वह अनुभव नहीं ले पाएगा। यदि किसी ने मूलभूत तैयारी ही न की हो, तो यह संभव नहीं। अगर किसी ने दसवीं पास न की हो, तो वह बी.ए. का ज्ञान प्राप्त नहीं कर सकता, चाहे उपलब्ध भी हो। अगर ज्ञानी लोगों का संग मिल सके, तो बहुत ही अच्छी बात है। हमारा भविष्य इस बात पर बहुत अधिक निर्भर करता है कि पिछले कुछ वर्षों में हम किस प्रकार के व्यक्तियों तथा किस प्रकार की पुस्तकों की संगति में रहे हैं।

इसी प्रकार पुस्तकों में निहित ज्ञान का पूरा लाभ उठाना है, तो आपके और पुस्तक के बीच में एक विशेषज्ञ होना आवश्यक है। भारतीय-संस्कृति में राम

और कृष्ण भगवान ने मनुष्य के रूप में अवतार लिया। यद्यपि वे सर्वज्ञ थे, तो भी उन्होंने शास्त्र और शस्त्रों का ज्ञान प्राप्त करने के लिए विशेषज्ञों की शरण ली। हम लोगों को दूसरों से ज्ञान या जानकारी लेते समय कुछ बातों का ध्यान अवश्य रखना चाहिए। एक तो यह कि जिससे हम जानकारी लेना चाहते हैं, उसे इस बात का एहसास दिलाएं कि वह हमसे ऊपर है और वह हमसे अधिक जानता है, उस विषय विशेष के बारे में। जब हमें दीपक से रोशनी चाहिए, तो हमें दीपक को अपने से ऊपर रखना पड़ता है। दूसरी यह बात आवश्यक है कि जिससे हम लोग जानकारी प्राप्त करें, हम जानकारी का मूल्य समझें, जानकारी देने वाले का मूल्यांकन न करें। कहा गया है-

जात न पूछो साधु की पूछ लीजिए ज्ञान।
मोल करो तलवार का पड़ी रहन दो म्यान॥

जब अंधेरे में हम लोगों को आगे बढ़ना होता है, तो हम प्रकाश को आगे रखकर उसके पीछे-पीछे चलते हैं। यही काम हमें विशेषज्ञों के साथ भी करना चाहिए।

सुनना भी ज्ञानप्राप्ति का एक माध्यम है। अनुभवी लोगों की बातों को सदैव ध्यान से सुनना चाहिए। शायद इसीलिए हमारे महीनों में एक महीना श्रावण का होता है। वेदों को श्रुति कहा जाता है और ईश्वर ने हमें जीभ एक और कान दो दिए हैं अर्थात् सुनना महत्वपूर्ण है। वास्तव में जितना हम पढ़ सकते हैं, उतना बोल नहीं सकते। जितना बोल सकते हैं, उतना लिख नहीं सकते, परन्तु कम से कम सुन तो सकते हैं। इतिहास साक्षी है कि दुर्योधन ने स्वयं भगवान की बात को नहीं सुना। धृतराष्ट्र ने विदुर और भीष्म पितामह की बात को नहीं सुना, रावण ने हनुमान की बात को नहीं सुना और कंस ने अपने पिता की बात को नहीं सुना। फलतः सबके सब विनाश को प्राप्त हुए।

अतः आवश्यक है कि यदि हमें जीवन में बड़ी सफलताएं प्राप्त करनी हैं, तो हमें विशेषज्ञों, श्रेष्ठ लोगों, पुस्तकों तथा आज के माध्यमों चाहे वह टीवी हो या इंटरनेट, सभी प्रकार के सूचना तंत्रों से जानकारियां प्राप्त करके ही आगे बढ़ना चाहिए। सफलता निश्चित है।

❍❍❍

6

पहले किए गए का लाभ उठाना

"मेरे जीवन में पुस्तकों का इतना ही महत्व है, जितना पृथ्वी ग्रह के लिए सूर्य का।"

–अर्ल नाइटिंगेल

अर्ल नाइटिंगेल के ये शब्द मुझ बहुत अच्छे लगते हैं। मेरे पापा ने बचपन से ही मुझे पुस्तकों की संगति में रखा और मुझे लगा कि मेरे स्वयं के जीवन में भी ये शब्द उतने ही महत्वपूर्ण हैं। मैंने बहुत से ऐसे लोगों को देखा है या उनसे व्यक्तिगत रूप से मिलने का सौभाग्य मिला है, जिन्हें लोग समझदार, सफल आदि शब्दों से विभूषित करते हैं। मैंने एक बात लगभग सभी में पाई है कि उन्होंने काफी अध्ययन किया है। यहां आप सोच रहें होंगे कि अध्याय का विषय तो कुछ और था। जी हां! लेकिन जब मैं थोड़ा भीतर जाकर सोचता हूं कि ये सब लोग पढ़कर इस प्रकार के बने, तो क्या जो पुस्तकें उन्होंने पढ़ीं, वे पहले से ही लिखी हुई नहीं थीं। अवश्य थीं। यानि उन्होंने भी पहले किए गए का लाभ उठाया। हालांकि बहुत सारे लोग इस छोटे से तथ्य को समझ नहीं पाते कि आज के समय में यदि आप पहले किए गए का भी समुचित लाभ उठा लें, तो आपको बहुत कुछ करने की आवश्यकता नहीं है। दुनिया में इतना कुछ हो चुका है कि उसका ज्ञान प्राप्त कर लेना ही काफी है। आज दुनिया के बड़े से बड़े डॉक्टर, इंजीनियर, वकील, प्रबंधक तथा अन्य लोग इसलिए बड़े हैं कि उन्होंने पहले किए गए का पूरा लाभ उठाया और उसे आत्मसात किया। आज जो भी व्यक्ति अपने क्षेत्र में जितना बड़ा है, उसके पीछे पहले किए गए का उतना ही अध्ययन है।

इसका अर्थ कदापि यह नहीं है कि जो बड़े लोग हैं, महान हैं, सफ़ल हैं, उन्होंने अपनी ओर से कुछ नहीं किया या मैं उनकी क्षमताओं या उपलब्धियों को कम करके आंक रहा हूं। उन्होंने केवल उस रास्ते का चयन किया, जो पहले से दिखाया गया था और यात्रा स्वयं पूरी की। यहां मैं यह स्पष्ट कर दूं कि यदि हमें दुपहिया वाहन चाहिए या चौपहिया वाहन चाहिए, तो हमें पहिए की खोज करने की आवश्यकता नहीं है। यदि हमें एक नया दुपहिया या चौपहिया वाहन बनाना है, तो पहिए की खोज से आगे या जो वाहन बाजार में उपलब्ध हैं, उनसे आगे सोचना होगा कि हम उसमें क्या सुधार कर सकते हैं। उसमें हमारे सोचने से पहले जो हो चुका है, हम उसका लाभ उठाएं। यदि हम यह सोचें कि हम फिर से पहिए का आविष्कार करेंगे, तो वह हो तो जाएगा, पर उसमें धन, समय, श्रम इतना लग जाएगा कि वह होते-होते ही शायद हमारा जीवन समाप्त हो जाए व लोग सफल और समझदार के स्थान पर हमें मूर्ख कहें। पहले किए गए में सुधार तो हमेशा संभव है। जब पहला कम्प्यूटर बना था, तब काफी बड़ा था। उसकी क्षमता कम थी। परन्तु आज छोटे-छोटे कम्प्यूटर बाजार में उपलब्ध हैं और इस क्षेत्र में इतनी तरक्की हो रही है कि आम आदमी उसे देखकर चकाचौंध है।

हम लोगों को धीरे-धीरे अपनी सफलता की इमारत पहले किए गए पर ही खड़ी करनी होती है। हम एक क्षेत्र को चुनकर उसमें आगे कार्य कर सकते हैं। यहां एक बात ध्यान रखने योग्य है कि हमें अपना क्षेत्र ध्यान से चुनना होगा। यदि हमने शिक्षा तो इतिहास की ली है और आगे का कार्य भूगोल में करना चाहते हैं, तो आवश्यक है कि हमें उस क्षेत्र का ज्ञान हो। एक बात का सदैव ध्यान रखें कि हम लोग नक्शे के साथ जा सकते हैं, ग्लोब के साथ नहीं जा सकते। और आगे आने वालों के लिए नक्शा तैयार कर सकते हैं।

कदाचित मेरी यह बात कुछ लोगों को सख्त लगे कि हमारे समाज में आज जो भी पतन या विघटन दिखाई दे रहा है, उसका एक बहुत बड़ा कारण है कि हमने पहले किए गए का लाभ नहीं उठाया। लाभ उठाने की बात तो छोड़ दीजिए हममें से बहुत सारे लोगों को इस बात का ही ज्ञान नहीं है कि हमारे यहां ऐसा था भी। कुछ वर्ष पहले तक विश्व सरस्वती नदी के अस्तित्व को नहीं मानता था, परन्तु अब अमेरिकी वैज्ञानिकों ने सैटेलाइट से प्राप्त चित्रों के आधार पर उसका अस्तित्व स्वीकार किया है। आज विश्व में भारत को उन्नतिशील देशों में रखा जाता है। कारण यह कि विश्व में उन्नति की जो परिभाषा है, उसमें हम फिट नहीं बैठते। इसका कारण यह है कि हमारे किए हुए का लाभ हमने

नहीं अपितु दूसरों ने उठाया। आज हम दूरदर्शन पर (लाइव टेलीकास्ट) सीधा प्रसारण देखकर आश्चर्यचकित नहीं होते। आज से ठीक 5 दशक पहले दूरदर्शन को देखकर ही आश्चर्यचकित थे। किन्तु आप सब कदाचित मेरी बात से सहमत होंगे कि यह सीधा प्रसारण हमारे यहां महाभारत काल से ही आरंभ हो गया था। जब तक टेलीविजन अस्तित्व में नहीं आया था, तब तक इस पर कोई विश्वास नहीं करता था।

यही नहीं, इसके अलावा टेस्टट्यूब बेबी सबसे पहला कर्ण था। आशुलिपि सबसे पहले भगवान गणेश ने आरंभ की। हो सकता है कि कालांतर में ये सभी बातें सिद्ध हो जाएं। आज के विश्व में यदि आप विमान बनाने या उड़ाने की बात करते हैं, तो राइट बंधुओं का नाम आता है, किन्तु आज से 5000 वर्ष पूर्व ही भरद्वाज मुनि ने बृहत् विमानशास्त्र लिखा था, जिसमें विमान बनाने की सब विधियां लिखी गई थीं। अर्थशास्त्र के पुरोधा एडम स्मिथ को माना जाता है, किन्तु कौटिल्य के अर्थशास्त्र को हम भूल जाते हैं। भृगुसंहिता, मनुस्मृति, चरक संहिता आदि को हम भूल कैसे सकते हैं। परंतु क्या हमने कभी इनसे कोई लाभ उठाया? और यही कारण था कि जिन्होंने पहले किए गए कार्य का लाभ उठाया, चाहे वह कार्य किसी भी देश में हुआ हो, वे लोग ही प्रगतिशील या बाद में चलकर उन्नत राष्ट्र कहलाए।

आज विश्व में बहुत से विषयों पर रिसर्च हो रहा है। रिसर्च शब्द का अर्थ है–पुनः खोजना। खोजा उसे जाता है, जो खो गया हो और खोता वह है, जो हमारे पास हो। वास्तव में जो अथाह ज्ञान हमारे पास था, वह खो गया है, जिसके कारण आज मानवमात्र दुखी है। अक्सर चार प्रकार के लोग महान व्यक्तियों से लाभान्वित नहीं होते

1. **परिवार के लोग**– चाहे व्यक्ति कितना भी महान या गुणी क्यों न हो परिवार कें लोग सदैव उसे अपने सम्बन्धों के संदर्भ में ही देखते हैं।

2. **बुजुर्ग लोग**– जिन लोगों ने उसे गोद में खिलाया होता है, वे उसे हमेशा बच्चा ही समझते हैं और उसके ज्ञान का कभी लाभ नहीं उठा पाते, चाहे उसने कितना ही ज्ञानार्जन क्यों न किया हो?

3. **जो अति दूर हों**– जो लोग महान लोगों से अति दूर रहते हैं, वे भी उनके ज्ञान का लाभ नहीं उठा सकते। ज्ञान का लाभ उठाने के लिए संग आवश्यक है।

4. दुश्मन- किसी भी महान व्यक्ति से जो लोग अकारण ही शत्रुता रखते हैं, वे कभी भी उसके ज्ञान का लाभ नहीं उठा सकते। जो लोग दूसरों के द्वारा अर्जित ज्ञान का लाभ नहीं उठाते, वे कभी सफल नहीं हो सकते। यदि आपको 100 किलोमीटर की यात्रा करनी है, तो आपको उस सड़क पर चलना होगा, जिसे किसी और ने बनाया है। आप इतनी लम्बी सड़क बनाने लगें, तो पूरा जीवन उसी में बीत जाएगा।

आज जीवन में हमें हर कार्य में सफलता के लिए किसी के द्वारा किए गए का लाभ उठाना आवश्यक है। दुनिया के जाने-माने व्यवसायी या कार विक्रेता हैनरी फोर्ड के नाम से हम सब परिचित हैं। कहते हैं कि एक बार हेनरी फोर्ड पर किसी व्यक्ति ने मुकदमा कर दिया। फोर्ड अदालत में पेश हुए, तो उनके विरोधी वकील ने न्यायाधीश से कहा कि श्री फोर्ड कानून के बारे में ज्यादा ज्ञान नहीं रखते। इस पर फोर्ड ने कहा-'हो सकता है कि मुझे कानून का ज्यादा ज्ञान न हो, किन्तु जिस व्यक्ति को कानून का अत्यधिक ज्ञान है, वही व्यक्ति मेरी पैरवी कर रहा है। मुझे तो उसी के ज्ञान का लाभ उठाना है।' आज हम किसी डाक्टर, इंजीनियर, वकील, अध्यापक या अन्य किसी की सेवाओं का लाभ उठाते हैं, तो अपरोक्ष रूप से हम पहले किए गए का लाभ ही उठा रहे हैं।

मानव आज सभ्यता के जिस सोपान पर खड़ा है, वहां वह एक दिन में नहीं पहुंचा या वह पैदा होने से पहले सीख कर नहीं आया था अपितु संसार में आने के पश्चात उसने पहले किए गए का लाभ उठाया और सफल हुआ। जिसने जितना अधिक लाभ उठाया, वह व्यक्ति उतना ही अधिक सफल हुआ। दुनिया की सभी सभ्यताएं जंगली जीवन से सुपर कम्प्यूटर तक यूं ही नहीं पहुंच गई। आज का विश्व इस बात का पुष्ट प्रमाण है कि हर पीढ़ी ने अपने से पहली पीढ़ी द्वारा किए गए कार्यों का लाभ उठाया और सफल हुए। आज के जीवन की जो आवश्यकताएं हैं, हमारे दादा-परदादा के जमाने की वे उपलब्धियां या बड़ी सफलताएं थीं। क्योंकि हमने उनके द्वारा रखी गई नींव पर अपनी सफलता की इमारत खड़ी की, इसलिए हम स्वयं को उनसे अधिक सफल मानते हैं। वस्तुतः नींव तो उन्हीं के परिश्रम से बनी है।

आज भी शिवाजी महाराज, शेरशाह सूरी और अकबर के राज्य के बहुत से सुधार हैं, जो हमारे सार्वजनिक जीवन में दिखाई देते हैं। आप सब जानते ह्रोंगे कि जिसे हम आज राजमार्ग के नाम से जानते हैं, उसे शेरशाह सूरी ने अपने शासनकाल (1540-1545) के दौरान कलकत्ता से पेशावर तक बनवाया था। उस

समय में ऐसा कार्य एक अजूबा था, परन्तु उसके बाद पूरे देश में सड़कों का जाल बिछ गया। डाक-व्यवस्था उसी के शासनकाल में शुरू हुई, जिसने आम आदमी के जीवन में एक नई क्रान्ति पैदा कर दी और शायद उसी का परिणाम है कि आज हम संचारक्रांति के युग में जी रहे हैं। यदि यह कार्य शुरू न होता, तो स्थिति कदाचित भिन्न होती। अकबर के शासनकाल में सर्वप्रथम राजा टोडरमल ने भूमि की नाप शुरू की और उसके कारण बहुत से झगड़े स्वतः सुलझ गए। चाणक्य का अर्थशास्त्र भी कदाचित आधुनिक अर्थशास्त्र का जनक रहा होगा। कर लगाने की प्रक्रिया तभी आरंभ हुई थी। धीरे-धीरे उसी राह पर चलते-चलते हम लोग आर्थिक उदारीकरण तक आ गए। आज हमारे प्रधानमंत्री डॉ. मनमोहन सिंह जी ने जो कार्य किए, इस क्षेत्र में उसी के आधार पर आज भारत विश्व की आर्थिक महाशक्ति बनने की ओर अग्रसर है। चिकित्सा के क्षेत्र में भी आज क्रान्ति आ चुकी है और निश्चित रूप से इसका कारण इस क्षेत्र में पूर्व वैज्ञानिकों द्वारा किए गए कार्य ही हैं।

हां, अध्यात्म के क्षेत्र में कदाचित कम प्रगति हुई है। इसका एकमात्र कारण है कि हमने पहले किए गए का लाभ नहीं उठाया। हमारे यहां के ऋषि-मुनियों में स्वर्ग का निर्माण करने की क्षमता थी, जो आज भौतिक जगत में दिखाई देती है-अध्यात्म में नहीं। यह निश्चित है कि अध्यात्म के क्षेत्र में हम लोग केवल इसलिए पिछड़े कि जो पहले किया हुआ हमें प्राप्त हुआ, हम उसका पूरा लाभ नहीं उठा पाए। सफल होने के लिए इस बात को जानना अत्यन्त आवश्यक है कि कौन-कौन लोग किसी क्षेत्र विशेष में सफल हुए, उसके लिए किस विशिष्ट ज्ञान की आवश्यकता थी, वह उन लोगों ने कहां से प्राप्त किया, उसके बाद पथ निर्माण कैसे किया। पुनः मैं अपनी बात को रखना चाहूंगा कि यह मालूम हो जाए कि कैसे और क्या किया, तो आगे का रास्ता अपने आप सरल हो जाता है। यद्यपि सबसे पहले किसी कार्य को करने वाले को काफी तकलीफों का सामना करना पड़ता है। अगर अंधेरी रात है, बिजली नहीं है, तो दीपक जला कर पुराने जमाने में किए गए अनुभव का लाभ तो उठा ही सकते हैं। जिस पथ पर महाजन जाते हैं, वही पथ श्रेयस्कर होता है।

ooo

7

हिम्मत न हारना

यह बात 1984 की है। मुझे एक प्रतियोगिता परीक्षा देनी थी और मैं यथासंभव परिश्रम उसके लिए कर रहा था। मैंने अपने जीवन में जितनी मेहनत इस परीक्षा के लिए की थी शायद ही कभी की होगी। खैर! परीक्षा हो गई और जब परिणाम आया तो पता चला कि अच्छे अंकों के बावजूद मुझे मेरिट में स्थान नहीं मिला। मैं शाम को अपने परीक्षा परिणाम को लेकर बहुत दुःखी था। छत पर बैठा था। पापा ने मुझे बुलाया तो मैंने उन्हें परिणाम के बारे में बताया और साथ-साथ यह घोषणा भी कर दी कि भविष्य में मैं कोई प्रतियोगिता परीक्षा नहीं दूंगा। पापा ने मुझसे एक बात कही:

तुंदहि वादे मुखालिफ से न घबरा ए उकाब-
ये तो चलती है तुझे ऊंचा उड़ाने के लिए।

और मुझसे पूछा- 'समझ में आया?' मैंने कहा- 'नहीं!' वे बोले कि इसका अर्थ है कि शायर उकाब (चील) पक्षी से कहता है कि तेरी विपरीत दिशा से जो हवा चल रही है, उससे घबराने की आवश्यकता नहीं है, क्योंकि यह तो तुझे ऊंचा उड़ाने के लिए चल रही है। उस दिन के बाद मैंने आज तक कभी हिम्मत हारना सीखा ही नहीं। वास्तव में मैं अपने पापा-मम्मी की हिम्मत देखते-देखते ही बड़ा हुआ था। मम्मी ने एक पाठ हम सबको अच्छी तरह पढ़ा दिया था-हिम्मत नहीं हारना। वे अक्सर एक शेर हमें सुनाती थीं:

गिरते हैं शह सवार ही मैदाने जंग में-
वे तिफ्ल क्या गिरेंगे जो घुटनों के बल चलें।

एडमंड हिलेरी एवरेस्ट पर चढ़ने के प्रयास में कई बार असफल हुए। एवरेस्ट पर विजय प्राप्त करने से पूर्व के प्रयास से भी वे इतनी ऊंचाई तक चढ़ गए

थे, जहां उससे पहले तक कोई नहीं चढ़ पाया था। इतनी ऊंचाई तक चढ़ने के उपलक्ष्य में इंग्लैंड में एडमंड हिलेरी का सम्मान करने के लिए एक समारोह का आयोजन किया गया। मंच पर पीछे की ओर एवरेस्ट का एक बहुत बड़ा चित्र लगाया गया था। हिलेरी उस समारोह में आए और समारोह आरंभ हुआ। हिलेरी को अपने अनुभव बांटने के लिए कहा गया। हिलेरी ने बोलना शुरू करने से पहले एवरेस्ट के चित्र की ओर देखा और कहा–'ओ एवरेस्ट! तुम पहले से अधिक ऊंचे नहीं हो सकते, किन्तु मेरे प्रयास पहले से बड़े हो सकते हैं, मैं आ रहा हूं।' कहने का अर्थ यह कि हमारे प्रयास सदैव बड़े हो सकते हैं, यदि हम हिम्मत न हारें तो। व्यक्ति की हिम्मत की असली परीक्षा तो विपरीत परिस्थितियां आने पर ही होती है! एक कवि ने लिखा है–

वह पथ क्या पथिक जिस पथ पर बिखरे शूल न हों।
नाविक की धैर्य परीक्षा क्या, जो धाराएं प्रतिकूल न हों।।

''कीड़ों के कभी घुटने नहीं छिलते''। जो लोग रेंगकर चलते हैं, उनको हिम्मत की आवश्यकता ही नहीं होती अन्यथा जीवित इनसान के सामने जीवन में कभी–न–कभी विपरीत परिस्थितियां आ ही जाती हैं और उनसे वही पार पाते हैं, जिनमें हिम्मत होती है। हमारे देश में तो इसका सबसे बड़ा उदाहरण बापू गांधी के रूप में विद्यमान है। यदि बापू हिम्मत हार जाते, तो कदाचित हम आज भी गुलामी का जीवन बिता रहे होते। विश्व का इतिहास ऐसे लोगों से भरा पड़ा है, जिन्होंने अपनी हिम्मत के बलबूते इतिहास की रचना की। चाहे वे चाणक्य हों या अशोक, शिवाजी हों या महाराणा प्रताप, भगत सिंह हों या सुभाष, जार्ज वाशिंगटन हों या नेल्सन मंडेला, अराफात या किम–सू–की। इन सबमें एक विशेषता उभर कर आती है–हिम्मत नहीं हारना। ये वे लोग हैं, जिनके बारे में शायद किसी शायर ने कहा है–

किस तरह आंधियां हम को रोकेंगी–
हम परों से नहीं हौसलों से उड़ते हैं।

मैं एक बार थॉमस एडीसन के बारे में पढ़ रहा था। जब वे बल्ब का आविष्कार कर रहे थे, तो लगभग ढाई हजार बार असफल हुए। जब वे एक हजार के लगभग प्रयास कर चुके, तो उनके एक मित्र ने उनसे पूछा–'मित्र एडीसन! आप एक हजार बार असफल हो चुके हैं, आप निराश नहीं होते?' एडीसन ने कहा–'मित्र! मैं एक हजार बार असफल नहीं हुआ हूं बल्कि अब मुझे एक हजार ऐसे तरीके मालूम हो गए हैं, जिनसे बल्ब नहीं बन सकता।' हम सब इस बात

को जानते हैं कि यदि एडीसन हिम्मत हार गए होते, तो कदाचित हम लोग आज अंधेरे में ही जी रहे होते।

छठी या सातवीं कक्षा में अंग्रेजी में हम एक कविता पढ़ते थे-**'किंग ब्रूस एण्ड द स्पाइडर'।** उसमें राजा ब्रूस लड़ाई में हार जाते हैं तथा आत्महत्या की बात सोचने लगते हैं। वे छिपकर एक गुफा में बैठ जाते हैं, तभी उन्हें दीवार पर एक चींटी दिखाई देती है। चींटी ऊपर चढ़ने के प्रयास में बार-बार फिसल जाती है। अन्ततः सातवीं बार प्रयास करने पर वह चढ़ने में कामयाब हो ही जाती है और वहीं से राजा उठते हैं, अपनी सेना को संगठित करते हैं और पुनः अपना राज्य प्राप्त करते हैं।

गीता का ज्ञान तभी शुरू होता है, जब अर्जुन हिम्मत हार बैठा था। भले ही अलग-अलग कारण विद्वान लोग देते हैं, किन्तु यह भी सत्य है कि उसको इतनी बड़ी सेना अपने सामने दिखाई दे रही थी कि वह हिम्मत हार गया। तब भगवान ने उसे कर्म का उपदेश दिया और युद्ध करने के लिए कहा। जैसा कि मैंने पहले भी जिक्र किया है कि 1556 के पानीपत के युद्ध की एक छोटी-सी घटना ने बैरम खां और उसके सैनिकों की हिम्मत बढ़ा दी और उसी घटना ने भारत के इतिहास को बदल कर रख दिया।

भारत के पूर्व प्रधानमंत्री स्वर्गीय लालबहादुर शास्त्रीजी का पूरा जीवन ही हिम्मत की कहानी है। मैं उनकी जीवनी पढ़ रहा था, तब मालूम हुआ कि उन्हें स्कूल जाने के लिए हर रोज गंगा को पार करके जाना होता था। उनके पास पैसे नहीं होते थे, इसलिए वे अपनी पुस्तकें और धोती-कुर्ता नाव में बैठे अपने सहपाठियों को दे देते थे और स्वयं तैर कर गंगा पार करते थे। अनेक कठिनाइयों के बावजूद उन्होंने हिम्मत नहीं हारी और एक साधारण स्कूल मास्टर का बेटा दुनिया के सबसे बड़े लोकतंत्र का प्रधानमंत्री बना। यद्यपि 1962 में चीन के साथ युद्ध में भारत की हार हुई थी, किन्तु 1965 में जब पाकिस्तान ने भारत पर आक्रमण किया, तो कई सेक्टरों में भारत की सेना को पीछे हटना पड़ा, जिसका कारण यह था कि पाकिस्तान पहले से युद्ध की तैयारी में लगा था और कुछ अन्य देश उसे समर्थन दे रहे थे। परन्तु शास्त्रीजी ने हिम्मत नहीं हारी और अन्ततः पाकिस्तान को मुंह की खानी पड़ी।

इस बात का हमें सदैव ध्यान रखना चाहिए कि यदि हमारा उद्देश्य बड़ा हो, तो हिम्मत भी बड़ी होनी चाहिए। व्यक्ति को परिस्थितियों से बड़ा बनना पड़ता है। बड़ा बनने के बारे में कहा जाता है कि किसी ने बड़ा बनाने के लिए उड़द

खरीदे, तो उड़द ने पूछा कि हमें बड़ा कैसे बनाओगे? उसने कहा कि तुम्हारा यह काला आवरण उतारना होगा, फिर रात भर पानी में रखकर मैल गलाना पड़ता है, उसके बाद उड़द को सिलबट्टे पर पीसना पड़ता है, क्योंकि जो व्यक्ति संघर्षों में पिसा न हो, वह बड़ा बन ही नहीं सकता। फिर पिसे हुए उड़द ने पूछा कि क्या हम बड़े बन गए, तो उस व्यक्ति ने कहा कि अभी नहीं, अभी आकार देना बाकी है यानि महान (बड़े) लोगों को देखकर आकार बनाना चाहिए, पर अभी भी बड़े नहीं हुए, क्योंकि समाज की जलन भी सहन करनी है, सो तलना पड़ेगा और उस तलने से तुम समाज से ऊपर आ जाओगे, ऊपर उठ जाओगे। उसके बाद समाज के ठंढे पानी में डाल दिया जाएगा। जैसे ही पानी में डाला और सम्मान का पानी अंदर गया, तो अभिमान से फूल गए, तब निचोड़ कर अभिमान का पानी निकालना होगा और तब ज्ञान के मसाले मिलाकर बड़े बन जाओगे। तब सब लोग तुम्हारे ग्राहक होंगे। परन्तु बड़े बनने की इस प्रक्रिया में जहां हिम्मत हार बैठे, फिर कुछ भी शेष नहीं रहेगा।

जीवन में ऊपर उठना है, तो हिम्मत से काम लेना ही होगा। जब बीज बोया जाता है, तो केवल वही बीज पेड़ बनकर आसमान की ऊंचाइयों को छू सकता है, जिसमें पृथ्वी की सतह को फोड़कर ऊपर निकल आने की हिम्मत होती है और जो बीज पृथ्वी के नीचे रह जाते हैं, वे केवल इतिहास हो जाते हैं, पृथ्वी के नीचे ही सड़-गल जाते हैं। तब उनकी ओर कोई देखता भी नहीं। केंटुकी फ्राइड चिकन के मालिक सांडेर्स के बारे में हम सब जानते हैं। उसके पास जीवनयापन का साधन नहीं था। यदि कुछ था तो अपनी मां की चिकन बनाने की एक रेसिपी। वह उसे लेकर एक हजार से ज्यादा रेस्टोरेंटों में गया, परन्तु सब ने उसे खरीदने से इनकार कर दिया। किन्तु उसने हिम्मत नहीं हारी और अन्ततः वह अपने लक्ष्य में सफल हुआ तथा आज 100 से अधिक देशों में केंटुकी फ्राइड चिकन बेचा जाता है। केवल हिम्मत करनी है। इंसान ही हिम्मत हार जाता है। नदी क्या बहते-बहते थकती है। सूर्य क्या जलते-जलते हिम्मत हारता है, पृथ्वी घूमते-घूमते रुकती है क्या? प्रकृति की हर चीज हमें एक संदेश देती है कि कुछ भी हो, हिम्मत नहीं हारना-

लहरों से डरकर नौका पार नहीं होती।
हिम्मत करने वालों की कभी हार नहीं होती।।

○○○

8

प्रयास में नैतिकता व ईमानदारी

बादशाह औरंगजेब के समय में राजस्थान में एक राजा थे, जिनका नाम था–यशवंत सिंह। एक दिन बादशाह औरंगजेब ने एक शेर खरीदा। शेर काफी शक्तिशाली और खतरनाक था। उसे खरीदने के बाद औरंगजेब ने अपने आपको इतना गौरवान्वित अनुभव किया कि उसने एक दिन दरबार में कहा कि मैंने एक शेर खरीदा है, जिसके मुकाबले का शेर हिन्दुस्तान में नहीं है। राजा यशवन्त सिंह इस बात को सहन नहीं कर पाए और उन्होंने कहा–'जहांपनाह! ऐसी कोई विशेष बात तो मुझे उस शेर में दिखाई नहीं दी। मैंने भी उस शेर को देखा है।' औरंगजेब ने कहा कि खास बात यह है कि इससे शक्तिशाली शेर मैंने कभी नहीं देखा। इस पर राजा यशवन्त सिंह बोले–'इससे शक्तिशाली शेर तो मेरे घर में है।' बादशाह को यह बात अच्छी नहीं लगी और उन्होंने राजा यशवन्त सिंह से कहा कि अगर ऐसा है, तो हमारे और तुम्हारे शेर का मुकाबला हो जाए। राजपूती आन से सराबोर यशवन्त सिंह ने इस चुनौती को स्वीकार कर लिया। दरबारियों को भी इस बात का मजा आया। बादशाह ने कहा कि आज से ठीक पन्द्रह दिन बाद दोनों शेरों का मुकाबला शाही महल के सामने के मैदान में होगा। सब लोग उत्सुकता से मुकाबले के दिन का इन्तजार कर रहे थे। आखिर वह दिन भी आ गया। मैदान के बीचों बीच एक बड़ा पिंजरा रखा गया था, जिसमें एक विशालकाय शेर इधर से उधर घूम रहा था। पिंजरे के पास जाने में ही लोगों के रोंगटे खड़े हो जाते थे। उसी समय राजा यशवन्त सिंह ने भी अपने 14 वर्षीय बेटे पृथ्वीसिंह के साथ नियत स्थान ग्रहण किया। मुकाबले की सूचना दी गई।

बादशाह ने व्यंग्यात्मक भाव से पूछा-'यशवन्त सिंह जी! आपका शेर दिखाई नहीं दे रहा।' यशवन्त सिंह बोले-'बादशाह सलामत! आप मुकाबले का हुक्म दीजिए, मेरा शेर अपने आप हाजिर हो जाएगा।' बादशाह ने मुकाबला शुरू कराने की घोषणा की और देखने वालों की सांस थम गई, दिल धक-धक करने लगे। सब लोगों ने देखा कि राजा यशवन्त सिंह का चौदह वर्षीय पुत्र पृथ्वीसिंह मुस्कुराते हुए शेर के पिंजरे की ओर बढ़ रहा है। बादशाह ने पूछा-'यशवन्त सिंह जी! आपका शेर कहां है?' राजा बोले-'जहांपनाह! मेरा ही शेर है, जो आपके शेर की तरफ जा रहा है।' बादशाह ने राजा साहब से कहा-'आपके पुत्र की वीरता पर हमें गर्व है लेकिन आप ऐसा न करें। आप चाहें तो हम इस मुकाबले को रुकवा देते हैं।' यशवन्त सिंह बोले-'जहांपनाह! राजपूत चुनौतियों से पीछे नहीं हटते। आप बस देखते जाइए।' इतनी देर में पृथ्वीसिंह पिंजरे तक पहुंच गया। सब लोगों की सांस गले में अटकी थी कि अब क्या होगा। पलक-झपकते ही पृथ्वीसिंह ने पिंजरे का दरवाजा खोला और पिंजरे के अन्दर घुस कर दरवाजा बंद कर दिया। जैसे ही शेर इस बालक को देखकर दहाड़ा, देखने वालों की जान सूख गई। बिजली की तेजी से पृथ्वीसिंह ने अपनी तलवार निकाल ली। तलवार निकालते देखकर यशवन्त सिंह चिल्लाए-'पृथ्वी! निहत्थे के साथ तलवार से लड़ोगे।' पृथ्वीसिंह ने तुरंत तलवार फेंक दी। धन्य है उस बालक की वीरता और धन्य है पिता का विश्वास। शेर पृथ्वी सिंह पर झपटा और पृथ्वीसिंह ने अपना हाथ शेर के खुले हुए जबड़े में डाल दिया। लोगों ने भय से आंखें बंद कर लीं और जैसे चमत्कार हो गया। पृथ्वीसिंह ने दूसरे हाथ से शेर का नीचे का जबड़ा पकड़ा और बीच में से कपड़े की तरह फाड़कर शेर के शरीर के दो टुकड़े कर दिए। लोग पृथ्वीसिंह की जय-जयकार करने लगे और पिता का सीना गर्व से फूल गया। यह थी-नैतिकता।

सफलता या असफलता बाद की चीजें हैं, हमारे प्रयास में सदैव नैतिकता होनी चाहिए, ईमानदारी होनी चाहिए। बहुत बार ऐसा भी होता है कि जब हम ईमानदारी और नैतिकता पर बल देते हैं, तो कुछ लोग हमारा साथ छोड़ देते हैं। न हो कोई आपकी तरफ, लेकिन हमें बेईमानी की सफलता नहीं चाहिए। यदि हम अनैतिक तरीकों से सफल होते हैं, तो वह सफलता कभी भी स्थायी नहीं होती। जब हम किसी और के साथ धोखा करके सफल होते हैं, तो इंसानियत धीरे-धीरे समाप्त होने लगती है और उस सफलता का कोई अर्थ नहीं रह जाता।

इधर पिछले कुछ वर्षों में बार-बार सुनने में आया है कि अमुक खिलाड़ी का स्वर्णपदक या कोई अन्य पदक इसलिए वापस ले लिया गया कि उसने अपना प्रदर्शन सुधारने के लिए प्रतिबंधित दवाओं का प्रयोग किया। मान लीजिए वह खिलाड़ी ऐसा नहीं करता और उसे वह पदक न मिलता, तो कोई दूसरा मिल गया होता और यदि न भी मिलता, तो अन्तर्राष्ट्रीय स्तर पर अपने देश का प्रतिनिधित्व कर पाना क्या कम गौरव की बात होती है? इस प्रकार के कार्य से सारा देश ही शर्मसार होता है। कितनी बार आपने सुना होगा कि नकली नोट बना कर लोग अमीर होना चाहते हैं, कितने ही लोग नकली डिग्रियां बनाने का धंधा करते हैं। व्यापार में सफल होने के लिए अनैतिक तरीकों का प्रयोग करते हैं। आजकल जो 'सत्यम' कम्पनी का प्रकरण चल रहा है, उसमें 'सत्य' क्या है, यह तो पूरी जांच के बाद ही पता लगेगा, किन्तु उसके अध्यक्ष ने यह तो मंजूर कर ही लिया कि अनैतिक तरीकों का इस्तेमाल किया गया है। इसलिए इस प्रकार की सफलता कभी भी दीर्घकालीन नहीं होती।

महाभारत में एक कहानी आती है कि उस काल में परशुराम जी जैसा अस्त्र-शस्त्रों का ज्ञाता कोई नहीं था। शस्त्रविद्या में वे अद्वितीय थे। परन्तु उनकी एक ही शर्त थी कि वे केवल ब्राह्मणकुमारों को ही विद्या देते थे। एक दिन एक कुमार उनसे विद्या ग्रहण करने आया और उसने बताया कि वह ब्राह्मण है। गुरुदेव ने उसे अपना शिष्य बना लिया और ऐसी-ऐसी विद्याएं सिखाईं, जो उस समय के बड़े-बड़े महारथियों को भी नहीं आती थीं। एक दिन विद्यादान करने के पश्चात एक पेड़ की छांव में गुरु और शिष्य दोनों विश्राम करने के लिए बैठे। धीरे-धीरे गुरुजी को आलस्य आने लगा। उन्होंने अपने शिष्य की जंघा पर सिर रखा और सो गए। शिष्य बिना हिले-डुले चुपचाप बैठा रहा ताकि गुरुदेव की निद्रा में किसी प्रकार का विघ्न न पड़े। कुछ देर के बाद शिष्य की जांघ पर एक कीड़ा चढ़कर काटने लगा। कीड़ा इतना खतरनाक था कि शिष्य की जांघ से खून बहकर गुरुदेव की कमर तक जाने लगा।

जब गुरुदेव को अहसास हुआ, तो अचानक उनकी नींद खुल गई। नींद खुलते ही उन्होंने देखा कि शिष्य की जांघ से खून बह रहा है। गुरुदेव ने कहा- 'सच बता तू कौन है? इतना दर्द सहन करने वाला कोई ब्राह्मणकुमार नहीं हो सकता।' इस पर उस कुमार ने कहा- 'गुरुदेव! आप सत्य कह रहे हैं, मैं ब्राह्मण कुमार नहीं हूं, मैं आपसे शस्त्र विद्या सीखना चाहता था। आप केवल ब्राह्मणकुमारों को ही शस्त्र विद्या सिखाते हैं, इसलिए मैंने आपसे

झूठ बोला।' गुरुदेव क्रोधित हो गए और उन्होंने अपने उसी शिष्य को शाप दे दिया कि जो विद्या तूने मुझसे झूठ बोलकर सीखी है, वह वक्त पड़ने पर तेरे काम नहीं आएगी। और कहते हैं कि जब अर्जुन के साथ युद्ध हो रहा था, तो कर्ण अपनी शस्त्र विद्या कुछ समय के लिए भूल गया तथा अर्जुन ने उसका वध कर दिया। बहुत बार अनैतिकता या बेईमानी से प्राप्त सफलता के विपरीत परिणाम हो सकते हैं।

एक बार एक बच्चे ने दूसरे बच्चे से पूछा 'कल तुम्हारे घर के सामने बड़ी भीड़ थी, क्या हो गया था?' दूसरे बच्चे ने कहा- 'क्या बताऊं यार! कल मेरे पापा को पुलिस पकड़ कर ले गई।' पहले बच्चे ने पूछा-'तुम्हारे पापा ने ऐसा क्या किया था, जो उनको पुलिस पकड़ कर ले गई।' दूसरे बच्चे ने कहा-'कुछ नहीं! मेरे पापा तो सिर्फ बैंक से पैसा निकालने गए थे।' तब फिर पहले बच्चे ने पूछा 'फिर इसमें क्या अपराध है, यह तो सभी लोग करते हैं।' दूसरे बच्चे ने कहा-'नहीं! बस थोड़ी गड़बड़ यह हो गई कि मेरे पापा पैसे निकालने आधी रात को गए थे।' कहने का तात्पर्य यह है कि अनैतिक तरीकों से प्रयास करना कोई सफलता नहीं है। अगर हम रामचरितमानस को पढ़ लें तो दिव्य नैतिकता का उदाहरण है- रामचरित मानस। एक-एक पात्र अपने आपमें नैतिकता की मिसाल है। यद्यपि कुछ लोग शायद रावण के चरित्र को इस पर खरा उतरते न समझें और वह एक बहस का विषय हो सकता है, परंतु मेरे विचार से रावण ने भी अन्य चरित्रों की भांति नैतिकता के महान मानदण्ड स्थापित किए हैं। यद्यपि महाभारत के बहुत-से चरित्र इसके विपरीत हैं, परन्तु अन्ततः क्या उन्हें सफलता मिली? नहीं!

सफलता केवल परीक्षा या नौकरी के संदर्भ में ही नहीं होती है। समाज में सौहार्दपूर्ण वातावरण का निर्माण भी हमारी सफलता ही है। आज समाज स्वयं ही असफल हो रहा है। सम्बन्धों के धागे ढीले हो रहे हैं। विवाहरूपी संस्था टूट रही है। अनाचार बढ़ता जा रहा है, लोग भ्रष्ट हो रहे हैं-कारण? प्रयासों की अनैतिकता। इस उपभोक्तावादी समाज में हर व्यक्ति को सब कुछ चाहिए और वह भी झटपट। अतः अधिक से अधिक अनैतिक प्रयास और मूल्यों का विघटन हो रहा है। हो सकता है कि आज के समाज में नैतिकता की बात करना भी अनैतिकता गिना जाता हो। हो सकता है कि आज नैतिकतापूर्ण आचरण करने वाले लोग सांसारिक दृष्टि से उतने सफल दिखाई न दे रहे हों परन्तु जब कल उनके परिवार, उनके बच्चे बड़े होंगे, तो वे उनकी सफलता के रूप में निश्चित रूप से दिखाई देंगे। समाज हमें वही लौटाएगा, जो हम समाज को देंगे।

भारत की पहली महिला आई.पी.एस. अधिकारी श्रीमती किरण बेदी ने हाल ही में स्वैच्छिक सेवानिवृत्ति ली है। अपने कार्यकाल के दौरान एक पुलिस अधिकारी के रूप में वे अपने आपमें नैतिकता का पर्याय रही हैं। अनैतिकता बुरी तरह हमारे जीवन पर हावी होती जा रही है। आज अदालतों में खड़े लोग या जेलों में पड़े लोग वे ही तो हैं, जिन्होंने कहीं न कहीं अनैतिकता का सहारा लिया है। इसके अलावा एक उदाहरण हमारे निवर्तमान राष्ट्रपति ए.पी.जे. अब्दुल कलाम साहब का है, जिन्होंने नैतिकता को अपने आचरण से कभी बाहर नहीं जाने दिया और सभी कामों में अपार सफलता प्राप्त की। जो भी सफलताएं वे प्राप्त करते थे, उसका पूरा श्रेय वे हमेशा अपने पूरे दल को देते थे, जिससे न केवल उनके मातहत काम करने वाले लोग प्रसन्न रहते थे अपितु वे स्वयं भी प्रसन्न रहते थे। मेरा मानना यह है कि यदि सफलता के शिखर पर जाने के बाद भी आपको गोली खाकर सोना पड़े, तो वह सफलता नहीं असफलता है।

एक बार विश्वेश्वरैया जी से कोई व्यक्ति मिलने आया, शाम का समय था। वे अपना सरकारी काम निपटा रहे थे। उन्हें सरकारी आवास भी मिला हुआ था। जब उन्होंने काम समाप्त कर लिया, तो बत्ती बुझा दी और लैम्प जला लिया। आगन्तुक ने उनसे पूछा कि आपने ऐसा क्यों किया, तो विश्वेश्वरैया जी बोले कि अब तक मैं सरकारी काम कर रहा था, इसलिए सरकारी बिजली का प्रयोग कर रहा था। अब मैं अपना काम कर रहा हूं, इसलिए मैंने अपना लैम्प जला लिया है। इस प्रकार की नैतिकता ही किसी व्यक्ति को इतना बड़ा बना सकती है। दक्षिण भारत के प्रसिद्ध संत तिरुवल्लुवर ने कहा कि जब भी खाना खाने बैठो, तो उस पहले टुकड़े को ध्यान से देखना कि यह पाप की कमाई तो नहीं है, इसमें किसी के आंसू तो नहीं। इतना सोचना सीख गए, तो पाप निकल जाएगा और सफलता अपने आप आ जाएगी।

अन्ततः हमें इस बात पर गहन विचार करना चाहिए कि सफलता की राह में हमारे प्रयासों में सदैव ईमानदारी और नैतिकता होनी चाहिए, तभी सच्ची सफलता का आनन्द लिया जा सकता है।

OOO

9

परिश्रम

"कौन कहता है कि आसमान में सुराख नहीं हो सकता,
एक पत्थर तो जरा तबीयत से उछालो यारों।''

स्वर्गीय दुष्यन्त कुमार की ये पंक्तियां मैं अक्सर अपने उन विद्यार्थियों को सुनाता हूं, जो समझते हैं कि वे यह परीक्षा पास नहीं कर सकते। सफलता का सीधा-सा तरीका है-परिश्रम या मेहनत। हो सकता है कि वह हर जगह शारीरिक न हो, मानसिक ही हो, परन्तु कम से कम मुझे आज तक जो भी मिला है, अपनी मेहनत से ही मिला है। यह मेरा अपना अनुभव है। दूसरा कोई तरीका मुझे मालूम भी नहीं है। हम बार-बार सुनते हैं-'परिश्रम सफलता की कुंजी है।' यह बात सही भी है, किन्तु अधिकतर लोग परिश्रम से डरते हैं।

एक बार एक सेठ की दुकान पर एक भिखारी आया और बोला-'सेठ! इस गरीब लाचार को कुछ दे दो!' सेठ ने कहा-'तू तो खूब हट्टा-कट्टा है, लाचार कहां से है?' भिखारी बोला-'सेठ! मैं आदत से लाचार हूं।' सेठ बोला-'मेहनत करके खाया करो!' भिखारी ने जवाब दिया-'सेठ! दो दिन भीख मांग कर देखो! पता चल जाएगा कितनी मेहनत करनी पड़ती है।' यानि कुछ लोग कतई हाथ-पैर हिलाना नहीं चाहते और असफलता का दोष परिस्थितियों को या अन्य किसी पर लाद देते हैं। बुद्धिमान लोग असफल हो सकते हैं, पर परिश्रमी लोग कभी असफल नहीं हो सकते।

एक बार एक व्यक्ति किसी सन्त के पास गया और उसने पूछा-'सबसे अच्छा फूल कौन-सा होता है और सबसे अच्छा फल कौन-सा होता है?' संत थोड़ा मुस्कुराए और बोले-'सबसे अच्छा फूल कपास का होता है। हालांकि उसमें दूसरे फूलों की तरह सुगन्ध नहीं होती, तो भी वह पूरी

दुनिया के लोगों का तन जन्म से लेकर मृत्यु तक ढांकता है, इसलिए सबसे अच्छा फूल कपास का होता है, और सबसे अच्छा फल मेहनत का होता है। मेहनत से कमाए गए फल को खाने का मजा ही और है। जब तक स्वेद (पसीना) नहीं बहाया जाता, तब तक स्वाद नहीं आ सकता।

आज पृथ्वी पर जो जीवन है, वह बहुत से लोगों के परिश्रम का परिणाम है। आज हम वातानुकूलित भोजनालयों में बैठकर जो स्वादिष्ट भोजन खाते हैं, उस अन्न के एक-एक दाने पर किसी किसान के परिश्रम की मुहर लगी होती है। जो कपड़े हम पहनते हैं, जिन घरों में रहते हैं, जिन वाहनों में चलते हैं, जिन सड़कों पर चलते हैं, जिन उपवनों में विहार करते हैं-सबके पीछे किसी न किसी का स्वेद बहा होता है। प्रकृति के कण-कण से हमें इसकी प्रेरणा मिलती है। हिरण इसलिए परिश्रम करता है कि शेर का शिकार न हो जाए और शेर इसलिए परिश्रम करता है कि वह भूखा न मर जाए। वास्तव में हम जीवन के लिए परिश्रम करते हैं। मनुष्य का पैदा होना ही परिश्रम का द्योतक है, इसलिए जब मां को प्रसव पीड़ा होती है, तो उसे **लेबर पेन** कहा जाता है। बच्चा चलना सीखने के लिए कितना परिश्रम करता है। यदि आपने कभी ध्यान से चींटियों को देखा हो, तो आप जानते होंगे कि अपना भोजन जमा करने के लिए कितना परिश्रम करती हैं।

हमारे शास्त्रों ने हमेशा परिश्रम पर बल दिया है। इसलिए हमारे ऋषि-मुनियों ने जो चार आश्रम बनाए, उन सबके पीछे **श्रम** जुड़ा हुआ है। इसका सीधा-सा अर्थ यह है कि आप ब्रह्मचर्य-आश्रम में हैं या गृहस्थ-आश्रम में, संन्यास-आश्रम में या वानप्रस्थ-आश्रम में, आपका श्रम करना आवश्यक है। सन्त कबीर कपड़ा बुनते-बुनते प्रभु का नाम गाते थे। सन्त रैदास जूते बनाते थे। हमारे शास्त्रों ने हमें यह भी सिखाया है कि

उद्यमेन ही सिद्धयन्ते कार्याणि न तु मनोरथैः।
न हि सुप्तस्य सिंहस्य प्रविशन्ति मुखे मृगाः॥

अर्थात् परिश्रम से ही कार्य सिद्ध होते हैं केवल मनोरथ से नहीं होते। सोए हुए सिंह के मुंह में कभी मृग आकर नहीं घुसते। उसे भी उठकर शिकार करना ही पड़ता है। हमारे यहां जब स्वयं भगवान ने जन्म लिया, तो उन्होंने अपने बाल्यकाल में गाएं चराईं। इसका सीधा-सा अर्थ मानवमात्र को परिश्रम की शिक्षा देना था। जब देवताओं और असुरों के बीच सागर-मंथन हुआ, तो देवताओं को अमृत मिल गया और असुरों को विष। अब प्रश्न यह है कि सागर-मंथन क्या बिना परिश्रम

के संभव है। जो श्रम का विष पीता है, वही महान है। अतः जिन लोगों ने अमृत पिया वे देव कहलाए और जिन्होंने विष पिया वे महादेव कहलाए।

125 वर्ष की आयु में भी भगवान कृष्ण मेहनत करते थे। भगवान राम ने जब लंका पर चढ़ाई की, तो दिन-रात मेहनत करके पुल बनाया। जब चलना कठिन हो जाता है, तो मेहनती लोग ही चल पाते हैं। (When the going gets tough, the tough get going)। मुझे नहीं पता कि क्या इस दुनिया में ऐसी कोई उपलब्धि है, जो बिना परिश्रम के संभव हुई हो। हमारे पूर्व प्रधानमंत्री स्वर्गीय जवाहरलाल नेहरू दिन में अट्ठारह घंटे काम किया करते थे। हमारे निवर्तमान राष्ट्रपति राकेट के पुर्जों को साइकिल पर रखकर प्रयोगशाला तक लाते थे। अतः परिश्रम का कोई विकल्प नहीं है।

एक बार की बात है- एक व्यक्ति के चार बेटे थे और चारों ही महाआलसी थे। दिनभर घर में खटिया तोड़ते थे। उनके पिता एक छोटे-मोटे किसान थे। पिता बार-बार उन्हें मेहनत का महत्व समझाते थे, परंतु उनके कानों पर जूं तक न रेंगती थी। एक बार वह किसान बीमार हो गया। उसे अपनी मृत्यु का पूर्वाभास हो गया। उसने अपने चारों बेटों को बुलाया और कहा कि अब तक मैंने तुमसे एक बात छिपा रखी थी। अब मेरा अन्त समय निकट आ गया है, अतः मैं तुम्हें वह बात बताना चाहता हूं। चारों बेटे उत्सुकतापूर्वक अपने पिता की बात सुनने लगे। पिता ने कहा- 'हमारे पास एक खानदानी खजाना है। उसे मैंने चोरों के डर से खेत में गाड़ रखा है। तुम लोग मेहनत नहीं कर पाते हो, इसलिए तुम खेत में से उस खजाने को निकाल लेना। उसमें इतना धन है कि जीवनभर तुम्हारा पेट भरता रहेगा।' बेटे बड़े प्रसन्न हुए और उन्होंने पिता से पूछा कि खजाना किस स्थान पर गड़ा है। पिता ने कहा कि आज से 40 वर्ष पूर्व जब मेरे पिता का देहान्त हुआ था, तब उन्होंने वह खजाना मुझे दिया था। तभी मैंने उसे खेत में गाड़ दिया था। अब इतने सालों बाद मुझे अच्छी प्रकार याद नहीं है कि वह सही-सही किस स्थान पर गड़ा है। तुम उसे ढूंढ लेना, तुम्हारा गुजारा आराम से हो जाएगा। इतना कहते-कहते पिता की आंखें बंद हो गईं।

पिता का क्रियाकर्म करते ही वे चारों फावड़े लेकर खेत की ओर दौड़े। उन्होंने सारा खेत खोदना शुरू कर किया, खोदते-खोदते एक सप्ताह हो गया। पूरा का पूरा खेत खोद डाला, किन्तु खजाना कहीं नहीं मिला। वे बड़े मायूस हो गए। एक दिन खेतों से मायूस लौट रहे थे कि उन्हें उनके

एक बूढ़े चाचा मिल गए। हालचाल पूछने पर वे बताने लगे कि हमारे पिता ने हमारे साथ धोखा किया है या फिर हमारे खेत में से खजाना किसी ने चुरा लिया है। चाचा सारी बात समझ गए। उन्होंने कहा- 'ऐसा नहीं है। तुम्हारे पिता सही कह रहे थे। तुम एक काम करो, घर में जितना अनाज है, उसमें से आधा लाकर इन खेतों में बिखेर दो, खजाना अपने-आप तुम्हें मिल जाएगा।' उन्होंने वैसा ही किया और कुछ दिन बाद जब नन्हें-नन्हें पौधे जमीन से ऊपर आने लगे, तो चाचा ने उन्हें समझाया कि तुम्हारे पिता इसी खजाने की बात कर रहे थे। असली खजाना तो तुम्हारी मेहनत में है। अपने खेत में जितनी भी मेहनत करोगे, उतना ही बड़ा खजाना हर फसल पर तुम्हें मिलता रहेगा। तब उन सबको परिश्रम का महत्व समझ आया।

कुल मिलाकर बार-बार यही बात सिद्ध होती है कि सफलता के लिए परिश्रम अत्यन्त आवश्यक है। यदि कार्बन इतने दबाव में न रहे, तो उसे कभी भी हीरा बनने का सौभाग्य प्राप्त न हो। आप सब इस बात से सहमत होंगे कि मेहनती लोगों ने तो पत्थर को भगवान बना दिया है। सफल होने के लिए जितना काम हम कर रहे हैं, बस थोड़ा-सा अधिक करना होता है। 100 सेल्सियस पर पानी गर्म हो जाता है या यूं कहें कि उबलने लगता है। एक डिग्री तापमान और बढ़ा दें तो वही पानी भाप में परिवर्तित हो जाता है और हम सब जानते हैं कि जो काम भाप कर सकती है, वह गर्म पानी नहीं कर सकता। भाप बड़ी से बड़ी रेलगाड़ी को खींच सकती है। टरबाइन चलाकर बिजली पैदा कर सकती है। परिश्रम उस भाप की तरह है, जिससे बड़े से बड़े काम भी संभव हो जाते हैं। वैसे भी शब्दकोश में 'प' के बाद ही 'फ' आता है। यानि पहले परिश्रम है और उसके बाद ही फल है।

बहुत कम लोग इस बात को जानते होंगे कि स्वर साम्राज्ञी लता मंगेशकर जब अपनी स्वर-परीक्षा देने गईं थीं, तो एक बड़े संगीतकार ने कहा था कि यह लड़की कभी गायिका नहीं बन सकती। परन्तु उन्होंने अपने परिश्रम से अपनी वाणी को साक्षात सरस्वती बना लिया। हेलन केलर आज ज्योतिहीन चक्षुओं के लिए ज्योति का स्वरूप बन गई हैं। शोएब अख्तर जिन्हें रावलपिंडी एक्सप्रेस के नाम से जाना जाता है, अपनी उम्र के पहले 6 साल तक चल नहीं सकते थे और अपनी मेहनत से वे अपने समय के सबसे तेज गेंदबाज बने। एक बार पूना फिल्म इंस्टीट्यूट में एक पेड़ के नीचे कुछ लड़कियां बैठी थीं, जो उसी संस्थान की छात्राएं थीं। वहां से एक छात्र गुजरा, जो काफी लम्बा और दुबला पतला-सा था और जिसका चेहरा भी कोई विशेष प्रभावशाली न था। उन लड़कियों में से

किसी ने कहा कि जाने कैसे-कैसे लोग हीरो बनने चले आते हैं। और, बाद में वही युवक हिन्दी फिल्म जगत का सबसे जगमगाता सितारा बना, केवल अपने परिश्रम के बल पर। उन लड़कियों में एक लड़की थी- जया भादुड़ी (जो आज श्रीमती बच्चन हैं) और वह युवक था, इस सदी का महानायक-अमिताभ बच्चन। किसी ने सही कहा है कि जो मोम धरती पर गिर जाता है, मिट्टी बन जाता है और जो स्वयं को जलाता है, वह प्रकाश बन जाता है। इसी प्रकार की एक और घटना मुझे याद आती है।

एक रेडियो प्रोग्राम में मैंने इस घटना को सुना था। घटना एक महान सरोद वादक के बारे में थी। यह आज के विश्वप्रसिद्ध सरोदवादक श्री अजमल अली खां साहब के गुरु के जीवन की घटना है। वे अपने गुरु के पास सरोद सीखने गए और चौदह वर्षों के कठिन परिश्रम से उन्होंने सरोद बजाने की कला सीखी। गुरु के पुत्र भी उन्हीं के साथ सरोद बजाना सीखते थे, परन्तु वे इतने निपुण नहीं हो पाए। जब गुरुजी को दक्षिणा देने की बात आई, तो गुरुजी ने सोचा कि मेरा यह शिष्य इतना निपुण हो गया है कि शायद मेरे पुत्र की प्रतिभा इसके सामने दब जाएगी। उनके शिष्य ने जब गुरुजी से कहा कि मैं आपको क्या गुरु-दक्षिणा दूं, तो गुरुजी ने कहा कि मुझे वचन दो कि आज के बाद तुम कभी भी दाएं हाथ से सरोद नहीं बजाओगे। शिष्य ने सिर झुकाकर स्वीकार कर लिया और अगले ही दिन से बाएं हाथ से सरोद बजाने का अभ्यास आरम्भ कर दिया और पुनः 14 वर्षों के अभ्यास के बाद वही शिष्य एक विश्वप्रसिद्ध सरोदवादक बना।

महान वायलनवादक फ्रिट्ज क्रीसलर एक बार एक कार्यक्रम में वायलन बजा रहे थे, श्रोता मुग्ध होकर सुन रहे थे। जैसे ही वायलन वादन समाप्त हुआ श्रोताओं को लगा कि वे संगीत की बरसात में सरोबार हो गए हैं। एक श्रोता इतना प्रभावित हुआ कि उसने क्रीसलर से जाकर कहा-'आपके जैसा वायलन बजाने के लिए मैं पूरा जीवन दे सकता हूं।' क्रीसलर ने मुस्कुराते हुए कहा-'मैंने तो दे दिया है।'

परिश्रम की पूंजी जिन लोगों के पास होती है, उन्हें सफल होने से कोई नहीं रोक सकता। मिल्टन का अन्धापन, बिथोविन का बहरापन, रुजवेल्ट का पोलियो, शास्त्रीजी और प्रेमचन्दजी की गरीबी क्या उनको सफल होने से रोक पाई।

गांधीजी ने पूरे राष्ट्र को चरखा चलाना सिखा दिया और उसके पीछे उनका एक ही उद्देश्य था- परिश्रम से आत्मनिर्भरता। आज सारा विश्व गांधीजी के समक्ष नतमस्तक होता है। उनका परिश्रम पूरे विश्व के लिए प्रेरणा स्रोत है।

○○○

10

गुरु व ईश्वर में आस्था

"परिणाम व्यक्ति से नहीं, भरोसे से आता है।"

–अज्ञात

सफलता के लिए आवश्यक है कि हम अपने गुरु व ईश्वर में पूरी आस्था रखें। भरोसा, आस्था व विश्वास एक ही हैं। यहां मैं यह भी स्पष्ट कर दूं कि मेरे मतानुसार गुरु और ईश्वर एक ही हैं। हमारे यहां कदाचित् इसीलिए कहा गया है–

गुरुर्ब्रह्मा, गुरुर्विष्णु गुरुर्देवो महेश्वरः।
गुरुर्साक्षात परब्रह्म तस्मै श्री गुरुवेः नमः।।

यहां मैं अध्यात्म की बारीकियों में न जाकर सीधे-सीधे शब्दों में कहना चाहता हूं कि मेरे लिए मेरे गुरु ही मेरे ईष्ट हैं और मेरा अपना अनुभव भी यही कहता है। कई महापुरुषों ने गुरु को गोविंद से बड़ा बताया है–

गुरु गोविंद दोऊ खड़े काके लागूं पाय।
बलिहारी गुरु आपके गोविंद दियो बताय।।

इस सम्बन्ध में अलग-अलग लोगों की अलग-अलग राय हो सकती है। मेरे यहां कहने का तात्पर्य केवल इतना ही है कि जिसे आप सर्वशक्तिमान मानते हैं, उस पर पूरा भरोसा ही आपको सफलता दिलवाता है। विश्वास ही ईश्वर है। मीरा, नानक, सूर, तुलसी, रैदास, कबीर, राबिया, रसखान, निजामुद्दीन औलिया और अन्य संत चाहे वे किसी भी धर्म से सम्बन्ध रखते हों, अपने प्रयास में सफल हो पाए, तो केवल अपने गुरु के भरोसे। भरोसे से ही श्रद्धा आती है।

एक बार एक व्यक्ति निजामुद्दीन औलिया साहब के पास आया। आकर कहने लगा– 'साहब! अगले महीने मेरी बेटी की शादी है। मैं एक

गरीब आदमी हूं। आपके द्वार, से कभी कोई खाली हाथ नहीं लौटता, इसी भरोसे पर मैं यहां आया हूं।' औलिया साहब ने कहा- 'मैं तो फकीर हूं। कोई धन-दौलत मेरे पास नहीं है, फिर भी तुम अगले हफ्ते आ जाना। कभी-कभी मेरे पास आने वाले लोग कुछ चीजें ले आते हैं, उन्हें तुम ले जाना।' अगले सप्ताह जब वह व्यक्ति आया, तो उसे वहां कुछ नहीं मिला। पुनः अगले हफ्ते का इंतजार करने के लिए कहकर बाबा ने उसे फिर से भेज दिया। उस व्यक्ति को पूरा भरोसा था कि बाबा अवश्य कुछ न कुछ करेंगे। इस प्रकार एक महीना बीत गया और शादी का दिन केवल एक सप्ताह दूर रह गया। वह व्यक्ति फिर आया तो बाबा ने कहा- 'मेरे पास कुछ भी नहीं है। ये मेरे जूते हैं, जो काफी पुराने हो गए हैं। तुम इनको ले जाओ, शायद तुम्हारे कुछ काम आ जाएं।' उस व्यक्ति को पूरा विश्वास था कि बाबा का कहा कभी गलत नहीं हो सकता। उसने जूते थैले में डाले और बाबा को प्रणाम करके चल दिया। उसे रेगिस्तान के रेतीले इलाके से होकर गुजरना था। जब वह रेगिस्तान से गुजर रहा था, तो उसे बहुत दूर से एक काफिला आता दिखाई दिया। वास्तव में यह काफिला अमीर खुसरो का था। अमीर खुसरो ने अपने काफिले के लोगों से कहा कि मेरे गुरु (उस्ताद) की खुशबू मुझे आ रही है। जब यह व्यक्ति काफिले के करीब पहुंचा, तो अमीर खुसरो ने उससे पूछा कि 'क्या तुम निजामुद्दीन औलिया साहब से मिलकर आ रहे हो?' उस व्यक्ति ने पूरी कहानी सुना दी और कहा कि 'बाबा ने मुझे अपनी जूतियां दी हैं।'

अमीर खुसरो ने पूछा-'जूतियां बेचोगे?' उस व्यक्ति ने कहा-'हां! मुझे तो पैसे की जरूरत है, तुम इन जूतियों का क्या दाम दोगे?' अमीर खुसरो ने कहा- 'मेरे पास हीरे-जवाहरातों से लदे हुए चालीस ऊंट हैं। ये सब तुम ले जाओ।' और, वहां से जूतियां अपने सिर पर रखकर अमीर खुसरो अपने उस्ताद के पास पहुंचे। उन्हें भी अपने गुरु पर पूरा भरोसा था कि मेरे गुरु का गुप्त संदेश इस व्यक्ति की मदद करने के लिए था। गुरु के पास पहुंचक्रर अमीर ने जूतियां गुरु के चरणों के पास रखीं और रोने लगे। गुरु ने पूछा- 'कितना नुकसान करके आए?' अमीर ने कहा-'दस ऊंट का फायदा करके आया हूं, जो आपकी वजह से हुआ।' गुरु ने पूछा-'कैसे?' अमीर ने कहा कि मैं हीरे जवाहरात लेकर 50 ऊंट खरीदने गया था, किन्तु चालीस ऊंट ही मिले। अगर 50 मिले होते, तो 50 ऊंट देकर ये जूतियां लेकर आता, इसलिए दस ऊंट का फायदा हो गया।

यह होता है भरोसा और आज संसार अमीर खुसरो का नाम उसी आदर से लेता है, जिस आदर से उनके उस्ताद का। गुजरात के महान सन्त नरसी मेहता की कहानी भारत के हर प्रान्त में किसी न किसी रूप में सुनाई जाती है। यह एक सत्य है कि उनकी नातिन की शादी का सारा सामान स्वयं भगवान श्रीकृष्ण ने दिया। जब ईश्वर मदद करता है, तो कुछ भी असंभव नहीं होता-

'मूकं करोति वाचालं, पंगु लंघयते गिरिम्।'

अर्थात् 'ईश्वर की कृपा होने पर गूंगा व्यक्ति बोलने लगता है और लंगड़ा पर्वत को लांघ सकता है।' पुनः बात वही है कि परिणाम व्यक्ति से नहीं, भरोसे से आता है। वास्तव में बहुत बार ऐसा होता है कि व्यक्ति अपनी असफलता, नुकसान या विषमताओं के लिए परिस्थितियों को दोष देता है और ऐसा करके वह अपने काम करने की क्षमता में घुन लगा लेता है। इसका कारण है, स्वयं पर और ईश्वर पर अविश्वास। कभी-कभी भरोसे में कमी हो, तो भरोसा बढ़ाना चाहिए।

प्रसिद्ध शायर शेख सादी की बड़ी इच्छा थी कि कभी बादशाह के दरबार से कविता सुनाने का निमंत्रण मिले। उन्हें अपने ईष्ट पर पूरा भरोसा था और एक दिन उन्हें बादशाह के दरबार से निमंत्रण मिल गया। जब निमंत्रण आया, तो वे दरबार में पहनकर जाने लायक कपड़े ढूंढने लगे। कोई भी वस्त्र उन्हें राजदरबार में पहनकर जाने योग्य नहीं लगा, तो मुंह से निकला-'खुदा! एक तरफ तो तुमने बादशाह से निमंत्रण दिलवाया और दूसरी ओर कपड़े ही नहीं दिए। इस प्रकार की कमी क्यों करता है मालिक?' इतने में बाहर से आवाज आई, तो देखा कि एक खिलौने बेचने वाला बाहर खड़ा है। शेख सादी ने देखा कि उसका एक हाथ और एक टांग नहीं है। शेख सादी के मन में आया कि उसकी सहायता की जाए। उन्होंने खिलौने वाले से पूछा कि 'तुम्हारा काम कैसे चलता है?' उसने जवाब दिया कि 'मेरे खुदा ने मुझे एक हाथ और एक पांव दिया है और मैं समझता हूं कि मैं बच्चों को खिलौने नहीं खुशियां बेचता हूं, इसलिए मुझे कुछ नहीं चाहिए।' शेख सादी ने ईश्वर से कहा कि मुझे क्षमा कर दीजिए, मेरा भरोसा हिल गया था।

जब हमारा भरोसा हिल जाता है, तो हमें कमियां नजर आने लगती हैं। गुरु में जगी श्रद्धा और उससे उत्पन्न विश्वास के बल पर ही एकलव्य अर्जुन से बड़ा धनुर्धर बन पाया। एक बात हमें सदैव याद रखनी चाहिए कि ईश्वर हर बड़े कार्य में हमारा मूक सहायक होता है, यदि रास्ता सच्चा और अच्छा हो।'

जब हम अपना विश्वास खो बैठते हैं, तो हमारे कदम स्वतः असफलता की ओर बढ़ जाते हैं। इसीलिए महाभारत में भगवान ने अर्जुन से कहा-'मुझ पर विश्वास करो और उसमें भी पूर्ण समर्पण।' कबीरजी कहते हैं-

कबीरा कूता राम का मुतिया मेरा नाऊं।
गले राम की जेवड़ी जित खैंचे तित जाऊं॥

अर्थात् 'मैं तो अपने प्रभु का एक ऐसा अनुगामी हूं, जिसके गले में राम के नाम की रस्सी पड़ी हुई है। जिधर भी मुझे ईश्वर खींचता है मैं, चला जाता हूं।'

जब ईश्वर साथ हो, तो सफलता निश्चित है। यदि भरोसा हो, तो उसका साथ रहना निश्चित है। कहते हैं- जब महाभारत का युद्ध समाप्त हो गया और पाण्डवों को युद्ध में विजय प्राप्त हो गई, तो भगवान कृष्ण अपनी बुआ कुन्ती से विदा लेने आए। उन्होंने कुन्ती से कहा कि 'आज मैं जा रहा हूं, यदि तुम्हें कुछ मांगना है तो मांग लो।' कुन्ती ने कहा कि 'यदि कुछ देकर ही जाना है, तो मुझे दुख देकर जाओ।' भगवान बोले-'अब तक तो तुम सब दुखों में ही जी रहे थे। अब युद्ध में सफलता प्राप्त हो गई है। राज्य मिल गया है तो अब दुख क्यों मांग रही हो?' कुन्ती ने कहा कि 'जब तक दुख था, तब तक तू साथ था। तेरा भरोसा था। अब सुख आया है, तो तू जा रहा है। हम लोग तो हमेशा तुम्हारे भरोसे पर जिए हैं, इसलिए दुख ही मांग लिया।' कहने का तात्पर्य यह है कि यदि भरोसा बना रहे, तो दुख में भी सफलता मिल जाती है।

यदि आस्था पूर्ण हो, तो गुरु हमेशा ही साथ रहते हैं। इस सम्बन्ध में एक घटना मैंने पढ़ी थी, जिसके बारे में यह भी कहा गया था कि यह पूर्णतः सत्य घटना है।

1893 में जब स्वामी विवेकानन्द जी सर्वधर्म सम्मेलन में भाग लेने के लिए शिकागो गए थे, तो एक चित्रकार ने उनका चित्र बनाया था। स्वामीजी के मुख पर इतना तेज था कि कोई भी आकृष्ट हुए बिना नहीं रह सकता था। जब वह चित्रकार उस चित्र को स्वामीजी को भेंट करने गया, तो अमेरिका में जो लोग स्वामीजी की सेवा में थे, उन्होंने पूछा कि स्वामीजी के पीछे यह कौन व्यक्ति खड़ा है? चित्रकार ने उत्तर दिया कि मैं इन्हें नहीं जानता। मैंने जो कुछ देखा, उसी का चित्र बना दिया। जब स्वामीजी को चित्र भेंट करने के बाद पूछा गया कि आपके पीछे ये कौन महापुरुष आशीर्वाद की मुद्रा में खड़े हैं, तो स्वामीजी ने मुस्कुराते हुए कहा कि ये मेरे गुरुदेव रामकृष्ण परमहंस हैं। उन्हीं की कृपा से मैं यह सब कुछ जान

पाया हूं। जीवन में गुरु का होना अत्यंत आवश्यक है। कहते हैं कि रामकृष्ण परमहंस जी के कोई गुरु नहीं थे और यह भी ऐतिहासिक सत्य है कि मां काली उनको साक्षात थीं। एक बार तोतापुरी संत उनके घर आए और बोले कि तुम मेरे शिष्य बन जाओ। परमहंस जी बोले कि मैं मां से पूछकर आता हूं। उन्होंने ध्यान लगाया, देवी साक्षात हुईं, तो वे कहने लगे-'मां, बाहर तोतापुरी संत आए हैं और मुझे अपना शिष्य बनने के लिए कह रहे हैं।' मां ने कहा-'तो बन जाओ!' परमहंस जी बोले-'बारह वर्षों से मैं आपकी भक्ति कर रहा हूं, फिर उसका क्या लाभ हुआ? तो मां ने कहा कि यह उसी का लाभ है कि गुरु स्वयं चलकर तुम्हारे द्वार पर आए हैं। वरना लोग जीवनभर भटकते रहते हैं और उन्हें सच्चा गुरु ही प्राप्त नहीं होता।

गांधीजी की ईश्वर में अटूट आस्था थी। उनके जीवनकाल की एक सच्ची घटना है। जब वे दक्षिण अफ्रीका में थे, तो उनका पुत्र बीमार हो गया। बीमारी इतनी बढ़ गई कि वह मरणासन्न हो गया। डाक्टरों ने कहा कि इसे मांस का शोरबा पिला दो, तो ठीक हो जाएगा। गांधीजी इसे पाप समझते थे। उन्होंने कहा कि मुझे अपने ईश्वर पर पूर्ण विश्वास है। यदि उसे बचाना होगा, तो वह इसे बिना मांस का शोरबा पिलाए ही बचा लेगा। गांधीजी रातभर प्रार्थना करते रहे और उनका विश्वास जीत गया। उनका बेटा बिना मांस का शोरबा पिलाए ही स्वस्थ हो गया।

कभी-कभी सफलता न भी मिले, तो उसको निर्णय समझकर स्वीकार कर लेना चाहिए। शायद वह वस्तु हमारे लिए सही न हो। जैसे मां की रसोई में तो सारी चीजें रहती हैं, परन्तु बच्चे के लिए क्या लाभदायक है, केवल मां जानती है। मेरे अपने जीवन में इतने चमत्कार हुए हैं कि यदि मैं अपने गुरुदेव की कृपा और उससे हुए चमत्कारों का वर्णन करने लगूं, तो शायद एक पुस्तक और लिखी जा सकती है।

हिन्दी साहित्य को जानने वाला हर व्यक्ति कवि रसखान से परिचित है। रसखान ब्रजभाषा में लिखते थे। यद्यपि वे मुस्लिम परिवार में पैदा हुए थे, तो भी अनन्य कृष्णभक्त थे। हर शाम कृष्णमंदिर में आरती करना उनका नियम था, जिसे वे कभी भंग नहीं होने देते थे।

एक बार वे मंदिर में आरती कर रहे थे कि उन्हें सूचना मिली कि उनके पुत्र का देहान्त हो गया है और उन्हें तुरंत घर बुलाया गया है। रसखान ने कहा-'मैं आरती करने के बाद ही घर आ सकता हूं, आरती बीच में

छोड़कर नहीं जा सकता।' जब आरती समाप्त हो गई, तो रसखान अपने घर पहुंचे। रसखान की पत्नी का रो-रोकर बुरा हाल हो गया था। रसखान को देखते ही वे कहने लगीं कि आपके कृष्णभक्त होने का क्या फायदा। अगर सच्चे भक्त हो, तो मेरे बेटे के प्राण वापस लौटा कर लाओ। रसखान ने बेटे का शव लाकर कृष्ण-मंदिर की सीढ़ियों पर रख दिया और भगवान से प्रार्थना करने लगे- 'यदि आप हिन्दुओं के नाथ हैं, तो मेरा आप पर कुछ बस नहीं है, किन्तु यदि आप अनाथों के नाथ हैं, तो मेरे पुत्र के प्राण लौटा दीजिए' और इतिहास गवाह है कि उनका पुत्र जीवित हो उठा।

आपको जीवन में बहुत सारे लोग ऐसे मिल जाएंगे, जो अपनी आस्था और विश्वास के बल पर सफल हुए हैं। यहां इसका अर्थ यह कतई नहीं कि अन्य बातें आवश्यक नहीं हैं। अवश्य हैं, लेकिन आपकी सफलता के लिए आवश्यक है कि वह दैवीशक्ति भी आपकी सहायता कर रही हो, जिस पर आप आस्था रखते हैं। जितना गहरा विश्वास होगा, उतनी ही सफलता मिलेगी।

गुरु में, मंत्र में, देवता में, वैद्य में, जितनी आस्था होती है, उतनी ही श्रद्धा होती है। शायद इसीलिए आप हमेशा बीमार होने पर अपने डॉक्टर के पास जाते हैं।

OOO

11

स्वयं पर विश्वास

रामचरितमानस में वर्णित है कि जब भगवान राम सभी वानरों को सीता माता की खोज के लिए भेज रहे थे, तो सभी वानर एक प्रकार से उत्साहित होते हुए भी किंकर्तव्यविमूढ़ थे। किसी को भी पता नहीं था कि क्या किया जाए। अन्ततः जब सम्पाती ने सीता के बारे में जानकारी दी और बताया कि सीता तक पहुंचने के लिए चार सौ योजन समुद्र को लांघना होगा, तो मात्र हनुमानजी ही ऐसे थे, जिन्होंने वहां जाने का बीड़ा उठाया और वे अपने प्रयास में सफल भी हुए। कारण था, स्वयं पर विश्वास और उससे भी अधिक जो मैंने पिछले अध्याय में कहा कि उन्हें अपने ईष्ट पर विश्वास था।

जब हम लोग जीवन में कोई काम करने लगते हैं, तो शायद आप सबने अपने अंदर से एक आवाज सुनी होगी कि आप इस काम को कर सकते हैं या नहीं। यहां तक कि मैंने पशुओं में भी इस बात को महसूस किया है कि उन्हें भी इस बात का अनुमान होता है कि वे यह कार्य कर पाएंगे या नहीं। आपने देखा होगा कि जब घुड़सवारी की प्रतियोगिता हो रही हो, तो कई बार घोड़ा बाधा को देखकर रुक जाता है और सवार के दोबारा कोशिश करने पर अक्सर उसके पैर बाधाओं से टकरा जाते हैं। पुनः कोशिश करने पर कई बार वह उस बाधा को पार कर जाता है और वही विश्वास उसे अन्य बाधाओं को पार करने में सहायता देता है। इसका कारण केवल एक है और, वह है–आत्मविश्वास। मनुष्यों का आत्मविश्वास और भी बड़ा होता है, क्योंकि वे पुनः अलग और पहले से अच्छे ढंग से प्रयास कर सकते हैं।

एक बात शायद हम सबके साथ समान है कि हम सब चाहते हैं कि दूसरे लोग हमें पसंद करें। आप एक ही दूधवाले से रोज दूध क्यों लेते हैं? एक ही दुकानदार से सामान क्यों लेते हैं? एक ही डाक्टर के पास हमेशा क्यों जाते हैं? क्योंकि आपको उन पर विश्वास है। यदि डाक्टर एक बार आपको कह दे कि मैं आपको यह दवा दे तो रहा हूं, परंतु मुझे विश्वास नहीं है कि आप ठीक हो पाएंगे या नहीं। क्या आप वह दवा खाएंगे? क्या आप दोबारा उस डाक्टर के पास जाएंगे? नहीं! क्यों? डाक्टर को ही अपने ऊपर विश्वास नहीं है, आपको तो अपने ऊपर विश्वास है। अब आपको डाक्टर पर विश्वास इसलिए नहीं है कि डाक्टर को स्वयं पर विश्वास नहीं है। अब आप सोचिए कि यदि हमें ही स्वयं पर विश्वास न हो, तो क्या दुनिया का कोई अन्य व्यक्ति हम पर विश्वास करेगा। यहां तक कि हम दूसरों को तो बिना जाने भी उन पर विश्वास कर लेते हैं, किन्तु स्वयं को जानते हुए भी विश्वास नहीं कर पाते। मान लीजिए कि आप अपनी पहली हवाईयात्रा पर जा रहे हैं। क्या आप कभी जा कर पूछते हैं कि पायलट के पास लाइसेंस है कि नहीं। उसने कितने घंटे जहाज उड़ाने का अनुभव प्राप्त किया है। आप तो अपनी पहली हवाईयात्रा की उमंग में हैं और यह मानकर ही चल रहे हैं कि सब ठीक होगा और होता भी है। किन्तु यदि उड़ान से कुछ पहले या उड़ान के दौरान कोई आपको बता दे कि पायलट को जहाज चलाना नहीं आता, तो शायद कुछ लोग वहीं बेहोश हो जाएं।

मेरे कहने का तात्पर्य यह है कि हम बाकी सभी चीजों पर विश्वास करके चलते हैं, किन्तु आत्मविश्वास के मामले में कच्चे रह जाते हैं। स्वामी विवेकानन्द ने कहा है कि यदि आप 33 करोड़ देवताओं पर विश्वास करते हैं और स्वयं पर आपको विश्वास नहीं है, तो आपका कुछ नहीं हो सकता और यदि आपको स्वयं पर विश्वास है कि आप किसी कार्य को कर सकते हैं, तो आपको कोई रोक नहीं सकता। अपने विश्वास के सबसे बड़े मित्र और शत्रु हम स्वयं होते हैं। दुनिया में एक ही व्यक्ति है जो हमें सफल होने से रोक सकता है। दुनिया में एक ही व्यक्ति है, जो हमें अपने इरादे से डिगा सकता है। वह हम स्वयं हैं। कारण चाहे जो भी हो। बचपन में हमसे की गई अपेक्षाएं, बचपन में की गई हमारी आलोचनाएं, जिनसे हमें लगने लगता है कि हम ऐसा नहीं कर सकते। जब किसी को बार-बार यह कहा जाता है कि "पप्पू नाच नहीं सकता" तो वाकई पप्पू के लिए कठिनाई पैदा हो जाती है। इस संदर्भ में हम सब पप्पू हैं। परन्तु यदि आत्मविश्वास बना कर रखें, तो पप्पू के पास (उत्तीर्ण) होने में कोई सन्देह नहीं रहता।

"सफलता और असफलता तो आपके अन्दर है,
बाहरी चीजें तो मात्र एक दुर्घटना हैं।"

-हेलन केलर

वास्तव में जब हमारा आत्मविश्वास पूरा हो, तो निश्चित रूप से सारी चीजें धीरे-धीरे अपने-आप होने लगती हैं। मैंने स्वयं बहुत बार ऐसा अनुभव किया है। आत्मविश्वास हम सबमें होता है। कभी-कभी कुछ कारणों से हम उसे नुकसान पहुंचा देते हैं। आज यदि हम जीवित हैं, तो इसमें भी हमारा आत्म-विश्वास सहायक है। पूरे दिन हम जो काम करते हैं, उनके पीछे हमारा आत्म-विश्वास ही सहायक होता है। परन्तु बहुत से लोग अपनी कमियों को सहारा बनाकर चलते हैं। उनका आत्मविश्वास पूर्णरूपेण समाप्त हो जाता है। बहुत से लोग अपने जीवन की कमियां बताकर आपकी सहानुभूति प्राप्त करना चाहते हैं। कारण यही है कि उनमें आत्मविश्वास कतई नहीं होता। एक कवि ने कहा भी है-

बदन के जख्म दिखलाकर जो अपना पेट भरता है।
सुना है वो भिखारी, जख्म भर जाने से डरता है।।

आप जीवन में विस्मयकारी चीजें कर सकते हैं, यदि आपको स्वयं पर गहरा विश्वास है। आपने कई बार देखा होगा कि आप सड़क पर जा रहे हैं या ट्रेन में या बस में कहीं भी। वहां कोई घटना घटती है और भीड़ जमा हो जाती है। अचानक एक व्यक्ति भीड़ में से निकलकर भीड़ को आदेश देने लगता है और भीड़ यंत्रवत उसकी बात मानने लगती है, बिना यह जाने कि वह व्यक्ति कौन है? क्या करता है? यह निर्णय लेने का उसे अधिकार है या नहीं? कुछ लोग कहते हैं कि यह नेतृत्च का गुण है, परन्तु क्या नेतृत्व बिना आत्मविश्वास के आ सकता है। आत्मविश्वास यदि न हो, तो आसान काम भी कठिन दिखने लगता है।

मान लीजिए कि आपके पास एक लकड़ी का दो फुट चौड़ा और 50 फुट लम्बा फट्टा है। उसे जमीन पर डाल दीजिए। क्या आप 50 फुट तक उसके ऊपर चल सकते हैं? निसंदेह हां! किन्तु यही फट्टा किसी 50 फुट चौड़े नाले के ऊपर रख दिया जाए और आपसे कहा जाए कि इसे पार करके दिखाइए, तो शायद आप उसे पार तो कर जाएंगे, किन्तु सावधानीपूर्वक चलकर। हालांकि लकड़ी की लम्बाई-चौड़ाई अब भी वही है, जो पहले थी। अब यदि आपसे कहा जाए कि दो इमारतें बराबर-बराबर बनी हुई हैं, उनकी ऊंचाई लगभग 100 फुट है। दोनों के बीच का अंतर 40 फुट है। अब यह लकड़ी का फट्टा 100 फुट ऊंची

इमारतों के बीच रखा हुआ है। आपको एक ओर से चलकर दूसरी ओर जाना है। आप जाएंगे? शायद नहीं! पहली बार आपमें पूरा विश्वास था, दूसरी बार विश्वास हिलने लगा और तीसरी बार बिल्कुल भी विश्वास नहीं था। बस यही अंतर है सफलता, आंशिक सफलता और असफलता में। हमें अपना कद स्वयं बढ़ाना होता है, हमारे दादा कितने लम्बे थे, इससे हमें कोई फर्क नहीं पड़ता।

आपके सामने अनेक उदाहरण हैं, जिनके आत्मविश्वास की कहानियों से इतिहास भरा पड़ा है। महारानी लक्ष्मीबाई-जिन्होंने बचपन में ही नाना साहब से कहा था कि "मेरी किस्मत में तो सौ-सौ हाथी हैं। मैं अपनी झांसी नहीं दूंगी" यदि वे अंग्रेजों से लड़ीं, तो अपने आत्मविश्वास के बल पर।

जब नेपोलियन आल्पस पर्वत को पार करने के लिए गया, तो वहां पर्वत की वादी में एक बुढ़िया रहती थी। उसने नेपोलियन से कहा कि 'आज तक आल्पस पर्वत को कोई पार नहीं कर पाया है।' नेपोलियन ने कहा कि 'मुझे तो यह पर्वत पार करना ही है।' उस महिला ने नेपोलियन से कहा कि 'शायद मैं दुनिया की पहली महिला होऊंगी, जो दुनिया को यह बताएगी कि नेपोलियन की मृत्यु यहां हुई थी।' नेपोलियन ने कहा कि 'जब तक मैं लौटकर आऊं, तुम यहां पर मेरा इंतजार करना और मैं दावे से कहता हूं कि तुम दुनिया की पहली महिला होगी, जो दुनिया को बताएगी कि नेपोलियन ने आल्पस पर्वत को पार कर लिया।' इतना आत्मविश्वास था नेपोलियन में।

जब महापद्म नंद ने चणक के पुत्र चाणक्य (विष्णुदत्त) का राजदरबार में अपमान किया, तो चाणक्य ने भरे दरबार में कसम खाई थी कि मैं नंद वंश को समूल नष्ट कर दूंगा। ऐसा नहीं था कि उन्होंने क्रोध में ऐसा कहा, उन्हें स्वयं पर विश्वास था। अन्त में मुझे राहत इन्दौरी साहब का एक शेर याद आ रहा है-

तूफानों से आंख मिलाओ, सैलाबों पर वार करो।
मल्लाहों का चक्कर छोड़ो, तैर के दरिया पार करो॥

○○○

12

सकारात्मक दृष्टिकोण

सकारात्मक दृष्टिकोण का अर्थ अत्यन्त विस्तृत है। बहुत से लोग इसको ठीक से समझ नहीं पाते। मेरे परिवार के एक बच्चे को मैंने सकारात्मक दृष्टिकोण की पुस्तकें पढ़ने की सलाह दी और बाद में पता चला कि उसका वे पुस्तकें पढ़ना इसलिए बंद करवा दिया गया कि वह कुछ ज्यादा ही सकारात्मक हो गया था। यहां मैं पढ़ने वाले या बंद करवाने वाले के विषय में बात नहीं कर रहा हूं अपितु सकारात्मक दृष्टिकोण को न समझने वाले दृष्टिकोण की बात कर रहा हूं। कई बार मेरे कुछ मित्र या विद्यार्थी, जो इन विषयों को मेरी सनक या खब्त मानते हैं, कहते हैं कि मैं हमेशा सकारात्मक सोचता हूं, उसके बावजूद मेरा व्यापार नहीं चल रहा या फिर सकारात्मक सोचने के बावजूद हमारे घर में नुकसान हो गया। यहां मेरा तात्पर्य है सकारात्मक दृष्टिकोण की आदत बनाने से। कृपया इस गलतफहमी में न रहें कि जिन लोगों का सकारात्मक दृष्टिकोण होता है, उनका कुछ नुकसान नहीं होता या वे कोई भी व्यापार करें, उसमें वारे-न्यारे ही हो जाएंगे। सकारात्मक दृष्टिकोण का अर्थ है-'खराब स्थिति में भी कुछ न कुछ अच्छा ढूंढना।'

गीता का प्रथम अध्याय 'विषाद योग' है अर्थात् निराशा और निराशा से प्रसन्नता की ओर की यात्रा है। वास्तव में हम स्वभाव से नकारात्मक नहीं होते, हमें वैसा बनाया जाता है। पानी अपने स्वभाव में आएगा ही, अतः यदि सफल होना है, तो हमें भी प्रसन्नता या सकारात्मकता में उतरना ही पड़ेगा। गर्म पानी भी यदि आग पर डाल दें, तो वह आग को बुझा देगा। अतः निराशा हमारा स्वभाव नहीं है। बच्चा जीवन का ऐसा प्रतीक है, जिसमें उत्साह, उमंग, उल्लास दिखता है। अतः बच्चे कभी निराश नहीं होते। अगर हो भी जाते हैं, तो शीघ्र अपने

स्वरूप में लौट आते हैं। मनुष्य जब भी अपनी मजबूरियों से बंध जाता है, तो निराशा का जन्म होता है। निराशा सामर्थ्य को तोड़ती है, वीरता को ललकारती है, हमारी ऊर्जा को नष्ट करती है और बुद्धि को कुंठित कर देती है। जब निराशा होती है, तो मनुष्य कर्तव्य से भागने लगता है। अतः ऐसी स्थिति में स्वयं को स्थिर रखकर समस्याओं को देखना और उनमें से अच्छा निकालना ही सकारात्मक दृष्टिकोण है।

हमारे महापुरुषों ने कहा है कि यदि आप सृष्टि को बदलना चाहते हैं, तो आपको दृष्टि बदलनी होगी। जीवन में बहुत सारे लोगों में बहुत सारी कमियां होती हैं। किसी की एक आंख नहीं होती या दोनों। किसी का कान या हाथ या अन्य कोई कमी। परन्तु एक बात निश्चित है कि सबके पास अपना दृष्टिकोण होता है। सफलताप्राप्ति के लिए 'दृष्टिकोण' अत्यन्त महत्वपूर्ण है। यदि सफलता चाहिए, तो 'इस' पर 'इसके' लिए और 'इसके' द्वारा काम करना जरूरी होता है। जो हमारे आस-पास होता है या जो हम 'पर' होता है, उसे हम नियन्त्रित नहीं कर सकते, पर जो हम 'में' होता है, उसे तो नियंत्रित किया जा सकता है। यदि हम 'पर' बरसात होनी शुरू हो जाए, तो हम 'में' निराशा के स्थान पर खुशी उत्पन्न होनी चाहिए। यह सोचने की बजाय कि बरसात की वजह से क्या-क्या खराब हो जाएगा, यह सोचना अच्छा है कि बरसात के क्या-क्या लाभ होंगे। बरसात गर्मी से राहत के लिए आवश्यक है, पेड़-पौधों के लिए आवश्यक है, कृषि के लिए आवश्यक है और अन्ततः हमारे लिए जीवनदायिनी है। बरसात तो आनी ही है, अतः अच्छा यह होगा कि हम एक छत या छाते का प्रबंध कर लें और बरसात का आनंद लें। अंधेरे को कोसने से अच्छा है कि हम एक दीपक जला लें।

जैसा मैंने पहले कहा कि बहुत सारे लोगों के जीवन में बहुत सारी कमियां हो सकती हैं और उन कमियों को पूरा करने के साधन व्यक्ति के पास नहीं होते अर्थात् या तो वे चीजें उपलब्ध नहीं होतीं या उन्हें खरीदने के लिए उसके पास पर्याप्त धन नहीं होता। जहां तक दृष्टिकोण का प्रश्न है, यह हर व्यक्ति में होता है और हमें मुफ्त मिलता है। ईश्वर ने हमें अच्छी और खराब दोनों चीजें साथ साथ दी हैं और उन्हें चुनने का दृष्टिकोण भी। अब यह हमारे ऊपर निर्भर करता है कि हम क्या चुनते हैं। रहीमजी ने तो कहा कि यदि परिस्थितियां अनुकूल नहीं हैं, तो शांत होकर बैठना ही अच्छा है। केवल नकारात्मक दृष्टिकोण नहीं होना चाहिए, काम अपने आप बन जाएगा-

रहिमन चुप ह्वै बैठिए देख दिनन के फेर।
जब नीके दिन आएंगे बनत न लागे देर॥

इसलिए यदि जीवन है और जीवन के प्रति सकारात्मक दृष्टिकोण है, तो बाकी चीजें अपने आप ठीक हो जाएंगी। इसलिए जब हम रात को सोने जाएं, तो यह समझना चाहिए कि हम सोने के लिए नहीं लेटे हैं अपितु ईश्वर को, अपने मालिक को साष्टांग प्रणाम करने के लिए लेटे हैं और जब सुबह उठें, तो उठते ही ईश्वर को धन्यवाद दें कि उसने फिर से हमें अच्छे कार्य करने का मौका दिया है। नकारात्मक दृष्टिकोण जीवन में अंधेरे के समान है। जब घर में अंधेरा होता है, तो सब कीड़े, मकोड़े, बिच्छू, काकरोच आदि निकल आते हैं। जब आप लाइट जला दें, तो वे इधर-उधर भागने लगते हैं। यह लाइट ही सकारात्मक सोच है, जिसे हमें लगातार अपने जीवन में अभ्यास से लाना होता है।

एक बार एक व्यक्ति घोड़े पर जा रहा था। वह अपने असामियों से कर्जा वापस लेने और ब्याज लेने हर सप्ताह जाता था। एक जगह आकर रास्ता दोनों ओर जा रहा था। उसे दायीं ओर के गांव में जाना था, परंतु पता नहीं क्या कारण था कि उसका घोड़ा दायीं ओर मुड़ने के लिए तैयार ही नहीं हो रहा था। वह घोड़े से उतरा और उसे पुचकारा तथा दायीं ओर मोड़ने की कोशिश की। फिर भी घोड़ा बायीं ओर ही मुड़ रहा था। एक व्यक्ति काफी देर से यह तमाशा देख रहा था। उस व्यक्ति ने घोड़े के मालिक से पूछा-'श्रीमान! आप इतनी देर से परेशान हो रहे हैं, आपके हाथ में चाबुक है, तो आप इसे इस्तेमाल क्यों नहीं करते।' घोड़े वाले ने कहा कि 'कभी-कभी हमारा मन भी किसी कार्य को नहीं करता, इसलिए मैं बायीं ओर वाले गांव से उगाही कर लेता हूं। इस गांव में अगले सप्ताह आ जाऊंगा।'

हमारी सफलता-असफलता बहुत कुछ हमारे दृष्टिकोण पर आधारित होती है। अन्य बातें भी आवश्यक हैं, पर दृष्टिकोण सकारात्मक न हो, तो संभावनाएं लगभग समाप्त हो जाती हैं।

एक बार एक जूते बनाने वाली कंपनी ने अपने दो प्रतिनिधि एक गांव में सर्वेक्षण के लिए भेजे। शाम को दोनों ने अपनी रिपोर्ट दी। पहले प्रतिनिधि ने कहा कि 'उस गांव में एक भी व्यक्ति जूते नहीं पहनता, इसलिए वहां जूते बिकने की कोई संभावना नहीं है।' दूसरे प्रतिनिधि ने आकर रिपोर्ट दी कि 'उस गांव में अभी तक किसी के पास जूते नहीं हैं,

इसलिए उस गांव में जूतों की बिक्री की अपार संभावनाएं हैं।' यह बात याद रखने की है कि जब तक हम ढूंढते रहेंगे, समाधान मिलते ही रहेंगे। कठिन परिस्थितियों में भी सकारात्मक रहना आवश्यक है। फूल की तरह जीना ऐसा जीना है कि मुरझा जाओगे और दफना दिए जाओगे। जीना है, तो पत्थर की तरह जिओ, जो सब कुछ झेलता है और अगर तराशा जाता है, तो भगवान बन जाता है।

हमारे दिमाग में हर समय दो नौकरानियां रहती हैं- विजय और पराजय। आप जिसके बारे में सोचने लगते हैं, वही अपने काम में लग जाती है। श्रीमती पराजय किसी काम को न करने का कारण ढूंढती हैं और श्रीमती विजय किसी काम को करने का कारण ढूंढती हैं। आज मंदी के दौर में भी 'भारत' चीन के बाद सबसे अधिक आर्थिक प्रगति कर रहा है, तो भी लोग गरीबी की ओर देख रहे हैं। इस बात की ओर ध्यान नहीं दिया जा रहा कि पिछले कुछ वर्षों में कितने लोग गरीबी रेखा से ऊपर आ गए हैं। 'स्लमडॉग करोड़पति' फिल्म को विदेशों में पुरस्कार मिल रहे हैं। हो सकता है ऑस्कर पुरस्कार भी मिल जाए। अच्छी बात है। परंतु उसमें भारत की गरीबी को दिखाया गया है। 'लगान' जैसी प्रेरणादायी फिल्म को वह पुरस्कार नहीं मिल पाया, क्योंकि उसका संदेश सकारात्मक था।

जिन्दगी जिन्दा दिली का नाम है।
मुर्दा दिल क्या खाक जिया करते हैं।।

"चीजों के उजले पक्ष की ओर देखने से आज तक किसी की आंखों में दर्द नहीं हुआ"

–अज्ञात

महाराष्ट्र सन्तों की भूमि रही है। सन्त तुकाराम की पत्नी अत्यंत कर्कशा थी। एक बार उनकी पत्नी ने उन्हें गन्ने लेने भेजा। वे गन्नों का एक गट्ठर लेकर आ रहे थे। रास्ते में उनको बहुत सारे बच्चे मिल गए और वे गन्ने मांगने लगे। तुकाराम जी ने सारे गन्ने उनमें बांट दिए और जब वे घर पहुंचे, उनके पास केवल एक ही गन्ना बचा था। उनकी पत्नी को यह देखकर बड़ा गुस्सा आया। उसने वह गन्ना छीनकर तुकाराम जी के सर पर दे मारा। गन्ने के दो टुकड़े हो गए। तुकाराम जी मुस्कुराते हुए बोले-'अच्छा हुआ, अब दोनों आधा-आधा गन्ना ले सकते हैं।' इतना सब होते हुए भी तुकाराम जी कहते थे कि 'भगवान! आपका लाख-लाख धन्यवाद कि आपने मुझे इतनी

झगड़ालू पत्नी दी, यदि यह प्रेम करने वाली होती तो शायद मैं इसके मोह में पड़कर आपका नाम लेना ही भूल जाता।' दूसरी ओर नामदेवजी, जिनकी पत्नी अत्यंत मृदु स्वभाव की थी और सारा दिन-उनकी सेवा करती थी, तो नामदेव जी कहते थे कि 'भगवान! आपका लाख-लाख धन्यवाद है कि आपने मुझे ऐसी सेवा करने वाली पत्नी दी, जिसके कारण मुझे गृहस्थी की जरा भी चिंता नहीं करनी पड़ती और मैं अपना पूरा समय आपके ध्यान में लगा पाता हूं।' सकारात्मक दृष्टिकोण का यही परिणाम है।

यह दृष्टिकोण हमें अपने अभ्यास से बदलना होता है। स्कूल या कॉलेज में हम लोगों को डाक्टर, इंजीनियर, वकील, अध्यापक आदि बनना सिखाया जाता है। मैंने कभी नहीं देखा कि किसी स्कूल में सकारात्मक दृष्टिकोण कैसे रखा जाए, यह सिखाया जाता हो। मनुष्य ने कम्प्यूटर का आविष्कार किया, कम्प्यूटर मनुष्य की अपेक्षा तेजी से काम कर सकता है, किन्तु कम्प्यूटर अपना प्रोग्राम नहीं चुन सकता। हम अपने दिमाग के लिए नकारात्मक या सकारात्मक प्रोग्रामिंग चुन सकते हैं। हम उतना ऊपर जा सकते हैं, जितना ऊपर देख सकते हैं। अक्सर आपने सुना होगा कि अगर एक गिलास आधा पानी से भरा है, तो दूसरा व्यक्ति कह सकता है कि गिलास आधा खाली है।

कुछ लोग इसी बात से संतुष्ट हो जाते हैं कि वे लगभग सफल हो गए थे। 'लगभग' का कोई पुरस्कार नहीं होता। मुझे कितने ही लोग मिले हैं, जो किसी काम को करने के लिए हमेशा बहाने बनाते हैं। सकारात्मक दृष्टिकोण के लिए हमें सदैव अच्छे विचार या सकारात्मक विचार अपने मस्तिष्क में डालते रहना होता है। किन्तु जरा सोच कर देखें कि कितने लोग ऐसा करते हैं। हमारे यहां (भारत में) अक्सर पढ़ाई का अर्थ एक नौकरी हासिल करना है और नौकरी मिलने के बाद सबसे पहला काम यदि हम कोई छोड़ देते हैं, तो वह है पढ़ना। जब तक हम अच्छी किताबें नहीं पढ़ते, हमारे दिमाग में अच्छे विचार नहीं जाते। अक्सर मैं अपनी कक्षाओं में पूछता हूं कि हम शरीर के किस भाग से कमाते हैं, तो सब लोग कहते हैं-दिमाग से! मेरा दूसरा प्रश्न होता है कि हम शरीर के किस भाग को खिलाते हैं-पेट को। अगर हम शरीर को स्वास्थ्यवर्धक भोजन न दें, तो जिस प्रकार शरीर बीमार पड़ जाता है, ठीक उसी प्रकार यदि दिमाग को स्वास्थ्यवर्धक विचार न दें, तो दिमाग बीमार पड़ जाता है। हां, यह अलग बात है कि हमें इस बात का अहसास इसलिए नहीं होता कि बहुमत हमारे पक्ष में ही होता है।

○○○

13

जोखिम उठाना

तेजस्वी सम्मान खोजते नहीं गोत्र बतला के।
पाते हैं जग से प्रशस्ति अपना करतब दिखला के॥
हीन मूल की ओर देख जग गलत कहे या ठीक।
वीर खींचकर ही रहते हैं इतिहासों में लीक॥

–दिनकर

दिनकरजी की ये पंक्तियां सफलता प्राप्त करने वालों के लिए ही लिखी गई हैं। सफलता वही प्राप्त करते हैं, जो काल की आंख में आंख डालकर देखने का साहस रखते हैं। प्रशस्ति गीत उन्हीं के गाए जाते हैं, जो अपना सब कुछ दांव पर लगा देते हैं, जो जोखिम उठाना जानते हैं। यहां जोखिम उठाने या सब कुछ दांव पर लगा देने से मेरा अर्थ किसी प्रकार की मूर्खता करने या बिना सोचे-समझे खतरा मोल लेने से नहीं है अपितु आपनी सारी शक्ति दांव पर लगा कर प्रयास करने से है। असफलता का एक साधारण-सा अर्थ है कि हमारे प्रयास में कहीं कमी रह गई है।

एक बार जंगल में एक कुत्ता घूम रहा था। उसे बड़े जोर की भूख लगी थी। कुत्ता जंगली था और मांसभक्षी भी। इसलिए किसी छोटे जानवर की तलाश में था। घूमते-घूमते उसे एक खरगोश दिखाई पड़ा। खरगोश बहुत ही प्यारा था। उसे देखकर कुत्ते के मुंह में पानी आ गया। उसने सोचा कि आज तो अच्छे-खासे भोजन का प्रबन्ध हो गया। इतना स्वादिष्ट भोजन तो कभी-कभी ही मिलता है। खरगोश ने भी कुत्ते की नजरों से पहचान लिया और जैसे ही कुत्ता उसकी ओर बढ़ने लगा, खरगोश सरपट दौड़ा। कुत्ता उसके पीछे दौड़ने लगा। खरगोश कभी इस झाड़ी, कभी उस

झाड़ी में छिपते-छिपाते भाग रहा था और कुत्ता अपने पूरे वेग से उसका पीछा कर रहा था। दोनों पसीने-पसीने हो रहे थे और हांफ रहे थे। इतने में खरगोश अपने बिल के पास पहुंच गया और इससे पहले कि कुत्ता उस पर छलांग लगाकर उसे पकड़े, खरगोश अपने बिल में घुस गया। कुत्ता जीभ निकालकर बिल के बाहर बैठ गया। खरगोश बोला-'सुनाइए कुत्ते महोदय! क्या हाल है?' कुत्ते ने कहा-'मैं कुछ सोच रहा हूं।' खरगोश बोला-'मेरे एक प्रश्न का उत्तर दो। तुम्हारा दौड़ने का वेग मुझसे तेज है, तुम्हारा शरीर मेरे शरीर से बहुत बड़ा है। तुम्हारे कदम मुझसे लम्बे हैं। फिर भी तुम मुझे पकड़ नहीं पाए। क्यों?' कुत्ते ने कहा-'वास्तव में मैं भी यही सोच रहा हूं। मेरी समझ में नहीं आ रहा कि ऐसा कैसे हो गया?' खरगोश ने कहा-'मैं बताऊं?' कुत्ते ने कहा-'बताओ।' खरगोश बोला-'श्रीमान कुत्ते जी! आप अपनी भूख मिटाने के लिए भाग रहे थे और मैं अपनी जिंदगी बचाने के लिए भाग रहा था।'

जब हम सफलता को इतना महत्व देते हैं कि जीवन-मरण का प्रश्न हो जाता है, तो सफलता मिलना निश्चित है। सावधान! आपका उद्देश्य इतना बड़ा होना चाहिए कि उसकी प्राप्ति को जीवन-मरण का प्रश्न बनाया जा सके।

एडमंड हिलेरी और शेरपा तेनसिंह जब एवरेस्ट की चोटी पर चढ़े, तो उससे पहले कोई भी पर्वतारोही उस पर चढ़ नहीं पाया था। वास्तव में जब पर्वत पर चढ़ाई करने के लिए गए थे, तो उनके साथ काफी लोग थे। यहां तक कि कई बार ऐसे मौके आए, जब हिलेरी को साक्षात् मृत्यु का आभास हुआ, परन्तु उन्होंने अपने उद्देश्य को अपने जीवन का लक्ष्य बनाया हुआ था, इसलिए वे कई बार असफल होकर भी निराश नहीं हुए और वास्तव में उन्होंने इसे जीवन-मरण का प्रश्न बना लिया। आज जब इतने लोग माउंट एवरेस्ट पर विजय प्राप्त कर चुके हैं, तो आम आदमी को भले ही यह आसान लगने लगा हो, परन्तु किसी पर्वतारोही से पूछ कर देखें, तो पता चलेगा कि इस तरह की दुर्गम चढ़ाई में हर पल मृत्यु का खतरा बना रहता है। उसके बाद जापान की महिला जुंको तबई ने यह कारनामा कर दिखाया और अपने इस प्रयास के दौरान वे इस कदर बीमार हो गई थीं कि उनके दल ने उन्हें वापस लौटने की सलाह दी। परन्तु इस सबके बावजूद उन्होंने विजय प्राप्त की। भारत की महिला पर्वतारोही बचेंद्री पाल तो कई बार यह कारनामा करके दिखा चुकी हैं। सबसे अधिक दुस्साहस किया फू-दोरजी ने, जिन्होंने बिना ऑक्सीजन के वहां तक चढ़ कर झंडा फहराया। एक बहुत

प्रसिद्ध कहावत अंग्रेजी में है-"When the going gets tough, the tough get going" **'जब चलना कठिन हो जाता है तो जाबांज ही चल पाते हैं।'**

एक बार अरस्तू के एक शिष्य ने उनसे पूछा- 'गुरुदेव! सफलता के लिए सबसे अधिक आवश्यकता किस चीज की होती है?' अरस्तू ने कहा- 'कल सुबह जब मैं नदी पर स्नान करने जाता हूं, तुम वहां मुझे मिलना।' अगले दिन सुबह वह शिष्य नदी पर अपने गुरु की प्रतीक्षा कर रहा था। उसने पुनः उनसे वही प्रश्न किया कि सफलता के लिए सबसे अधिक आवश्यकता किस चीज की होती है? अरस्तू उसे अपने साथ नदी में ले गए। जब पानी उस शिष्य की गर्दन तक आ गया, तो उन्होंने उसके सिर पर हाथ रखा और जोर से दबा कर पानी में डुबा दिया। कुछ पलों तक तो वह सहन करता रहा, किन्तु कुछ समय बाद उसका दम घुटने लगा। अरस्तू फिर भी उसे छोड़ नहीं रहे थे। जब सहन करना कठिन हो गया, तो उस शिष्य ने पूरा जोर लगाकर अरस्तू को धक्का दिया और पानी से बाहर सिर निकाल कर लम्बी-लम्बी सांसें लेने लगा। अरस्तू उसे सहारा देकर नदी से बाहर ले आए।

उस शिष्य को अभी तक समझ में नहीं आ रहा था कि गुरुदेव ने ऐसा क्यों किया। बाहर आने के बाद अरस्तू ने उससे पूछा- 'जब तुम्हारा सिर पानी के अंदर था, तो तुम्हें सबसे ज्यादा किस चीज की जरूरत महसूस हो रही थी।' शिष्य ने कहा- 'मेरी सबसे बड़ी जरूरत उस समय सांस लेने की थी, इसीलिए मुझे आपको धक्का देना पड़ा।' अरस्तू ने कहा- 'तुमने अपना सारा जोर लगाकर मुझे धक्का दिया। जितनी चाहत तुम्हें उस समय एक सांस लेने की थी, यदि उतनी चाहत किसी कार्य की सफलता के लिए हो और जिस प्रकार तुमने पूरा जोर लगाकर मुझे धक्का दिया, उतने ही जोर से प्रयास किया जाए, तो सफलता निश्चित होती है।'

कहानी का अर्थ यह है कि अपने जीवन-मरण का प्रश्न जब सफलता प्राप्त करना हो जाता है, तो सफलता अवश्य प्राप्त होती है।

बहुत पुरानी बात नहीं है। भारत के क्रिकेट इतिहास में टेस्ट क्रिकेट में सर्वाधिक विकेट लेने वाले खिलाड़ी अनिल कुंबले वेस्टइंडीज में मैच खेल रहे थे। भारतीय पारी समाप्त होने की ओर थी और अनिल कुंबले बल्लेबाजी कर रहे थे। इतने में एक गेंद उनके मुंह पर लगी और उनका पूरा जबड़ा ही हिल गया। चोट अत्यंत गंभीर थी। कुंबले को अस्पताल ले जाया गया और डाक्टरों ने बताया

कि उन्हें गंभीर चोटें आई हैं। उनके जबड़े में टांके लगाने पड़ेंगे। कई टांके जबड़े में लगे और पूरे मुंह पर पट्टियां बांध दी गईं। कुंबले बोल नहीं पा रहे थे, किन्तु उनका दिल अपने देश के सम्मान के लिए धड़क रहा था। पूरे चेहरे पर पट्टियां बांधे हुए वे मैदान में आ गए। दर्शकों ने करतल-ध्वनि से उनका स्वागत किया। उन्होंने उसी स्थिति में गेंदबाजी की और न केवल गेंदबाजी की बल्कि भारत को वह मैच जिताकर अपना नाम इतिहास में दर्ज करवा लिया।

आप सबने लम्बी दूरी की दौड़ के धावकों को देखा होगा। जब हार-जीत का निर्णय होने के लिए आखिरी चक्कर लगाया जाता है, तो आखिरी 200 मीटर में वे अपनी पूरी शक्ति जीतने के लिए लगा देते हैं और कई बार तो इतना जोखिम उठाते हैं कि उन्हें गिरने तक की नौबत आ जाती है। किसी भी कार्य को करने में और उसे सफलतापूर्वक पूरा करने में कठिनाइयां आना निश्चित है। जितना बड़ा उद्देश्य, उतनी बड़ी कठिनाइयां। परन्तु प्रतिबद्धता इतनी चाहिए कि जीवन में उससे अधिक कुछ न हो।

मुझे एक ऐसे वीर सेनापति की कहानी याद है, जिन्होंने विजय प्राप्त करने के लिए सब कुछ दांव पर लगा दिया था। उनका नाम 'नेलसन' था। उन्होंने नौसेना की कमान संभाली थी और रात के अंधेरे में उन्होंने अपने गिने-चुने कुछ सौ सैनिकों के साथ शत्रु के देश में प्रवेश किया। शत्रु सेना के मुकाबले उनके सैनिकों की संख्या बहुत कम थी। जब वे शत्रु देश के तट पर पहुंचे, तो उन्होंने अपने सैनिकों से जहाज से नीचे उतरने का आदेश दिया। जब सारे सैनिक नीचे उतर आए, तो उन्होंने आदेश दिया कि सभी जहाजों को आग लगा दी जाए। सैनिक उनका आदेश सुनकर अवाक् रह गए। आदेश का पालन करना आवश्यक था। जहाजों को जला दिया गया। तब उन्होंने अपने सैनिकों को ललकारते हुए कहा-''मेरे बहादुर सैनिकों! आप इस समय शत्रु की जमीन पर खड़े हैं। आपके जहाज आपके सामने जल रहे हैं। शत्रु संख्या में हमसे ज्यादा हैं, तो भी हमारे सामने अब केवल दो मार्ग हैं। यदि हमें वापस जाना है, तो हमें शत्रु को हराकर, उसके जहाज छीनने होंगे या फिर युद्ध में मृत्यु को गले लगाना होगा'' कहना न होगा कि सभी सैनिक जान हथेली पर रखकर लड़े और अन्ततः विजय प्राप्त कर ली।

कठिनाइयों का सामना करके ही सफलता प्राप्त की जाती है। मां जब बच्चे को जन्म देती है, तो अपने प्राणों को संकट में डालकर ही उसे मातृत्व का सुख

प्राप्त होता है। क्या आपने कभी तितली को कोकून से निकलते देखा है। बड़ा ही विचित्र दृश्य होता है। कोकून से निकलने के लिए उसे असह्य पीड़ा को सहन करना पड़ता है। किन्तु यही उसकी सफलता है। यदि हम कोकून से निकलने में तितली की मदद कर दें, तो वह कभी उड़ नहीं पाएगी और कुछ देर बाद ही मर जाएगी। अतः यदि हमें सफल होना है, तो जोखिम उठाना ही पड़ेगा।

''जोखिम उठाने में असफलता के जितने अवसर हैं, उससे अधिक अवसर सफलता के होते हैं।''

नेलसन मंडेला यदि जोखिम न उठाते, तो आज दक्षिण अफ्रीका स्वतंत्र न होता।

○○○

14

सीखने की इच्छा

जब मैं बहुत छोटा था, तो रेडियो पर अक्सर एक गाना आता था-

सब कुछ सीखा हमने न सीखी होशियारी।
सच है दुनियां वालों कि हम हैं अनाड़ी॥

भारतीय फिल्म उद्योग के सबसे बड़े शो-मैन स्वर्गीय राजकपूरजी की फिल्म 'अनाड़ी' का यह गीत, उस समय सुनने में बहुत सुरीला लगता था और मैंने एक दो बार मंच पर इसे गाया भी। किन्तु इसका अर्थ मुझे बहुत बाद में समझ में आया। यद्यपि इस गाने में **'होशियारी'** शब्द का अर्थ चालाकी से लिया गया है, किन्तु यदि हम आज के संदर्भ में इस गीत को देखें, तो **होशियारी** का अर्थ होता है-सामाजिक व्यवहार और, जो व्यक्ति सामाजिक व्यवहार नहीं सीखता, वह वास्तव में अनाड़ी है। वास्तव में आज स्थिति यह है कि यदि हम सीखने के लिए जिएंगे, तो वास्तव में सीख जाएंगे।

मनुष्य जब पैदा होता है, तो उसका मस्तिष्क एक कोरे कागज की तरह होता है। उसमें सीखने की अदम्य इच्छा होती है। धीरे-धीरे हर प्रकार का व्यवहार सीखने लगता है। माता-पिता बार-बार उसके सीखने का दायरा बढ़ाते जाते हैं। पहले वह घर में सीखता है, उसके पश्चात् स्कूल, कालेज आदि में। फिर उसको एक अदद नौकरी मिल जाती है और सीखने के सिलसिले पर रोक लग जाती है। हमारे यहां अभी भी सीखने का अर्थ डिग्रियां प्राप्त करने से है। वह वास्तव में सीखना नहीं है। सीखना तब होता है, जब हमारा पढ़ा हुआ हमारे जीवन में उतर जाए। पढ़ाई का सीखने से कोई लेना-देना नहीं है। अगर कार चलाने के बारे में आप फार्मूला वन के ड्राइवरों की लिखी पुस्तकें भी पढ़ लें, तो क्या कार चलाना सीख जाएंगे? कदापि नहीं! सीखना तो जीवनभर चलता रहता है।

वास्तव में सीखना ही जीना है और अधिकतर लोग आपको ऐसे मिल जाएंगे, जिनको ढंग से जीना ही नहीं आता। जो सीखने आए थे, वही नहीं सीख पाए। नज़ीर अकबराबादी का कहना है-

जिस काम को दुनियां में तू आया था ए नजीर-
खाना खराब तुझसे वही काम रह गया।

अलग-अलग परिस्थितियों में लोग अलग-अलग तरह से व्यवहार करते हैं। यदि हमें सफल होना है, तो हमेशा सीखने के लिए तैयार रहना चाहिए। अपने मस्तिष्क को खुला रखना चाहिए। जैसे-जैसे हम लोग सीखते हैं, वैसे-वैसे हमारा विकास होता जाता है। यह एक प्रक्रिया है। किन्तु जैसा मैंने पहले कहा कि हम लोगों में एक बहुत खतरनाक बात कई बार घुस जाती है कि अब सीखकर क्या करना है? एक समय तक हम सफल होने के तरीके सीखते हैं, परंतु ज्यों-ज्यों बड़े होते जाते हैं, असफल होने के तरीके सीखने लगते हैं। आज समाज में आपको भ्रष्टाचार, बेइमानी, हेराफेरी, मिथ्याचार जो नजर आता है, वे सब असफल होने के तरीके हैं। मैं बहुत सारे ऐसे लोगों से मिलता हूं, जो सीखना नहीं चाहते। उनके पास न सीखने के ढेरों बहाने होते हैं। मुझे बार-बार उन्हें प्रोत्साहित करना होता है। वे समझते हैं, हम यहीं आराम से हैं।

दूसरी बात है, जो अक्सर आपको सुनने को मिलती है कि हम तो पहले से ऐसा ही करते आए हैं। ऐसा ही होता है। यहां तक कि जब आप नई चीजें सीखने की बात करते हैं, तो उसका विरोध होता है। हमारे यहां कितने ही लोग ऐसे हैं, जो इस कारण अच्छी नौकरी, विशेष तौर से इंजीनियरिंग के क्षेत्र में प्राप्त नहीं कर पाए कि उन्हें अंग्रेजी ठीक से नहीं आती। मैंने कई लोगों से कहा कि आप अंग्रेजी सीख क्यों नहीं लेते (हालांकि उन्होंने पढ़ाई अंग्रेजी माध्यम से की है), तो वे कहते हैं कि अंग्रेजी तो आती है, पर नौकरियां ही उपलब्ध नहीं हैं।

कई बार मेरी कक्षाओं में आने वाले लोग, जब कक्षा के पश्चात मुझसे बात करने लगते हैं, तो शुरू-शुरू में कहेंगे कि यह क्या कोई सीखने की उम्र है? मेरे मन में ख्याल आता है कि जब सीखने की उम्र थी, तब भी कहां सीखा। उम्र को हमें सीखने के रास्ते में नहीं आने देना चाहिए। हमें इस बात से भी कोई मतलब नहीं होना चाहिए कि जिससे हम सीख रहे हैं, वह कौन या कैसा है। सोचने की बात यह है कि उससे सीखना हमारे लिए लाभप्रद है या नहीं। यदि उससे सीखना हमारी सफलता में सहायक है, तो अवश्य सीखना चाहिए।

उसका ऊपरी स्वभाव या व्यक्तित्व कैसा है, इससे हमें कोई मतलब नहीं है। जो विषय हम सीख रहे हैं, वह उसका प्रकाण्ड पंडित है, यह अधिक महत्वपूर्ण है। अच्छी बात बुरे व्यक्ति से भी सीख लेनी चाहिए। सोना यदि नाली में भी पड़ा हो, तो छोड़ा नहीं जाता। मैं जब सातवीं कक्षा में पढ़ता था, तो संस्कृत का एक श्लोक हमारे पाठ्यक्रम में आता था-

रूपयौवन सम्पन्ना उच्चकुलगोत्रोत्पन्ना-
विद्याहीनाः न शोभन्ते निर्गन्धवा किंशुका इव।

अर्थात् 'रूप और यौवन से संपन्न उच्च कुल एवं गोत्र में उत्पन्न व्यक्ति भी यदि विद्याहीन है, तो उसी प्रकार शोभा नहीं देता, जिस प्रकार ढाक का फूल सुन्दर होने पर भी उसमें सुगन्ध नहीं होती।'

हमें यह बात पक्षियों से सीख लेनी चाहिए। जैसे ही पक्षी का बच्चा अण्डे से बाहर निकलता है, सीखना आरंभ कर देता है और कुछ दिन बाद सारी चीजें स्वयं ही सीखता है। सफल लोगों से सीखने के लिए बहुत कुछ होता है। हमारे समाज में अक्सर वृद्ध लोगों की सेवा पर बल दिया जाता है। कारण यह है कि जब हम उनकी सेवा करते हैं, तो वे बहुत सारी बातें ऐसी बताते हैं, जो जीवन में बहुत काम आती हैं।

सीखने का अन्य माध्यम पुस्तकें भी हैं। किन्तु जैसा मैंने पहले कहा कि लाभ तभी हो सकता है, जब हम उन चीजों को अपने आचरण में लाएं। सीखने की दृष्टि से पढ़ने वाले बिरले ही मिलते हैं। रामचरितमानस एक प्रयोगशास्त्र है। हर चीज प्रयोग करने जैसी है। मैंने इस ग्रंथ को कई बार पढ़ा है और जब भी पढ़ता हूं, नई चीजें सीखने को मिलती हैं। पंचतंत्र (विष्णुशर्मा) एक ऐसी अद्वितीय पुस्तक है, जिसमें व्यक्ति के जीवन के लिए व्यावहारिक ज्ञान है। बहुत सारे लोगों ने तो उसका नाम भी नहीं सुना, पढ़ने की बात तो बहुत दूर है। सीखने से ही हममें कल्पना जन्म लेती है। हेलन केलर ने एक बार कहा था-**'दुनियां का सबसे दयनीय व्यक्ति वह है, जिसके पास दृष्टि तो है, पर कल्पना नहीं है'**

पुस्तकें खरीदना एक दीर्घकालीन निवेश है और उन्हें पढ़ना निरंतर मिलने वाला लाभांश है। मैं जानता हूं कि हम सब चीजें नहीं जान सकते, किन्तु उन लोगों को तो जान सकते हैं, जो अलग-अलग विषयों और क्षेत्रों के मर्मज्ञ हैं। श्रीमती किरण बेदी जो भारतीय पुलिस सेवा की पहली महिला अधिकारी थीं

(सेवानिवृत्त हो गई हैं), वे न केवल एक सफल अधिकारी रहीं अपितु एक सफल खिलाड़ी लेखक, समाजसेवी भी रहीं। आवश्यकता है केवल सीखने की। सीखने वाले को शिष्य कहा जाता है। जब भगवान राम और कृष्ण ने भी इस पृथ्वी पर जन्म लिया, तो वे भी शिष्य बनकर गुरु के आश्रम में गए। अर्थ यह था कि भले ही सर्वज्ञ पृथ्वी पर जन्म ले, उसे भी सीख लेना चाहिए।

पूरी प्रकृति हमारे जीवन की पाठशाला है। भगवान दत्तात्रेय ने 24 गुरु बनाए। उन्होंने प्रकृति की हर चीज को अपना गुरु बनाया। यहां तक कि जीव-जन्तुओं को भी उन्होंने अपना गुरु बनाया। उन्होंने पृथ्वी से उदारता और प्रतिदान सीखा, वायु से गति, आकाश से व्यापकता और ऊंचाई होने के बावजूद क्षितिज पर झुकने की विनम्रता, जल से दूसरों की तृप्ति व शीतलता, अग्नि की लौ से ऊपर की ओर अपने गंतव्य की ओर जाना सीखा, चन्द्रमा से प्रसन्नता, सूर्य से समयबद्धता, कबूतर से सीखा कि समस्याओं से भागना नहीं चाहिए, दूसरों की बुरी आदतों से भी सीखना चाहिए। अजगर से संतोष, सागर से विशालता-बड़प्पन। अधिक जल आ जाए, तो उसमें बाढ़ नहीं आती कम हो जाए तो सूखता नहीं। पतंगे से लोभ न करना, भ्रमर से समस्याओं के सामने हथियार न डालना, हाथी से अपनी क्षमताओं पर भरोसा, मधुमक्खी से अतिशय संग्रह न करना आदि। परन्तु हम सीखते कम हैं। मेरे एक मित्र बता रहे थे- "मैं मुंबई में एक कार्यशाला में गया था। वहां पर इतने अच्छे-अच्छे वक्ता आए हुए थे, उन्होंने इतने अच्छे व्याख्यान दिए"। जब मैंने उनसे पूछा- 'आपको सबसे अच्छे व्याख्याता कौन लगे', तो उन्होंने एक व्याख्याता का नाम बता दिया। मैंने पूछा- 'उन्होंने अपने व्याख्यान में क्या कहा?' वे बोले-'यह तो याद नहीं क्या कहा, पर मजा आ गया।'

हम अच्छी बातों का मजा तो ले लेते हैं, किन्तु क्षणिक। उस मजे के बाद हम उसे वहीं छोड़ देते हैं। एक बार मोरारी बापू अपने प्रवचन में श्रोताओं से कह रहे थे कि आप लोग कथा में जाते हैं, वहां इतनी सुन्दर-सुन्दर बातों के धन से, ज्ञान के धन से आपको मालामाल कर दिया जाता है, पर आप लोग बाहर जाते ही जेब कटवा बैठते हो। ज्ञान को पचाना चाहिए और सीखने के लिए सदैव तैयार रहना चाहिए।

OOO

15

विनम्रता और देने की इच्छा

नमन्ति फलिनो वृक्षाः नमन्ति गुणिनो जनाः।
शुष्क वृक्षाश्च, मूर्खाश्चः न नमन्ति कदाचनः॥

अर्थात् 'फल वाले वृक्ष झुकते हैं तथा गुणों वाले लोग झुकते हैं। सूखे हुए पेड़ और मूर्ख व्यक्ति कभी नहीं झुकते।'

सफलता के लिए विनम्रता आवश्यक है। ईश्वर भी उन्हीं को देते हैं, जो विनम्र हों और देने की इच्छा रखते हों। जो विनम्र नहीं होते, नष्ट हो जाते हैं। सफलता की बात तो छोड़ दीजिए। जब तूफान आता है, तो बड़े-बड़े पेड़ जिनकी जड़ें भी मजबूत होती हैं, एक पल में धराशायी हो जाते हैं, किन्तु अपनी विनम्रता के कारण बेंत झुक जाता है और उसका कुछ नहीं बिगड़ता। जीवन में सफलता प्राप्त करना अच्छी बात है, बड़ा बनना अच्छी बात है, किन्तु अच्छा बनना अधिक बड़ी बात है। महत्वपूर्ण होना अच्छा है, किन्तु अच्छा होना अधिक महत्वपूर्ण है। हमें जो भी सफलताएं जीवन में प्राप्त करनी होती हैं, उसमें हमारा समाज, परिवार, देश सब सहायक होते हैं। अतः हमने जिससे लिया है, उसे लौटाना आवश्यक है। उस बड़े या सफल व्यक्ति की सफलता व्यर्थ है, यदि वह समाज को उसका देय लौटाता नहीं-

बड़ा हुआ तो क्या हुआ जैसे पेड़ खजूर।
पंथी को छाया नहीं फल लागे अति दूर॥

खजूर का पेड़ इतना लम्बा होता है कि न तो उसकी छाया ही पृथ्वी तक पहुंच पाती है और न ही आम आदमी हाथ बढ़ाकर उसका फल तोड़ सकता है। अतः उसके इतने बड़े होने का कोई लाभ नहीं। हम कितने भी बड़े बनें, हमें विनम्रता नहीं छोड़नी चाहिए।

एक बार की बात है कि एक साधु सबेरे-सबेरे नदी में स्नान करने गए। स्नान करने के बाद सूर्य को जल अर्पित करने के लिए वे जैसे ही पानी अंजुलि में भरने लगे, वैसे ही उन्होंने देखा कि पानी में एक बिच्छू बहते हुए जा रहा है। वे स्वभाव के अत्यन्त दयालु थे। उन्होंने सोचा कि यह बिच्छू शीघ्र ही धार में बहते-बहते मर जाएगा, इसलिए मुझे इसे बचाना चाहिए। उन्होंने उसे बचाने के लिए हाथ में उठाना चाहा, तो बिच्छू ने साधु के हाथ पर डंक मारा और पुनः पानी में गिर गया। थोड़ी देर बाद पुनः साधु ने उसे बचाने का प्रयास किया और बिच्छू ने फिर से डंक मार दिया। इस प्रकार साधु बार-बार उसे बचाने का प्रयास कर रहे थे और वह बिच्छू बार-बार साधु के हाथ पर डंक मार रहा था। नदी में स्नान करने आया एक अन्य व्यक्ति इस पूरे दृश्य को देख रहा था। उसने साधु को प्रणाम करके कहा-'महाराज! आप बार-बार इस बिच्छू को बचाने का प्रयास कर रहे हैं और यह बार-बार आपको डंक मार देता है। आप इसे छोड़ क्यों नहीं देते?' साधु ने कहा- 'मेरा स्वभाव दयालुता है और इसका स्वभाव डंक मारना है। जब यह अपना स्वभाव नहीं छोड़ता, तो मैं अपना स्वभाव कैसे छोड़ दूं?'

भावार्थ यह कि विनम्रता और दयालुता हमें विपरीत परिस्थितियों में भी नहीं त्यागनी चाहिए।

जब हम देने की इच्छा करते हैं, तो मालिक अपने-आप हमें देने के योग्य बना देता है। जब हम बांटते हैं, तो हमें अपने-आप मिल जाता है। विद्या बांटने से बढ़ती है। प्रेम बांटने से दोगुना हो जाता है या यों कहें कि **'बांटनवारे को लगै ज्यों मेहंदी को रंग।'** मेंहदी बांटने वाले के हाथों में अपने-आप मेहंदी का रंग लग जाता है। जिनकी देने की इच्छा होती है, वे लोग विपरीत परिस्थितियों में भी उस अवसर को ढूंढ लेते हैं। मुझे इस संदर्भ में महाराजा रणजीत सिंह के जीवन की एक घटना याद आती है।

एक बार महाराजा रणजीत सिंह अपने सिपाहियों के साथ कहीं जा रहे थे। जब उनका काफिला एक गांव के बाहर से गुजर रहा था, तो वहां कुछ बच्चे आम के पेड़ पर पत्थर मार कर आम तोड़ने का प्रयास कर रहे थे। इतने में एक पत्थर आकर रणजीत सिंहजी के सिर में लगा और उनके सिर से खून बहने लगा। सिपाही दौड़कर बच्चों के पास गए और जिस बच्चे ने पत्थर मारा था, उसे ढूंढ कर महाराज के पास ले आए। वह

बच्चा भय से कांप रहा था और सिपाही बड़ी खूंखार नजरों से उसे देख रहे थे। रणजीत सिंहजी ने उस बच्चे को अपने पास बुलाया और कहा-'डरो मत!' यह कहकर उन्होंने अपने गले में पड़ी हुई मोतियों की माला निकाली और उस बच्चे को दे दी। माला अत्यंत मूल्यवान थी। सिपाहियों को यह देखकर बड़ा आश्चर्य हुआ। उन्होंने पूछा-'महाराज! आपने बच्चा समझकर इसे क्षमा कर दिया, यह बात तो हमारी समझ में आती है, किन्तु आपने इतनी मूल्यवान मोतियों की माला भी उसे दे दी, यह बात हमारी समझ से परे है।' महाराजा रणजीत सिंह ने मुस्कुराते हुए कहा-'बच्चे पेड़ को पत्थर मार रहे थे। जब पेड़ पर पत्थर लगता है, तो वह उन बच्चों को फल देता है। जब निर्जीव पेड़ पत्थर लगने पर फल देता है, तो क्या मुझ सजीव को पत्थर लगने पर, मुझे इन बच्चों को कुछ देना नहीं चाहिए? यही सोचकर मैंने इस बच्चे को मोतियों की माला दे दी''। यह होती है, देने की इच्छा।

यहां तक कि जब हम अपना कर्तव्य कर रहे हों, तो भी इस प्रकार की इच्छा रखें। अपने बच्चों को पालते हुए भी स्वयं को यशोदा बनाने का प्रयास करना चाहिए और बच्चों को बाल-गोपाल समझना चाहिए। पराए बच्चे पर प्रेम लुटाना ही उनके प्रेम की पराकाष्ठा है। यदि पिता का कर्तव्य पालन करना है, तो दशरथ की भांति। छोटे-छोटे बच्चों को गुरु के आदेश से राक्षसों का सामना करने भेज दिया कि कर्म यज्ञ बन जाए, हवन बन जाए। जब कोई व्यक्ति हवन करता है, तो उसकी सुगन्ध को अपने घर में कैद नहीं रख सकता। सभी देवताओं को आहुति देते हुए कहना होता है-**'इदं न मम'** अर्थात् यह मेरा नहीं है। लोक कल्याण के लिए किया गया कोई भी कार्य यज्ञ है। मान लीजिए हमारे कमरे में दो खिड़कियां हैं, हम ताजी हवा को निमंत्रण देते हैं, किन्तु पवनदेव आने के लिए तैयार नहीं हैं, क्योंकि दूसरी खिड़की खुली नहीं है। अर्थात् आनंद तभी आएगा, जब उसे बांटना शुरू करेंगे। यही सफलता है।

ऋषि उद्दालक और ऊषस्तिचाक्रायण ऋषि के पास शिक्षा प्राप्त करने के लिए बहुत सारे शिष्य आते थे। ऋषि उद्दालक ने एक दिन अपने एक शिष्य को बुलाया और कहा-'मैं तुम्हें एक वस्तु दे रहा हूं, यह ऊषस्तिचाक्रायण ऋषि को देकर आना'। उन्होंने शिष्य को एक द्राक्षा (किशमिश) दी और कहा कि ऋषि को देना और कहना कि सबको बांट दें। शिष्य किशमिश लेकर वहां पहुंचा और जो गुरुजी ने कहा था, वही कहा कि इसे सभी शिष्यों में बांटकर ग्रहण करना। चाक्रायण ऋषि के शिष्यों को क्रोध आया। चाक्रायण ऋषि ने एक शिष्य को

बुलाया और कहा कि जो ठंढाई प्रसाद के लिए बन रही है, उसमें उस किशमिश को डालकर सबमें बांट दो। उसके बाद उन्होंने एक तिल उठाकर उस शिष्य को दिया और कहा कि अपने गुरुदेव को देना और कहना कि प्राणीमात्र को भोग लगाकर विश्व में बांटकर स्वयं भी ग्रहण करें। उद्दालक ऋषि का यह शिष्य उस तिल को लेकर गया। रास्ते में सोच रहा था कि कहीं गुरुदेव क्रोध न करें। पर आदेश के अनुसार तिल लेकर आ गया और सारी बात बताई कि सारे ब्रह्मांड को खिलाना।

उद्दालक ने कहा कि यज्ञवेदी की ओर चलो! वहां जाकर वे बोले कि सभी देवताओं का मुख है- अग्नि और यदि हम इसे अग्नि को दे दें, तो सारे ब्रह्मांड को पहुंच जाएगा। दो उंगलियों से पकड़ा तो छोटी और बड़ी उंगली बराबर आ गई। अतः थोड़ा हो या ज्यादा उसे बांटना चाहिए। खुशी के लिए लोग कार्ड लेकर जाते हैं निमंत्रित करने के लिए और यदि दुख हो, तो लोग स्वयं पहुंच जाते हैं। बांटने से सुख बढ़ेगा और बंटाने से दुख घटेगा। केवल खुशी को बांटना शुरू करेंगे, तो कई गुणा होकर आप तक पहुंचेगी। जैसे राजा बलि को एक घंटे का स्वर्ग मिला और उसने तुरंत घोषणा कर दी कि इस स्वर्ग के द्वार सबके लिए खुले हैं। एक घंटे तक सब लोग इसमें आकर आनंद लें। इन्द्र ने बलि से पूछा कि यह सब क्यों कर रहे हो। बलि ने कहा कि यह मेरा सुख है, यदि सबको मिल जाए तो और भी अच्छा है और जब सबके साथ राजा बलि स्वर्ग से बाहर आए, तो आकाशवाणी हुई और उसे चक्रवर्ती सम्राट बना दिया गया।

किसान के पास जब अन्न समाप्त हो जाता है, तो वह अनाज का कुछ हिस्सा धरती मां को भेंट कर देता है, जिसमें छः महीने बाद धरती उसे एक दाने के सौ दाने लौटा देती है। पर इनसान किसी को कुछ देना नहीं चाहता। यहां तक कि उधार भी उसी व्यक्ति को देगा, जिससे वापस आने की उम्मीद होगी। पर ईश्वर को जब हम कुछ अर्पण करते हैं, तो वह कल्याणकारी तो होता ही है, कई गुणा बढ़कर भी मिलता है। जो व्यक्ति केवल अपने लिए पकाकर खाता है, वह पाप खाता है। भगवान कृष्ण ने उसे चोर कहा है। बांटने का, सेवा का, परोपकार का नाम ही यज्ञ है। जो पाप खाते हैं, वही पाप रोग, विवाद, कलह, तनाव, संताप बनकर उसके जीवन में उभरता है।

हमारा हाथ हमेशा अपने मुंह की ओर ही जाता है। इस हाथ को सीधा रखना सीख लें, तो उसका स्वाद बढ़ जाएगा। हम समाज से कमाते हैं, पर समाज को लौटाते नहीं। जब हम दुनिया में आए, तो सड़कें, स्कूल, पार्क सब बने-बनाए

मिल गए। आपको भी आने वाली संतानों के लिए कुछ बना कर जाना चाहिए। एक अंधा, बहरा व्यक्ति प्रतिदिन सत्संग में आकर बैठता था। उसे बहुत कम सुनाई देता था। कुछ लोगों ने उससे पूछा कि आप इतना ऊंचा सुनते हैं, तो आपके सत्संग में आने का क्या लाभ है? उसने कहा कि यह एक पवित्र स्थान है। यहां पर आने से मुझे सात्विक तरंगों का लाभ मिलता है। सबसे बड़ी बात यह है कि मेरे बच्चे भी मेरा अनुकरण करेंगे, इसलिए मैं यहां आता हूं। मैं अपने बच्चों को अपने संस्कार देना चाहता हूं।

रहीमजी अकबर के नवरत्नों में एक थे और अकबर ने उन्हें नबाब का पद दे रखा था। कहते हैं कि रहीमजी को जो भी आय होती थी, उसे दान कर देते थे। रहीमजी सुबह अपने घर के सामने दान करने बैठ जाते थे। उनकी विशेषता यह थी कि जब वे किसी को दान देते थे, तो उसका चेहरा नहीं देखते थे। सदैव अपनी गर्दन झुकाकर रखते थे। कहते हैं कि एक बार तुलसीदास ने उन्हें एक कागज पर लिख कर भेजा–

सीखे कहां नवाब जी देनी ऐसी देन।
ज्यों-ज्यों कर ऊपर चढ़ै, त्यों-त्यों नीचे नैन॥

अर्थात् 'इस प्रकार का दान करना आप कहां से सीखे? जैसे-जैसे आपका हाथ दान करने के लिए ऊपर जाता है, वैसे-वैसे आपके नयन झुकते जाते हैं।' रहीमजी ने उस कागज को पढ़ा और उसके पीछे लिख दिया–

देनहार कोई और है, भेजत है दिन रैन।
लोग भरम हमपै करैं, तासो नीचे नैन॥

अर्थात 'वास्तव में देनेवाला तो कोई और है, जो दिन-रात भेजता रहता है। किन्तु लोग इस भ्रम में हैं कि मैं यह सब देता हूं। इसलिए लज्जा से मेरी आंखें झुकी रहती हैं।'

जब इस प्रकार के विचार हों, तो निश्चित रूप से ईश्वरीय शक्ति हमारे साथ होती है और हम सफल व्यक्ति बनते हैं। अन्त में इस अध्याय की समाप्ति मैं शिवाजी महाराज के एक दृष्टांत से करूंगा कि देने की इच्छा और चरित्र की प्रबलता कैसी होती है।

कहते हैं मुगलों के साथ एक बार छापामार युद्ध में शिवाजी के सैनिकों ने एक मुस्लिम युवती को पकड़ लिया। पकड़ने के बाद उसे शिवाजी महाराज के दरबार में पेश किया गया। जब उसके चेहरे से पर्दा हटाया गया, तो शिवाजी ने देखा कि वह युवती अत्यंत सुंदर थी। उनके मुंह से

निकला-'वाह! क्या सुंदरता है! काश मेरी मां भी इतनी सुन्दर होती, तो मैं इतना कुरूप न होता!'

इसके पश्चात् उन्होंने अपने सैनिकों को आदेश दिया कि इस युवती को बहुत सारा धन देकर, इसके परिवार वालों के पास छोड़ आओ। सिपाहियों को इस आदेश पर बड़ा आश्चर्य हुआ। उन्होंने डरते-डरते शिवाजी महाराज से जान की खैर मांगते हुए पूछा-'महाराज! आप इस युवती को छोड़ रहे हैं, यह तो आपकी उदारता है, किन्तु इसे धन किसलिए दे रहे हैं?' शिवाजी ने कहा-'यह भारतीय संस्कृति है कि बहन अपने भाई के घर से कभी खाली हाथ नहीं जाती।'

इस घटना ने शिवाजी के उदान्त चरित्र को इतिहास में अमर कर दिया।

○○○

16

परोपकार

तरुवर फल नहीं खात है, नदी न संचै नीर।
परमारथ के कारणै, साधुन धरा शरीर।।

अर्थात् 'वृक्ष कभी अपने फल नहीं खाता, नदी कभी पानी का संचय नहीं करती। इसी प्रकार से सज्जन लोग परोपकार के लिए ही इस दुनिया में शरीर धारण करते हैं।'

जो समाज को देता है, वह सकारात्मक है और जो लेता है, वह नकारात्मक है। यह मेरा अपना विश्वास और अनुभव है कि प्रकृति आपका दिया हुआ कभी अपने पास नहीं रखती, सदैव उसे कई गुणा करके लौटाती है। यदि आपको सफल होना है, तो दूसरों को सफल होने में मदद कीजिए। दूसरों के लिए वही काम सदैव कीजिए, जो आप अपने लिए चाहते हैं।

एक बार की बात है शिवरात्रि का अवसर था। साधु-सन्तों का एक दल गंगाजल लेकर शिवलिंग पर चढ़ाने जा रहा था। सभी लोग हरिद्वार से जल लेकर पैदल ही जा रहे थे। इसी दल में संत नामदेव भी थे। जब सब लोग भजन-कीर्तन करते हुए जा रहे थे, तो मार्ग में एक गधा पड़ा हुआ था। वह प्यास से व्याकुल था। शायद सड़क से गुजरने वाले किसी वाहन से वह दुर्घटनाग्रस्त हो गया था। सभी लोग उसे देखते और आगे चल पड़ते। जब संत नामदेव वहां पहुंचे, तो उनसे उस गधे का दुख देखा न गया और उनके पास जो गंगाजल था, वह उन्होंने उस गधे को पिला दिया तथा उसकी सेवा सुश्रूषा की। इसी कारण वे अपने दल से थोड़ा पीछे भी रह गए। जब पूरा दल शिवमंदिर पहुंचा, तो वहां के पुजारी ने पूछा-'तुममें से नामदेव कौन है?' नामदेव तो अभी तक पहुंचे ही नहीं थे। दल के सभी लोगों ने

पुजारी से पूछा कि 'क्या आप नामदेवजी को जानते हैं? वे हमारे ही दल में हैं।' पुजारी ने कहा-'मैं उन्हें जानता तो नहीं, किन्तु उनके दर्शन अवश्य करना चाहता हूं। यहां हर वर्ष शिवलिंग का जलाभिषेक करने इतने लोग आते हैं। आज पहली बार उनकी वजह से मुझे भी भगवान शिव के दर्शन हो गए।' साधुओं ने पूछा-'कैसे?' पुजारी बोले-'रात को जब मैं सो रहा था, तो अचानक तेज प्रकाश का आभास होने से मेरी आंख खुल गई और उस प्रकाशपुंज में से आवाज आई कि यदि ईश्वर के दर्शन करना चाहते हो, तो सुबह सबसे पहले पहुंचने वाले दल में संत नामदेव के दर्शन करना। उनका जलाभिषेक मैंने स्वीकार कर लिया है।' नामदेवजी जब शिवमंदिर पहुंचे तो सब लोग उनकी जय-जयकार करने में लगे हुए थे।

क्या आप उस स्थान पर रहना चाहेंगे, जहां केवल आप ही पढ़े-लिखे हों और बाकी अनपढ़। पूरी प्रकृति परोपकार का सबसे बड़ा उदाहरण है। सूर्य, चांद सितारे, हवा, पानी सबके सब परोपकार में लगे हैं और वह भी निःस्वार्थ।

पंढरपुर में विट्ठल के मंदिर में विनोबाजी गए। वहां चबूतरे पर बैठकर वे लोगों से कर्म के बारे में विचारविमर्श कर रहे थे। वे कह रहे थे कि परमात्मा का यज्ञ चल रहा है, उसमें अपने कर्म की आहुति डालते जाओ। इतने में वहां एक महिला आई। उसने कहा- 'आप तो साधु नहीं लगते संसारी लगते हैं।' विनोबाजी ने पूछा- 'तुम यहां किसलिए आई हो?' उसने कहा- 'मैं तो अपने दुख ईश्वर के सामने प्रकट करने के लिए आई हूं।' विनोबाजी ने कहा- 'आंसू यहां मत बहा। समाज में तड़पते लोगों के प्रति आंसू बहा, तब ईश्वर अपने-आप तुम पर कृपा करेगा। जैसे मां-बाप बच्चे के आंसू नहीं देख पाते, वैसे ही ईश्वर भी नहीं देख पाता।' उसने कहा- 'मैं तो संन्यास ले चुकी हूं।' विनोबाजी बोले- 'संन्यास लेकर भी शरीर को भोजन देते हो कि नहीं? यदि शरीर को भोजन देते हो, तो कर्म भी करो। अंदर से सिमरन और बाहर से सेवा करो।' तब उस महिला ने कहा- 'आज मुझे बड़ी शांति प्राप्त हुई।' वह एक जर्मन महिला थी, जिसका नाम ल्यू-सिएन था। वह विनोबाजी से कहने लगी- 'जब आपने मेरा जीवन बदल दिया है तो मेरा नाम भी बदल दीजिए।' विनोबाजी ने उसका नाम हेमा बहन रखा और उसने मुंबई की गंदी बस्तियों में इतना काम किया कि आज सब लोग हेमा बहन से परिचित हैं।

मदर टेरेसा के नाम से हम सब लोग परिचित हैं। अभी कुछ वर्ष पहले तक उन्होंने गरीब लोगों के दुखों को कम करने के लिए अपने जीवन के अंतिम समय

तक काम किया। मदर टेरेसा का नाम आते ही सिर स्वयं श्रद्धा से झुक जाता है। जो सफलता मदर टेरेसा को मिली, उससे बड़ी सफलता जीवन में क्या हो सकती है। दुनिया सदैव त्यागियों के समक्ष नतमस्तक हुई है, बड़े-बड़े विजेताओं के समक्ष नहीं। बड़े-बड़े युद्धों को जीत लेना सफलता नहीं है, किसी का दर्द कम करके, उसका दिल जीत लेना सफलता है। अगर आपको और पाने की चाह हो तो सफलता नहीं है और देकर शांति प्राप्त होती है, तो सफलता है।

मधुमक्खी का उदाहरण हम सबके समक्ष है। मधुमक्खी एक बूंद शहद इकट्ठा करने के लिए हजारों फूलों का रस चूसती है, किन्तु क्या कभी वह शहद उसके अपने काम आया है। उसे मालूम है कि किसी दिन कोई आएगा और उसके छत्ते से सारा शहद निकाल कर ले जाएगा, किन्तु ऐसा विचार करके वह शहद का संग्रह बंद नहीं कर देती। परोपकार किसी को दिखाकर करने की चीज नहीं है। उसे चुपचाप करना चाहिए। एक बार रेल में एक अंधा भिखारी भीख मांग रहा था। ऊपर की सीट पर लेटे एक यात्री ने अपनी जेब से एक रुपया निकाल कर नीचे वाले यात्री को दिया और उससे कहा- 'कृपया इसे भिखारी को दे दीजिए।' उस यात्री ने वह सिक्का भिखारी के हाथ पर रख दिया। भिखारी के मुंह से धन्यवाद और आशीर्वाद के शब्द निकलने लगे। यह देखकर सामने की सीट पर लेटे यात्री ने भिखारी से कहा-'बाबा जिन्हें तुम आशीर्वाद दे रहे हो, उन्होंने यह रुपया नहीं दिया। यह तो ऊपर वाली सीट पर लेटे सज्जन ने दिया है।' भिखारी बोला-'बाबू साहब! अंधा मैं हूं, किन्तु ऊपरवाला नहीं। मैं तो सबके लिए ईश्वर से प्रार्थना करता हूं, किसको क्या देना है, वह तो मालिक की मर्जी है।'

जो परोपकार करता है उसी का जीवन धन्य है! सफल है। फूल तोड़ने वाले के हाथ को भी सुगन्धित बना देता है। चन्दन घिसने वाले को भी शीतलता प्रदान करता है। दीपक स्वयं जलकर दूसरे को प्रकाश प्रदान करता है। हमारी संस्कृति में हमेशा राजाओं-महाराजाओं ने साधुओं की चरण-वन्दना की है। उनकी चरणरज शिरोधार्य कर स्वयं को धन्य किया है। विश्वामित्रजी ने जब राम-लक्ष्मण को महाराज दशरथ से मांगा, तो महाराज दशरथ ने कहा कि आप मेरा धन, राज्य प्राण कुछ भी ले लीजिए, किन्तु राम-लक्ष्मण को लेकर न जाइए, परन्तु लोककल्याण के लिए वसिष्ठजी के आदेश पर उन्होंने दोनों राजकुमारों को भेज दिया। विश्वामित्र ने किसी अन्य चीज को स्वीकार नहीं किया। हमारे देश में साधुओं और ऋषि-मुनियों का वन्दन उनके त्याग के कारण ही होता है। जैसा मैं पहले लिख चुका हूं कि जब आप निस्वार्थ भाव से देते हैं, तो प्रकृति आपको कई गुणा लौटा देती है।

एक बार एक गरीब बालक एक कार्यालय की सीढ़ियों पर बैठ कर जूते पालिश किया करता था। कार्यालय की इमारत एक बहुमंजिली इमारत थी और उसमें कई हजार लोग अलग-अलग कार्यालयों में काम करने के लिए आते थे। हर मंजिल की सीढ़ी पर कोई न कोई जूते पालिश करने वाला बैठा रहता था। एक दिन एक पॉलिश करने वाले लड़के का जन्मदिन था। उसने सोचा कि मैं आज के दिन क्या परोपकार कर सकता हूं? उसके दिमाग में एक विचार आया कि यहां से गुजरने वाले हर दसवें व्यक्ति के जूते मैं फ्री पॉलिश करूंगा। जब दसवां व्यक्ति वहां से गुजरने लगा, तो उसने दौड़कर उसके पैर पकड़ लिए। उस व्यक्ति ने कहा-'मुझे देर हो रही है। मुझे अपने जूते पालिश नहीं करवाने हैं'

पालिश वाले ने कहा-'साहब! मैं एक गरीब आदमी हूं। आज मेरा जन्मदिन है। मैं दूसरों के लिए कुछ करना चाहता हूं, इसलिए मैंने सोचा कि और कोई काम तो मैं जानता नहीं, इसलिए जो भी दसवां व्यक्ति यहां से गुजरेगा, मैं उसके जूते बिना पैसे लिये पालिश करूंगा।' उस आदमी ने मुस्कुराते हुए जूते उतार दिए। पालिशवाले ने बहुत तन्मयता से जूते पालिश किए। इतनी मेहनत की कि जूते नए जैसे लगने लगे। उस व्यक्ति ने जूते पहने और पालिश वाले से पूछा-'अगर तुम्हारा जन्मदिन नहीं होता, तो तुम इस पालिश के कितने पैसे लेते?' पालिशवाले ने कहा-'पांच रुपए।' उस व्यक्ति ने जेब से दस रुपए का नोट निकाला और कहा-'ये पैसे तुम्हारे जन्मदिन की मिठाई खाने के लिए हैं।' उस पॉलिश वाले को बड़ा आश्चर्य हुआ कि उस दिन जब वह यह सोचकर बैठा था कि आज उसकी कमाई कम होगी, अन्य दिनों से दोगुनी हो गई।

इसी सन्दर्भ में मुझे दादा जे.पी. वासवान जी से सुना एक वृतांत याद आ रहा है।

एक बार एक होटल में एक वृद्ध दंपत्ति आए। उनकी आयु लगभग 70-75 वर्ष की होगी। रात के लगभग दो बजे का समय था, कड़ाके की ठण्ढ पड़ रही थी। होटल के स्वागत-कक्ष में एक युवा कर्मचारी अपनी ड्यूटी पर तैनात था। उसने मुस्कुरा कर वृद्ध दम्पत्ति का अभिवादन किया। आगन्तुक व्यक्ति ने होटल में एक कमरा देने के लिए कहा। स्वागती ने कहा-'साहब! इस समय सब कमरे भरे हुए हैं, अतः मैं आपको कमरा देने में असमर्थ हूं।' आगन्तुक ने कहा-'मेरे साथ मेरी पत्नी भी है। वैसे भी

इस शहर में हम नए हैं, अतः यदि आप हमारी मदद कर सकें तो कृपा होगी।' स्वागती युवक ने कहा-'सर! इस समय मैं रात की पाली में काम कर रहा हूं। होटल की ओर से मुझे एक कमरा रहने के लिए दिया गया है। उसमें एक डबल बैड तथा अन्य सुविधाएं उपलब्ध हैं। रातभर मुझे उसकी आवश्यकता नहीं है, अतः यदि आप चाहें तो सुबह तक वहां आराम कर सकते हैं।' दम्पत्ति ने उसे धन्यवाद दिया और उसके कमरे में सोने के लिए चले गए।

प्रातः वह युवक उस कमरे में सुबह की चाय लेकर आया और उस दम्पत्ति को नमस्कार कर उसने चाय आदि पिलाई। उसके बाद उसने कहा-'कुछ ही देर में मेरी ड्यूटी समाप्त हो जाएगी, तब तक आप नहा-धोकर तैयार हो जाइए, फिर हम लोग साथ में नाश्ता करेंगे।' वृद्ध दम्पत्ति तैयार होकर होटल में आ गए और उन्होंने उस नवयुवक के साथ नाश्ता किया। इसके बाद जब वे जाने लगे, तो उन्होंने उस युवक से पूछा कि आपका बिल कितना हुआ। उस युवक ने कहा-'क्षमा कीजिए! आपकी उम्र मेरे दादा-दादी जितनी है। आपको रात को परेशानी न हो, इसलिए मैंने आपको अपने कमरे में सोने के लिए कहा। वह कमरा अधिक सुविधाजनक तो नहीं है, किन्तु रात को मेरे पास और कोई रास्ता नहीं था। रही बात पैसे की, तो मुझे यह कमरा होटल की ओर से मिला है और इसका किराया लेना न केवल होटल के नियमों के विरुद्ध है बल्कि बेइमानी भी है। क्योंकि आप मेरे होटल में मेहमान थे, तो नाश्ता कराना मेरा कर्तव्य था।'

वह दम्पत्ति बहुत खुश हुए और आशीर्वाद देते हुए वे दोनों पति-पत्नी वहां से चले गए। कुछ दिन के बाद उस स्वागती को एक पत्र मिला, जिसमें लिखा था कि उस रात तुमने परोपकार की भावना से जो कार्य किया, उससे हमें बड़ी प्रसन्नता हुई। पूरे विश्व में होटलों की हमारी शृंखला है। क्या तुम उन सभी होटलों की शृंखला के सी.ई.ओ. बनना पसंद करोगे। यह पद होटल उद्योग में तुम्हारी योग्यता के बल पर तुम्हें दिया जा रहा है। यदि तुम्हें स्वीकार्य है, तो शीघ्र लिखो। आप सब जानते हैं, उस युवक ने क्या लिखा होगा।

अतः जीवन में सफल होना है, तो हमें परोपकार की भावना को कभी त्यागना नहीं चाहिए।

○○○